Titelbild:
Annette von Droste-Hülshoff
Ölgemälde von Johannes Sprick, 1838
(Original in Burg Hülshoff bei Münster in Westfalen)

© TURM-VERLAG
Vinzenz Naeßl-Doms

Altes Schloß, 88709 Meersburg

Zweite Auflage 1997

Druck: Druckerei Zanker, Markdorf

Alle Rechte vorbehalten. Dieses Werk sowie einzelne Teile desselben sind urheberrechtlich geschützt. Jede Verwertung in anderen als den gesetzlich zugelassenen Fällen ist ohne vorherige schriftliche Zustimmung des Verlages nicht gestattet.

ISBN 3-929874-01-6

Doris Maurer

Annette von Droste-Hülshoff

Biographie

*Südostseite der Meersburg
links der Droste-Turm*

Am Turme

Ich steh' auf hohem Balkone am Turm,
Umstrichen vom schreienden Stare,
Und laß' gleich einer Mänade den Sturm
Mir wühlen im flatternden Haare;
O wilder Geselle, o toller Fant,
Ich möchte dich kräftig umschlingen,
Und Sehne an Sehne, zwei Schritte vom Rand
Auf Tod und Leben dann ringen!

Und drunten seh' ich am Strand, so frisch
Wie spielende Doggen, die Wellen
Sich tummeln rings mit Geklaff und Gezisch,
Und glänzende Flocken schnellen.
O, springen möcht' ich hinein alsbald,
Recht in die tobende Meute,
Und jagen durch den korallenen Wald
Das Walroß, die lustige Beute!

Und drüben seh' ich ein Wimpel wehn
So keck wie eine Standarte,
Seh' auf und nieder den Kiel sich drehn
Von meiner luftigen Warte;
O, sitzen möcht' ich im kämpfenden Schiff,
Das Steuerruder ergreifen,
Und zischend über das brandende Riff
Wie eine Seemöwe streifen.

Wär' ich ein Jäger auf freier Flur,
Ein Stück nur von einem Soldaten,
Wär' ich ein Mann doch mindestens nur,
So würde der Himmel mir raten;
Nun muß ich sitzen so fein und klar,
Gleich einem artigen Kinde,
Und darf nur heimlich lösen mein Haar,
Und lassen es flattern im Winde!

Inhalt

Kindheit und Jugend in Westfalen   9
Unsre Sehnsucht nennt man Wahn und Traum
1797 - 1820

Enttäuschung und Lebenskrise   35
Dahinter alles Blume, / Und alles Dorn davor
1820 - 1827

Freundschaften und Schwierigkeiten mit der Familie   67
Man zeichnet dennoch uns den Pfad
1828 - 1838

Die Begegnung mit Levin Schücking   109
Mein Talent steigt und stirbt mit deiner Liebe
1839 - 1841

Der Meersburger Winter   161
Und meiner Liebessonne dämmernd Scheinen
1841 - 1842

Erfolg und Erschöpfung   193
Meine Lieder werden leben
1842 - 1845

Die letzten Jahre auf der Meersburg   239
Wie sank die Sonne glüh und schwer
1846 - 1848

Bibliographie

Werke und Briefe   257
Quellen   258
Darstellungen   258

Unsre Sehnsucht nennt man Wahn und Traum

1797 - 1820

Kindheit und Jugend in Westfalen

Am 12. Januar 1797 wird auf Schloß Hülshoff bei Roxel im Münsterland ein Mädchen geboren, das die Namen Anna Elisabeth erhält, aber stets Annette oder Nette genannt werden wird. Das Kind ist einen guten Monat zu früh auf die Welt gekommen, ist klein und schwächlich, und man fürchtet zunächst sehr um sein Leben, vor allem da die Mutter selbst nicht stillen kann. Mit Hilfe des Pfarrers von Roxel findet sich eine Amme, die Webersfrau Maria Katharina Plettendorf aus Altenberge. Sie zieht mit ihrem kleinen Sohn in Hülshoff ein und rettet Annette von Droste-Hülshoff, für die sie unermüdlich und aufopfernd sorgt, das Leben.

Das kleine, kränkliche Mädchen ist das zweite Kind der Eheleute Clemens August und Therese Luise von Droste-Hülshoff; 1795 war ihre erste Tochter Maria Anna, genannt Jenny, geboren worden. 1798 folgt Werner Konstantin, der Erbe von Hülshoff, und im Jahre 1800 Ferdinand, der Lieblingsbruder Annettes.

Schloß Hülshoff

Therese Luise ist die zweite Frau des Herrn auf Schloß Hülshoff. Seine erste Ehe mit Rosina von Böselager hat nur wenige Monate gedauert. 1793 heiratet der junge Witwer die 21jährige Therese, die wie er aus einem alten westfälischen Adelsgeschlecht stammt. Die Droste-Hülshoffs (ursprünglich Deckenbroeks) werden 1209 das erste Mal urkundlich erwähnt. Ende des 13. Jahrhunderts treten sie als Truchsesse des Münsterschen Domkapitels auf; ihre Amtsbezeichnung ›Droste‹ wird im Laufe des 14. Jahrhunderts mehr und mehr zu ihrem Namen, und nachdem sie 1417 die Wasserburg Hülshoff erworben haben, nennen sie sich - auch um sich von anderen westfälischen Drostes zu unterscheiden - Droste-Hülshoff. Von gleichem westfälischen Uradel ist das Geschlecht von Haxthausen, das, über Westfalen hinaus, bis nach Dänemark ansässig ist und dem viele Persönlichkeiten des öffentlichen und politischen Lebens entstammen.

Bei gleicher Herkunft sind die Eltern Annettes von Droste-Hülshoff doch von recht unterschiedlichem Charakter, ergänzen sich vortrefflich und führen eine überaus harmonische Ehe. Clemens August ist der weichere, verträumte Teil dieser Partnerschaft, seine Militärlaufbahn hat er als Rittmeister beendet und sich fortan seinen Liebhabereien und Studien gewidmet. An Geschichte, Naturheilkunde und Musik ist er besonders interessiert, er gilt als begeisterter Vogel- und Blumenzüchter und begabter Musiker. Entsprechend seinem westfälischen Erbe fasziniert ihn alles Mystische, Prophezeiungen, das Zweite Gesicht; Erzählungen und Anekdoten, die sich mit dem Phänomen des Vorgesichts auseinandersetzen, hat er sorgfältig in seinem »Liber mirabilis« aufgezeichnet.

In ihrem Prosafragment »Bei uns zu Lande auf dem Lande« entwirft Annette in der Gestalt eines angeblichen Vetters aus der Lausitz kaum verhüllt ein liebevolles Bild des von ihr verehrten Vaters, dem sie sich ähnlicher und emotional näher fühlt als der Mutter: *Ich halte es für unmöglich, diesen Mann nicht liebzuhaben; seine Schwächen selbst sind liebenswürdig. - Denkt euch einen großen stattlichen Mann, gegen dessen breite Schultern und Brust fast weibliche Hände und der kleinste Fuß seltsam abstechen, ferner eine sehr hohe, freie Stirn, überaus lichte Augen, eine starke Adlernase und darunter Mund und Kinn eines Kindes, die weißeste Haut, die je ein Männergesicht entstellte, und der ganze Kopf voll Kinderlöckchen, aber grauen, und das Ganze von einem Strome von Milde und gutem Glauben überwallt, daß es schon einen Viertelschelm reizen müßte, ihn zu betrügen, und doch einem doppelten es fast unmöglich macht...*

Clemens August von Droste-Hülshoff (1760-1826)
Der Vater der Dichterin

Die Güte des Vaters, seine Frömmigkeit werden betont; die Freude an Reisebeschreibungen, die Clemens Augusts Phantasie anregen, ist dem Vetter aus der Lausitz erwähnenswert.

Und eine besondere Liebhaberei des Herrn von Droste-Hülshoff wird ausführlich gewürdigt: *Sonst hat der Herr noch viele Liebhabereien, alle von der kindlichsten Originalität, zuerst eine lebende Ornithologie (denn der Herr greift alles wissenschaftlich an); neben seiner Studierstube ist ein Zimmer mit fußhohem Sand und grünen Tannenbäumchen, die von Zeit zu Zeit erneuert werden. Die immer offenen Fenster sind mit Draht verwahrt, und darin piept und schwirrt das ganze Sängervolk des Landes, von jeder Art ein Exemplar, von der Nachtigall bis zur Meise; es ist dem Herrn eine Sache von Wichtigkeit, die Reihe vollständig zu erhalten: der Tod eines Hänflings ist ihm wie der Verlust eines Blattes aus einem naturhistorischen Werke...*

Auf die Erfolge des Vaters als Blumenzüchter wird hingewiesen und liebevoll über seine Vorliebe für phantastische Geschichten berichtet: *Nichts zeigt die reiche, kindlich frische Phantasie des Herrn deutlicher als sein schon oft genanntes Liber mirabilis, eine mühsam zusammengetragene Sammlung alter prophetischer Träume und Gesichte, von denen dieses Land wie mit einem Flor überzogen ist: fast der zehnte Mann ist hier ein Prophet - ein Vorkieker (Vorschauer, wie man es nennt); wie ich fürchte, einer oder der andre dem Herrn zulieb.*

Die Mutter Annettes ist nüchterner, praktischer, zupackender, sie lenkt mit großem Geschick und ebenso großer Energie den umfangreichen Haushalt, das Gesinde, ihre Kinder und ihren Mann, ist im weiten Umkreis als vorzügliche Hausherrin anerkannt und eine Autorität in allen Anstandsfragen; nicht selten werden ihr junge Mädchen befreundeter Familien zur letzten Erziehung ins Schloß geschickt. Annette beschreibt auch sie, wie sie auf den Vetter aus der Lausitz, den die Droste erfunden hat und vom Besuch bei den westfälischen Verwandten erzählen läßt, wirkt: *Das ist sie denn auch im vollen Sinn des Wortes: eine kluge, rasche, tüchtige Hausregentin, die dem Kühnsten wohl zu imponieren versteht und, was ihr zur Ehre gereicht, eine so warme, bis zur Begeistrung anerkennende Freundin des Mannes, der eigentlich keinen Willen hat als den ihrigen, daß alle Frauen, die Hosen tragen, sich wohl daran spiegeln möchten.*

Das Verhalten Thereses von Droste-Hülshoff ihrem Ehemann gegenüber wird aufs höchste gelobt: *Es ist höchst angenehm, dieses Verhältnis zu beobachten; ohne Frage steht diese Frau geistig höher als ihr Mann, aber selten ist das Gemüt so vom Verstande hochgeachtet worden; sie verbirgt ihre Obergewalt nicht, wie schlaue Frauen wohl tun, sondern sie ehrt den Herrn wirklich aus Herzensgrunde, weiß jede klarere Seite seines Verstandes, jede festere seines Charakters mit dem Scharfsinn der Liebe aufzufassen und hält die Zügel nur, weil der Herr eben zu gut sei, um mit der schlimmen Welt auszukommen. Nie habe ich bemerkt, daß ein Mangel an Welterfahrung seinerseits sie verlegen gemacht hätte, dagegen strahlten ihre schwarzen Augen wie Sterne, wenn er seine guten Kenntnisse entwickelt, Latein spricht wie Deutsch, und sich in alten Tröstern bewandert zeigt wie ein Cicerone.*

Das etwas herrische Temperament der Hausherrin erscheint dem Betrachter ebensowenig tadelnswert wie ihre äußere Erscheinung: *Die gnädige Frau hat südliches Blut, sie ist heftig, ich habe sie sogar schon sehr heftig gesehen, wenn sie bösen Willen voraussetzt, aber sie faßt sich schnell und trägt nie nach. Sehr stattlich und vornehm sieht sie aus, muß sehr schön gewesen sein und wäre dies vielleicht noch, wenn ihre bewegten Gefühle sie etwas mehr Embonpoint ansetzen ließen; so sieht sie aus wie ein edles, arabisches Pferd.*

Therese von Droste-Hülshoff sorgt auch für den ersten Unterricht ihrer Kinder, und als sie den Grundanforderungen entwachsen sind, bekommen die Hülshoffschen Geschwister mit Herrn Wenzelo einen Hauslehrer, der nicht nur die Knaben, sondern auch die beiden Mädchen in Naturkunde, Mathematik, Latein, Griechisch und Französisch unterrichtet. Annette, die über eine außerordentliche Sprachbegabung verfügt, kommt in den Genuß einer Ausbildung, die für ein adliges Mädchen ihrer Zeit nicht selbstverständlich ist, man hält sie nicht ängstlich von der Wissenschaft fern, sondern erfreut sich an dem aufgeweckten Kind und schenkt der Musikbegeisterung der Kleinen, einem Erbteil der väterlichen Familie, noch zusätzliche Beachtung. Sehr früh beginnt die zweite Tochter der Familie Hülshoff, sich in dichterischen Versuchen zu üben, erste Lyrik ist uns aus dem Jahre 1804 bezeugt; bis 1814 entstehen etwa fünfzig Gedichte, die die Mutter aufbewahrt und in ein dafür reserviertes Heft überträgt. Die bekanntesten Kinderverse sind das Lied vom Hähnchen, auf das sich die Autorin später noch einmal bezieht:

> *Komm, liebes Hähnchen, komm heran*
> *Und friß aus meinen Händen,*
> *Nun komm, du lieber kleiner Mann,*
> *Daß sie's dir nicht entwenden.*

Ein frühreifes, zuweilen exaltiertes und auch heftiges Kind ist Annette, dessen Begabung zwar Freude, dessen Verhalten den Eltern aber oft Kummer bereitet. Ihre leicht entzündbare Phantasie treibt sie zu Handlungen, die ihre Familie zutiefst erschrecken müssen; in einem Brief aus dem Jahre 1819 berichtet sie selbst davon: *Wie ich noch ganz, ganz klein war, ich war gewiß erst 4 oder 5 Jahr, denn ich hatte einen Traum, worin ich 7 Jahr zu sein meinte und mir wie eine große Person vorkam, da kam es mir vor, als ging ich mit meinen Eltern, Geschwistern und zwei Bekannten spazieren, in einem Garten, der garnicht schön war, sondern nur ein Gemüsegarten mit einer graden Allee mitten durch, in der wir immer hinauf gingen. Nachher wurde es wie ein Wald, aber die Allee mitten durch blieb, und wir gingen immer voran. Das war der ganze Traum, und doch war ich den ganzen folgenden Tag hindurch traurig und weinte, daß ich nicht in der Allee war und auch nie*

Annette von Droste-Hülshoff
Jugendbildnis von C.H.N. Oppermann

hinein kommen konnte. Ebenso erinnere ich mich, daß, wie meine Mutter uns eines Tages viel von ihrem Geburtsorte und den Bergen und den uns damals noch unbekannten Großeltern erzählte, ich eine solche Sehnsucht darnach fühlte, daß, wie sie einige Tage nachher zufällig bei Tische ihre Eltern nannte, ich in ein heftiges Schluchzen ausbrach, so daß ich mußte fortgebracht werden; dies war auch vor meinem siebenten Jahre, denn als ich sieben Jahr alt war, lernte ich meine Großeltern kennen.

Die allen unmittelbar Beteiligten seltsamen, unheimlichen Nervenreizungen Annettes führen schon früh dazu, daß die Mutter auf ihre jüngere Tochter besonders achtet, von der sie befürchtet, sie könne vielleicht eines Tages den Verstand verlieren, wenn man sie nicht kontrolliere. Therese von Droste-Hülshoff berichtet 1803 einer Bekannten, sie wolle jetzt noch keinen regelmäßigen Unterricht für ihre Kinder, denn *wenn Annette die ohnehin den Kopf immer voll hat, mehr angegriffen wird, so schnappt sie über, eine Plan ist also: noch keinen Hofmeister.* So wird die Lektüre des Mädchens überwacht, noch der Fünfzehnjährigen ist Schiller verboten, sie wird zu Handarbeiten, Spazierengehen und Malen angehalten, zumal ihre heftigen Ausbrüche auch stets ihre schwache Gesundheit erschüttern. Und dann schreibt Graf Leopold zu Stolberg 1810 noch einen vorwurfsvollen Brief an Annettes Mutter: *Ich habe gehört, daß Fräulein Nette in gesellschaftlichen Kreisen Komödie spielt. Für Männer und Frauen ist, meiner innigsten Überzeugung nach, diese Übung wenigstens gefährlich; für Jünglinge noch mehr, für junge Mädchen noch weit mehr und eben für Fräulein Nette mehr noch als für andere.* Das Theaterspielen, dem Therese von Droste-Hülshoff eh nur zögernd zugestimmt hat, wird untersagt.

Es wird somit verständlich, daß Annette sich mit zunehmendem Alter und wachsendem Bewußtsein ihres Andersseins immer mehr verschließt und sich nur noch wenigen, von ihr erwählten Menschen öffnet.

1812 macht Annette die Bekanntschaft Anton Matthias Sprickmanns, dessen Wohnung dem Drosteschen Stadthaus in Münster gegenüberliegt. Der Jurist, ein ehemaliges Mitglied des »Göttinger Hains«, ist 38 Jahre älter als die junge Dichterin, doch zwischen den beiden entwickelt sich ein freundschaftliches, ja liebevolles Verhältnis. Annette sieht in Sprickmann einen Mentor, der sie kenntnisreich beraten und ihr in ihren dichterischen Bemühungen helfen kann, und der ehemalige Lyriker erkennt das Talent des heranwachsenden Mädchens.

Annette von Droste-Hülshoff schließt sich auch eng an Sprickmanns Frau an, der sie in einem ihrer frühesten überlieferten Briefe schüchtern und ängstlich ihr Erspartes anbietet, weil sie fürchten muß, daß es dem von ihr verehrten Ratgeber finanziell schlechtgeht.

Mit der größten Angst schreibe ich diese Zeilen, und doch ist das arme Herz nicht eher ruhig, bis sie geschrieben sind. Einige Äußerungen, die Ihnen gestern unwillkürlich entfuhren, bestärkten mich in der Meinung - o Gott, werden Sie doch nicht böse! -, daß es Ihnen wohl zuweilen an manchem fehlen möchte, und da ward mir so bange, und ich hatte keine Ruh, bis ich mich es zu wagen entschloß, Ihnen das wenige, was in meinen Kräften steht, anzubieten; Sie können es mir ja immer gelegentlich wiedergeben. Wenn Sie die Angst sähen, womit ich dies schreibe, so hätten Sie Mitleid mit mir und wären gar nicht böse. Sie werden auch gewiß nicht böse, denn Sie wissen wohl, daß ich es nicht übel meine, und daß es alles nur aus einem Herzen kömmt, das Sie so voll inniger Liebe umfaßt.

An Sprickmann schreibt Annette über ihre dichterischen Pläne, von ihren Gefühlen, ihrer Verwirrung und ihrer inneren Unruhe, die sie quält und die sich nicht unterdrücken läßt. Rückhaltlos spricht sich das junge Mädchen in ihren Briefen an den 1814 nach Breslau gezogenen Professor aus, in ihrer

Offenheit und ihrem Vertrauen kommen Annettes Briefe an Sprickmann Liebesbriefen gleich.

Anton Mathias Sprickmann (1749-1833)

Am 20. Dezember 1814 berichtet sie ihm von ihren Arbeiten am Trauerspiel »Berta«, das sie nie vollendet hat und bei dem sie die wohl allen Schreibenden geläufigen Schwierigkeiten erlebt: *Ich wollte, es stände sogleich auf dem Papiere, wie ich es denke, denn hell und glänzend steht es vor mir in seinem ganzen Leben, und oft fallen mir die Strophen in großer Menge bei; aber bis ich sie alle geordnet und aufgeschrieben habe, ist ein großer Teil meiner Begeisterung verraucht, und das Aufschreiben ist bei weitem das mühsamste bei der Sache.*

Im großen und ganzen ist Annette wohl mit ihrer Arbeit zufrieden, aber sie sehnt sich nach einem wahrhaften Kritiker, der ihre Dichtung zu beurteilen versteht, sie wünscht sich Sprickmann herbei. Ihre Mutter, noch stolz auf die dichtende Tochter, hat diese mehrmals aus ihrem Drama vorlesen lassen, wenn Besuch zugegen war. Das von den Zuhörern erhaltene Lob befriedigt Annette nicht, weil sie weiß, daß es aus inkompetentem Mund kommt.

Doch kömmt es mir vor, als ob sich meine Schreibart besserte; dies sagen mir auch alle, denen ich es auf Verlangen meiner Mutter vorlas; aber ich fürchte immer, daß diese Menschen gar wenig davon verstehen, denn es sind meistens Frauenzimmer, von denen ich im ganzen nur wenig Proben eines reinen und soliden Geschmacks gesehn habe, und so fürcht' ich, sie täuschen sich und mich. Ach, mein Freund, wie sehn' ich mich dann oft nach Ihnen, Ihren lehrreichen Gesprächen, unbefangenen Urteile und sanften Tadel; denn was soll mir das Lob von Menschen, welche nicht tadeln können. In demselben Brief spricht die Siebzehnjährige auch das erste Mal von ihrer Kränklichkeit, die sie behindert und an einen frühen Tod denken läßt. Nachdem sie Sprickmann erschüttert über mehrere unerwartete Todesfälle in ihrer Familie berichtet hat, kommt sie auf ihr eigenes *immerwährendes Übelbefinden* zu sprechen, das ihre Familie wohl auf ihre Lebensweise geschoben und durch Nichtstun und Spaziergänge vorgeblich kuriert hat, was Annette auch glaubt. *Obgleich ich nun nur wenig Schmerzen fühlte, so brachte mich doch eine täglich zunehmende Magerkeit und Blässe, das Verschwinden meines Appetits, eine immerwährende Mattigkeit und die mit einem solchen Zustande unzertrennlich verbundene Niedergeschlagenheit auf den Gedanken der Auszehrung und stellte mir oft den Gedanken einer nahen Auflösung recht lebhaft und ernstlich vor Augen; doch jetzt ist alles vorüber, und da ich mich durch ein vierzehntägiges Faulenzen vollkommen wieder kuriert habe, so zeigt sich hieraus deutlich, daß mein Übelbefinden bloß die Folge des zu angestrengten Studierens und zu vielen Sitzens war, weshalb ich auch jetzt, da es wieder darauf losgehen soll, eine Spazierstunde in die Tagesordnung einflikken werde.*

Ihre Anfälligkeit führt im Herbst 1815 zu ihrer ersten schweren Erkrankung, die sie mit Depressionen, Atem-, Herz- und Augenbeschwerden von der Arbeit und einem normalen Leben abhält. Ihre - teilweise nervösen - Krankheiten sollen die Dichterin ihr kurzes Leben lang begleiten, ihre Produktivität immer wieder hemmen und zuletzt zu einem frühzeitigen Tode führen. Wie ein roter Faden ziehen sich Klagen über ihren Zustand, über den Körper, der den Geist tyrannisiert, durch ihre Briefe. 1816 entschuldigt sie gegenüber Sprickmann ihr langes Schweigen: *...daran ist gewiß mein für Sie so warmes Herz nicht schuld, sondern nur mein schwacher, miserabler Körper, der mir bis jetzt sogar die kleine angenehme Anstrengung eines freundlichen Briefwechsels untersagte,* und im Verlaufe des Briefes muß sie sich unterbrechen: *Ich muß eine Weile aufhören zu schreiben, weil ich mich in Hinsicht des anhaltenden Bükkens noch ein wenig in acht nehmen muß.*

Annettes Schreiben vom Februar 1816 enthält auch eines ihrer frühen Gedichte, einen verzweifelten Aufschrei über ihr Leiden in einer ihr nicht genügenden Umwelt. Es wäre verfehlt, in den Versen der Neunzehnjährigen bloß die üblichen Wirren einer Heranwachsenden zu sehen; sie selbst bittet um gütige Aufnahme mit den Worten: *...es malt den damaligen und eigentlich auch den jetzigen Zustand meiner Seele vollkommen.* Das Gedicht »Unruhe« ist ein Zeugnis für Annettes

Unbehagen an der Beschränktheit, an der Enge ihrer Umgebung, für ihr Verlangen, die ihrem Geschlecht und Stand gesetzten Schranken zu überschreiten, für ihr vergebliches Bemühen, sich zu bescheiden, da sie die Voraussetzungen und vermeintlichen Belohnungen der Entsagung nicht zu locken wissen.

> *Laß uns hier ein wenig ruhn am Strande,*
> *Phöbos' Strahlen spielen auf dem Meere;*
> *Siehst du dort der Wimpel weiße Heere?*
> *Reis'ge Schiffe ziehn zum fernen Lande.*
>
> *Ach! wie ist's erhebend, sich zu freuen*
> *An des Ozeans Unendlichkeit,*
> *Kein Gedanke mehr an Maß und Räume*
> *Ist, ein Ziel, gesteckt für unsre Träume,*
> *Ihn zu wähnen dürfen wir nicht scheuen*
> *Unermeßlich wie die Ewigkeit.*
>
> *Wer hat ergründet*
> *Des Meeres Grenzen,*
> *Wie fern die schäumende Woge es treibt,*
> *Wer seine Tiefe,*
> *Wenn mutlos kehret*
> *Des Senkbleis Schwere,*
> *Im wilden Meere*
> *Des Ankers Rettung vergeblich bleibt.*
>
> *Möchtest du nicht mit den wagenden Seglern*
> *Kreisen auf dem unendlichen Plan?*
> *O! ich möchte wie ein Vogel fliehen,*
> *Mit den hellen Wimpeln möcht' ich ziehen*
> *Weit, o weit, wo noch kein Fußtritt schallte,*
> *Keines Menschen Stimme widerhallte,*
> *Noch kein Schiff durchschnitt die flücht'ge Bahn.*

Und noch weiter, endlos ewig neu
Mich durch fremde Schöpfungen, voll Lust,
Hinzuschwingen fessellos und frei,
O! das pocht, das glüht in meiner Brust!
Rastlos treibt's mich um im engen Leben,
Und zu Boden drücken Raum und Zeit,
Freiheit heißt der Seele banges Streben,
Und im Busen tönt's: Unendlichkeit!

Stille, stille, mein törichtes Herz,
Willst du denn ewig vergebens dich sehnen?
Mit der Unmöglichkeit hadernde Tränen
Ewig vergießen in fruchtlosem Schmerz?

So manche Lust kann ja die Erde geben,
So liebe Freuden jeder Augenblick,
Dort stille, Herz, dein glühendheißes Beben,
Es gibt des Holden ja so viel im Leben,
So süße Lust und ach! so seltnes Glück!

Denn selten nur genießt der Mensch die Freuden,
Die ihn umblühn, sie schwinden ungefühlt,
Sei ruhig, Herz, und lerne dich bescheiden,
Gibt Phöbos' heller Strahl dir keine Freuden,
Der freundlich schimmernd auf der Welle spielt?

Laß uns heim vom feuchten Strande kehren,
Hier zu weilen, Freund, es tut nicht wohl,
Meine Träume drücken schwer mich nieder,
Aus der Ferne klingt's wie Heimatslieder,
Und die alte Unruh' kehret wieder;
Laß uns heim vom feuchten Strande kehren,
Wandrer auf den Wogen, fahret wohl!

Fesseln will man uns am eignen Herde!
Unsre Sehnsucht nennt man Wahn und Traum,
Und das Herz, dies kleine Klümpchen Erde,
Hat doch für die ganze Schöpfung Raum!

In den Briefen an Sprickmann spricht Annette recht häufig von ihrem gereizten Zustand, ihren nervösen Kopf- und Augenbeschwerden, die ihr das Schreiben erschweren. Dennoch hat sie sich an ein Versepos begeben, nachdem sie ihr Trauerspiel beiseitegeschoben hat. Im Oktober 1818 kann Annette ihrem fernen Freund von der Fertigstellung einer Rittergeschichte in sechs Gesängen berichten, die ihr *ziemlich gelungen scheint*. Noch im Februar 1819 bedauert sie, ihr Gedicht nicht abgeschrieben und Sprickmann zur Beurteilung geschickt zu haben; eine Augenentzündung verhindert die mühsame Reinschrift. Inständig bittet Annette um eine aufrichtige Kritik Sprickmanns, wenn er ihr Werk in einigen Wochen zu lesen bekommt, da sie erneut unter den unfachmännischen Urteilen ihrer Umgebung leidet. Die junge Dichterin hat ihr Epos der Mutter gewidmet, und diese liest Bekannten auszugsweise daraus vor, deren Meinung sie sich, abhängig von gesellschaftlicher Anerkennung, oft genug anschließt - sehr zum Kummer ihrer Tochter, die in tragikomischer Weise von dem Literaturverständnis ihrer Bekanntschaft berichtet: *Was das Lob anbelangt, so habe ich schon recht an mich halten müssen, um manche unbedeutende und eben passable Stellen nicht auszustreichen, die mir durch unpassendes Lob ganz und gar zuwider geworden sind. So kam z.B. ein gewisser Herr, dem mein Gedicht auch nicht durch mich zur Beurteilung vorgelegt worden war, immer darauf zurück, die schönste Stelle im ganzen Gedicht sei (2. Gesang 3. Strophe 3. Zeile): ›Es rauscht der Speer, es stampfte wild das Roß‹ und erst durch sein vieles Reden wurde mir offenbar, wie dieser Ausdruck so gewöhnlich und oft ge-*

braucht und beinahe die schlechteste Stelle im ganzen Buche ist. Dieser Herr hörte auch gar nicht davon auf, sondern sagte während des Tages mehrmal, wie in Entzückung verloren; ›Es rauscht der Speer, es etc. etc.‹, wozu er auch wohl leise mit dem Fuße stampfte. Ich mußte endlich aus dem Zimmer gehn. Wie ich vor einer Woche in Münster bin, begegnet mir der Unglücksvogel auf der Straße, hält mich sogleich an und sagt sehr freundlich: ›Nun, Fräulein Nettchen, wie geht's? Was macht die Muse? Gibt sie Ihnen noch bisweilen so hübsche Sächelchen in die Gedanken wie das Gedichtchen von neulich? Ja, das muß ich Ihnen sagen, das ist'n niedlich Ding: was für'ne Kraft bisweilen: Es rauscht der Speer, es stampfte wild das Roß.‹ Ich machte mich so bald wie möglich los und lachte ganz unmäßig; ich hätte aber ebensogut weinen können.

Solche Erlebnisse mit wohlmeinenden Kunstfreunden, die vielfältigen Beschränkungen, die ihr zu Hause auferlegt werden - so sind z.B. Stricken und ein wenig am Klavier Phantasieren die einzig erlaubte Beschäftigungstherapie, um ihre Nerven zu beruhigen -, und die fortgesetzte Kränklichkeit führen dazu, daß sich Annette von Droste-Hülshoff immer mehr auf sich selbst zurückzieht, sich verschließt, denn sie ist recht früh so selbstbewußt, daß sie auf die *ungeschickten Lober und Tadler hochmütig* reagieren kann. Einen offenen Widerstand wagt sie noch nicht, sie ändert auch gehorsam ihr Epos, als die Mutter den dort beschriebenen Selbstmord *anstößig* findet, aber Sprickmann will sie die beiden unveränderten Strophen zu den neuen legen, wohl gewiß, daß er ihre ursprüngliche Fassung vorziehen wird. Neben der Erörterung ihrer dichterischen Arbeiten und Pläne berichtet Annette in diesem Brief vom Februar 1819 zum ersten Mal ausführlich über ihren Seelenzustand, der auf andere hysterisch oder doch zumindest sehr exaltiert wirken muß. Sie klagt sich einer lächerlichen Schwäche an, muß aber darüber schreiben, um sich vor sich selbst zu rechtfertigen, und weil sie bei Sprickmann auf Verständnis hofft. Annette erinnert sich genau, daß diese *Sehnsucht in die Ferne* bei ihr schon mit vier oder fünf Jahren vorhanden war. Mit ihren Kindheitserlebnissen will Annette belegen, daß *dieser unglückselige Hang zu allen Orten, wo ich nicht bin, und allen Dingen, die ich nicht habe,* keine etwa angelesene Phantasiererei ist, sondern daß dieses Sehnen *durchaus in mir selbst liegt* und immer stärker wird und sie plagt. Die Beschreibung ihrer *Narrheit* ist erschütternd in ihrer Offenheit, weil sie deutlich zeigt, wie sehr sich Annette eingeengt fühlen muß, läßt aber auch gleichzeitig Verständnis für die nüchtern-strenge Therese von Droste-Hülshoff aufkommen, die um den Verstand ihres Kindes fürchtet und Gegenmaßnahmen ergreift.

Ach, mein lieber, lieber Vater, das Herz wird mir so leicht, wie ich an Sie schreibe und denke; haben Sie Geduld und lassen Sie mich mein törichtes Herz ganz vor Ihnen aufdecken, eher wird mir nicht wohl. Entfernte Länder, große, interessante Menschen, von denen ich habe reden hören, entfernte Kunstwerke und dergleichen mehr haben alle diese traurige Gewalt über mich. Ich bin keinen Augenblick mit meinen Gedanken zu Hause, wo es mir doch so sehr wohl geht; und selbst wenn Tage lang das Gespräch auf keinen von diesen Gegenständen fällt, seh' ich sie in jedem Augenblick, wo ich nicht gezwungen bin, meine Aufmerksamkeit angestrengt auf etwas andres zu richten, vor mir vorüberziehn, und oft mit so lebhaften, an Wirklichkeit grenzenden Farben und Gestalten, daß mir für meinen armen Verstand bange wird. Ein Zeitungsartikel, ein noch so schlecht geschriebenes Buch, was von diesen Dingen handelt, ist imstande, mir die Tränen in die Augen zu treiben; und weiß gar jemand etwas aus der Erfahrung zu erzählen, hat er diese Länder bereist, diese Kunstwerke gesehn, diese Menschen gekannt, an denen mein Verlangen hängt, und weiß er gar auf eine angenehme und begeisterte Art davon zu reden, o! mein Freund, dann ist meine Ruhe und mein

Gleichgewicht immer auf längere Zeit zerstört, ich kann dann mehrere Wochen an gar nichts andres denken, und wenn ich allein bin, besonders des Nachts, wo ich immer einige Stunden wach bin, so kann ich weinen wie ein Kind, und dabei glühen und rasen, wie es kaum für einen unglücklich Liebenden passen würde.

Vergleicht man diesen überströmenden Bekenntnisbrief mit den Zeilen an Vater und Mutter aus demselben Jahr, in denen sie von ihrem Kuraufenthalt in Bad Driburg, den sie gemeinsam mit der Großmutter verbracht hat, erzählt, so fällt der Unterschied im Ton deutlich auf: sachlich, freundlich-distanziert, berichtend, ohne etwas von ihrer Verfassung mitzuteilen, doch ausführlich zu ihrer Krankengeschichte Stellung nehmend und die Eltern beruhigend. Annette hat in Bad Driburg interessante Menschen, nach denen sie so sehr verlangt, kennengelernt, sogar mit dem Asien- und Afrika-reisenden Herrn von Knigge geplaudert, doch es findet sich neben der bloßen Mitteilung kein Wort über die Wirkung, die diese Begegnungen auf sie ausüben. Gewürzt mit ein wenig Tratsch aus dem Kurort, witzig-bösartigen Charakterisierungen und der Versicherung, daß sie Sehnsucht nach Hause verspüre, sich bei der Großmutter aber auch sehr geborgen fühle, verraten diese Briefe nichts von der Schreiberin, außer daß Annette recht gut und humorvoll zu erzählen weiß und ihren Eltern respekt- und liebevoll gegenübertritt. Während ihres ganzen Lebens wird ein großer Unterschied zwischen ihren plaudernden Briefen an die so zahlreichen Familienmitglieder, mit Ausnahme einiger Schreiben an die Schwester Jenny, und den Seelengemälden, die sie für wenige Auserwählte entwirft, bestehen. Das erste zaghafte Auflehnen Annettes besteht darin, daß sie nichts von sich preisgibt, was auf unverständige, kränkende Kritik stoßen könnte.

Auch von trotzigem Aufbegehren, vorlautem Spott und heftigem Wesen der jungen Annette wird berichtet; die Selbstcharakteristik Ledwinas aus dem gleichnamigen, frühen Romanfragment, an dem sie von 1819 bis 1825 sporadisch schreibt, ist wohl autobiographisch zu verstehen. Ledwina lehnt den Gedanken an eine Ehe mit den Worten ab: *Doch*

Maria Anna (genannt Jenny) von Droste-Hülshoff (1795-1859)

mein loses törichtes Gemüt hat so viele scharfe Spitzen und dunkle Winkel, das müßte eine wunderlich gestaltete Seele sein, die da so ganz hineinpaßte. Ihr schroffes Auftreten, mit dem sie auf Verwandte reagiert, die sich ein Urteil über sie anmaßen und sie nach ihren Vorstellungen formen wollen, trägt Annette besonders die Kritik der Stiefgeschwister ihrer Mutter ein, von denen viele ungefähr ihres Alters sind. Im Sommer fahren die Droste-Hülshoffs häufig zu der mütterlichen Familie Haxthausen auf deren Gut in Bökendorf. Durch die jüngeren Brüder ihrer Mutter, August und Werner von Haxthausen, die sich durch ihr Studium den Romantikern angeschlossen haben, lernt Annette bereits 1813 Wilhelm Grimm kennen, der bei der Familie Haxthausen als Sommergast weilt. Während ihre Schwester Jenny dem Besucher sehr wohl gefällt und sich aus dieser Bekanntschaft ein langjähriger freundschaftlicher Briefwechsel entwickelt, und obwohl Annette sich für Wilhelm Grimms Märchen- und Volksliedersammlung interessiert und dazu beisteuert, ist ihm die jüngere Hülshoffsche Tochter äußerst unsympathisch, wie er seinem Bruder Jacob berichtet: *...es ist schade, daß sie etwas Vordringliches und Unangenehmes in ihrem Wesen hat, es war nicht gut mit ihr fertig zu werden.* Anfang 1814 teilt Wilhelm Grimm einer Cousine Annettes einen Traum über die junge Dichterin mit, der ihn verwirrt und zeigt, wie sehr Grimm das junge Mädchen abgelehnt und gefürchtet hat: *Sie war ganz in dunkle Purpurflamme gekleidet und zog sich einzelne Haare aus und warf sie in die Luft nach mir; sie verwandelten sich in Pfeile und hätten mich leicht blind machen können...* Annette scheint Wilhelm Grimm verletzt und über ihn gespottet zu haben; im Juli 1813 bittet sie Ludowine von Haxthausen: *Grimm sage, es täte mir herzlich leid, daß er seine Namensveränderung oder Verdrehung so übel genommen hätte, und da es ihm so sehr mißfiele, so wollte ich ihn in Zukunft nicht mehr Unwille, sondern Unmut nennen. Übrigens würde ich* *die Märchen mit größter Freude sammeln, um ihn zu versöhnen...* Es ist aber nicht auszuschließen, daß Wilhelm Grimm Annette bereits mit Vorurteilen begegnet, als er sie kennenlernt, beeinflußt durch August und Werner von Haxthausen, zu denen die Dichterin lange Jahre das denkbar schlechteste Verhältnis hat. Jenny berichtet in ihrem Tagebuch davon, daß der Onkel August Annette gute Lehren gibt und sich die beiden ausgiebig streiten. Mit den Brüdern und der Schwester

Wilhelm Grimm (1786-1859)
Zeichnung von Ludwig Emil Grimm, 1822

Wilhelm Grimms, die Annette 1818 zusammen mit ihrem Vater in Kassel besucht, hat es keine Mißstimmigkeiten gegeben. Für das Auftreten Annettes von Droste-Hülshoff und ihre Wirkung auf andere zu Beginn des Jahres 1820 gibt es einen wichtigen Zeugen, den Kaufmann Friedrich Beneke, der die Familie in Bökendorf als Freund Werners von Haxthausen aufsucht. Auch er hat bis dahin über das Fräulein von Droste-Hülshoff nicht viel Angenehmes erfahren, bezog er doch seine Informationen von Werner: *Minette* [Annette] *ist überaus gescheut, talentvoll, voll hoher Eigenschaften und dabei doch gutmütig; ihr ist aber zu stark hofiert, sie hat dadurch den Eitelkeitssinn zu stark entwickelt, ist eigensinnig und gebieterisch, fast männlich, hat mehr Verstand als Gemüt, ist Dichterin, witzig usw....* Sein ablehnendes Verhalten provoziert Annette zu der Frage: *Lieber Herr, Sie scheinen etwas gegen mich zu haben; bitte, sagen Sie mir doch, was halten Sie denn eigentlich von mir?* Beneke wirft ihr Unweiblichkeit vor; gekränkt verzeiht ihm Annette sein *hartes Urteil* und entführt ihn, da sie seinen Beteuerungen, er sei nicht mit Vorurteilen gegen sie hergekommen, keinen Glauben schenkt, am nächsten Morgen auf einen Spaziergang, bei dem sie dem Hamburger Kaufmann unter dem Siegel der Verschwiegenheit von sich erzählt.

Leider übergeht Beneke fast alles, was sie ihm über ihre *Verwandten-Verhältnisse* sagt, um statt dessen ausführlichst auf Annettes Begabung mit dem Zweiten Gesicht einzugehen, was ihn verständlicherweise mehr fasziniert, so sehr, daß er am Ende des Gesprächs eine Neigung zu der Dichterin faßt und seine Abreise am nächsten Morgen hinausschiebt, in der vergeblichen Hoffnung, Annette noch einmal zu sehen. Trotzdem sind die wenigen von Beneke überlieferten Äußerungen der damals 23jährigen über ihr Verhältnis zu Werner von Haxthausen bezeichnend für die Atmosphäre, die Annette in Bökendorf umgibt: *Sehr schmerzhaft aber ist der Punkt mit* dem Onkel Werner, mit dem sie in einer vollkommenen Antipathie ist. ›Ich will ihn so gern lieben‹, sagte sie, ›aber er beleidigt, er kränkt mich bei jeder Gelegenheit auf das schonungsloseste, er fühlt das selbst und gibt sich oft die sichtbarste Mühe, gütig gegen mich zu sein, und doch verläßt ihn bei jedem neuen Anlaß aller Takt.‹ Wie sehr Annette in ihrer Jugend unter ihren Verwandten gelitten haben muß, beweist eine Stelle aus einem Brief an ihre Freundin Elise Rüdiger, in dem sie sich noch im Jahre 1844 voller Schmerz erinnert: *Ich habe Ihnen ja schon früher erzählt, wie wir sämtlichen Kusinen haxthausischer Branche durch die bittere Not gezwungen wurden, uns um den Beifall der Löwen zu bemühn, die die Onkels von Zeit zu Zeit mitbrachten, um ihr Urteil danach zu regulieren, wo wir dann nachher einen Himmel oder eine Hölle im Hause hatten, nachdem diese uns hoch- oder niedriggestellt. Glauben Sie mir, wir waren arme Tiere, die ums liebe Leben kämpften, und namentlich Wilhelm Grimm hat mir durch sein Mißfallen jahrelang den bittersten Hohn und jede Art von Zurücksetzung bereitet, so daß ich mir tausendmal den Tod gewünscht habe. Ich war damals sehr jung, sehr trotzig und sehr unglücklich und tat was ich konnte, um mich durchzuschlagen. ... Sie sind ja mit uns gereist und haben leider selbst gesehn, welchen Einfluß noch jetzt dergleichen Äußerlichkeiten auf eine sonst so vortreffliche und verehrte Person haben, und wie ich in nichts zusammengeschrumpft bin, als wir uns Meersburg näherten. Leider gelten ihr literarische Erfolge gar nichts, aber das Urteil und die Ehrenbezeugungen der nächsten Umgebung haben sie ganz in ihrer Gewalt.*

Annette von Droste-Hülshoff ist kein bequemes junges Mädchen, sie wird auch niemals eine bequeme Tochter, Verwandte oder Freundin werden; mit zunehmendem Alter besteht sie immer fester auf ihrem Recht, in einem stets sehr eng gesteckten Rahmen ihr eigenes Leben zu führen und ihre dichterische Arbeit zu tun. Ihre Auflehnung wird leiser, aber auch listiger und effektiver, der äußere Gehorsam bleibt unverändert bestehen. Trotziges Aufbegehren aus Verzweiflung findet sich nur bei dem jungen Mädchen, das so gar nicht den Idealvorstellungen ihrer Zeit entspricht. Sie ist nicht sanft, anschmiegsam, häuslich und bescheiden, sie kennt recht früh ihren Wert und ihre Besonderheit, sie hat Verstand und gebraucht ihn, in ihrer Not auch oft gegen andere, sie provoziert durch ihr für damalige Zeit zu selbstbewußtes Auftreten, obwohl sie ihre Person schon sehr zurücknimmt. Da sie *schriftstellert*, wird ihr auf neckend-anerkennende Weise geschmeichelt, da man diese Beschäftigung als exotischen Zeitvertreib eines adligen Fräuleins nicht so recht ernst nimmt und zudem auf hübsche Gelegenheitsgedichte hoffen kann, versuchten sich doch alle Haxthausens in Geburtstags-, Namenstags- und anderen Feierversen. Begeht Annette jedoch den Fehler, sich über ein Lob zu freuen, gilt sie als eitel, als zu stark hofiert. Ihre auf Äußerlichkeiten stets ängstlich achtende Mutter, die zudem auf das Urteil ihrer Stiefbrüder größten Wert legt und sich beim Umgang mit der schwierigen Tochter sicherlich auch Rat erhofft, treibt Annette durch ihre Erwartung von Lob oder Tadel durch berühmte Fremde, die *Löwen*, in Verzweiflung. Vor allem männliche Besucher reagieren wie die Onkel voller Ablehnung auf das nicht zeitgemäße Fräulein. Annette mag häufig auch in vermeintlicher Hoffnung, einen verständnisvollen, literaturkundigen Freund zu finden, aufdringlich gewesen sein und zu deutlich um Wohlwollen gebuhlt haben. Ihre immer wiederkehrende Enttäuschung, die von den im Grunde ihres Herzens verwirrten und geängstigten Männern erfahrenen Kränkungen, das häufig erlittene Herumerziehen an ihrer Person, fördern nur noch Annettes Trotz, mit dem sie ihre Einsamkeit, Unsicherheit und das schmerzhafte Gefühl, von niemandem anerkannt und verstanden zu sein, zu überdecken versucht.

Dahinter alles Blume, / Und alles Dorn davor

1820 - 1827

Enttäuschung und Lebenskrise

Nur vor dem Hintergrund der recht zweifelhaften Stellung, die Annette von Droste-Hülshoff im Kreise ihrer Haxthausener Verwandten einnimmt, ist das schäbige Spiel zu verstehen, das in Bökendorf Ende des Sommers 1820 inszeniert wird und das ältere Biographien gerne als die *Jugendkatastrophe* der Dichterin apostrophieren. Bei seinem Studium in Göttingen hat August von Haxthausen den Kasseler Heinrich Straube kennengelernt, sich mit ihm befreundet und ihn, nachdem Straubes Vater Bankrott gemacht hat, auch finanziell unterstützt. Selbstverständlich gehört dieser Studienkamerad zu den Sommergästen in Bökendorf, ebenso wie ein weiterer

Haus Bökerhof in Bökendorf

Freund Augusts aus Göttingen, der hannoversche Adlige August von Arnswaldt. Beide, Straube und Arnswaldt, sind Juristen, neigen aber mehr zur Literatur - Straube schreibt selbst -, stehen den Romantikern nahe und sind mit Grimms bekannt. Während Arnswaldt ein äußerst gut aussehender, nervöser, leicht hypochondrischer junger Mann aus angesehener Familie ist, dem Haxthausener Kreis nicht unähnlich, muß Straube in Bökendorf sehr merkwürdig gewirkt haben. Er gilt als ungewöhnlich häßlich, was die erhaltenen Porträt-

Heinrich Straube (1794-1847)
Bleistiftzeichnung von Ludwig Emil Grimm, 1818

zeichnungen bestätigen, wird als fratzenhaft, exaltiert, mit Geniegebaren behaftet, aber auch als gutmütig, charmant, freundlich, ja faszinierend beschrieben. Man belächelt seine Eigenheiten, respektiert sie aber; August von Haxthausen und andere Göttinger Freunde erwarten Großes von ihm und sehen in Straube einen kommenden Stern am Dichterhimmel. In den Briefen Annettes taucht Heinrich Straube das erste Mal im September 1819 auf, als sie ihrem Vater von Bökendorf aus schreibt: *Straube ist jetzt auch hier, er wird aber nicht nach Hülshoff kommen, weil er in Göttingen zu viel zu tun hat. Er ist vorgestern hier gekommen und wird, glaub ich, morgen wieder fortgehn; der arme Schelm muß sich doch erschrecklich quälen.* Zum ersten Mal wird Annette den Göttinger Bekannten Augusts 1817 getroffen haben, über diese Begegnung wird von ihr nichts berichtet, so daß auch Spekulationen, ob damals bereits zwischen den beiden jungen Dichtern eine Neigung entstand, fruchtlos sind. Allerdings erweist es sich bei dieser Beziehung ohnehin als sinnlos, über ihren Beginn zu raisonnieren, da allein das Ende der Liebe und die Art des Ausgangs entscheidende Bedeutung haben. Auf jeden Fall sind sich Annette und der seltsame Straube, der sogar Therese von Droste-Hülshoff gefällt, wohl kaum aber als potentieller Ehepartner der Tochter, ist er doch bürgerlich und protestantisch, im Sommer 1820 beim gemeinsamen Aufenthalt in Bökendorf sehr zugetan: zwei Außenseiter, zwei Schwierige gemeinsam zwischen lebensfrohen und liebenswürdigen Durchschnittsmenschen. Da wir aus Briefen der Haxthausener Brüder wissen, daß das Zusammenleben der vielen jungen Leute in den Sommermonaten recht munter und niemand Flirten, Küssen und Liebeleien abgeneigt ist, kann man annehmen, daß auch die Romanze zwischen Annette und Heinrich amüsiert-wohlwollend betrachtet wird - fürs erste. Doch Straube ist wohlgelitten und Cousine Nette nicht, sie wird bisweilen gefürchtet. Kann diesem hochmütigen, spröden, unweiblichen Wesen eine aufrichtige Zuneigung zugetraut werden? Gilt es nicht vielmehr, Annettes Herz zu prüfen und den armen Straube gegebenenfalls zu retten? Die heikle Aufgabe, Annette von Droste-Hülshoff auf die Probe zu stellen, übernimmt August von Arnswaldt, dem die junge Frau nicht gleichgültig ist, der sich aber wohl von ihr zugleich angezogen und abgestoßen fühlt - wie viele Männer. Er macht Annette, nachdem Straube wieder in Göttingen über seinen Büchern sitzt, geschickt den Hof, er verwirrt sie, regt sie auf, treibt sie in Zweifel. Von Arnswaldt scheint Annette sich das erste Mal stark körperlich angezogen gefühlt zu haben, er weckt in ihr erotische Gefühle, ihr bis dahin unbekannt, und treibt sie schließlich zum Geständnis ihrer Zuneigung. Ihr Bekenntnis nimmt Annette, als sich der Sturm der Emotionen gelegt hat, sofort wieder zurück und beteuert Arnswaldt inständig, sie habe sich selbst getäuscht, ihr Herz gehöre nur Straube; er, August, möge von nun an ihren Umgang meiden. Alle Beteuerungen nützen nichts und erweisen sich als zwecklos angesichts Arnswaldts Triumph, Annette der Untreue und des Wankelmuts überführt zu haben. Nun gilt es nur noch, die Familie von dem erneuten Beweis der Charakterschwäche Nettes zu unterrichten und den hintergangenen Straube zu retten. Arnswaldt kommt dieser Aufgabe geradezu mit Eifer, Begeisterung und wenig Wahrheitsliebe nach. Er begibt sich sofort nach Göttingen, erzählt Straube die schaurige Mär der jungen Frau, die sich nicht zwischen zwei Männern entscheiden kann, und gemeinsam setzen die beiden Enttäuschten den Abschiedsbrief an Annette auf. Die Übermittlung dieses uns nicht überlieferten Schreibens erfolgt durch August von Haxthausen, seine Rolle in dieser leidigen Angelegenheit führt zu einer tiefen Entfremdung zwischen Onkel und Nichte, die fast zwanzig Jahre dauert. Arnswaldt gibt seinem Freund Haxthausen in einem gesonderten Brief genaue Instruktionen für die Übergabe, deren Selbstgerechtigkeit er-

August von Arnswaldt (1798-1855)

schreckt und deren Geheimniskrämerei zynisch wirkt angesichts der Tatsache, daß alle Cousinen und Cousins informiert sind und sich viele mit diesem Wissen an der überlegenen Annette rächen, die unter den Vorwürfen und Anschuldigungen ihrer Familie fast zerbricht. *Jetzt fehlt es mir an Ruhe und Sammlung, um von etwas anderem zu Dir zu reden als von einer Sache, worin ich im höchsten Grade auf Dein Vertrauen, Deine Diskretion und Deine Klugheit rechne, Deine Tätigkeit dabei soll sich darauf beschränken, den beiliegenden Brief auf geschickte Art der Nette zukommen zu lassen; ich meine so, daß Du ihr etwa trocken sagst: ›Da ist ein Brief für Dich gekommen‹, ohne zu sagen woher - aber vor allen Dingen so, daß keine Seele sonst etwas davon erfährt - es wäre sehr schlimm! - also wenn Ihr sicher einen Augenblick allein bleibt usw. - Du wirst es ja schon anzufangen wissen. Für das übrige darf ich Dir nur wenige Andeutungen geben: Straube ist frei - Keiner von uns wird wohl jemals nach Hülshoff gehen - Dieser Brief bricht alles ab. Wie? Das frage nie; ich bitte Dich recht herzlich, ja ich mache es Dir zur heiligen Pflicht, weil mir mein Bewußtsein als Zeugnis gibt, daß ich Dein Vertrauen verdient habe - es ist meine innerste feste Überzeugung, nur auf dem eingeschlagenen Wege kann gerettet werden, was noch zu retten ist - und Du trauest ja wohl meiner Kenntnis - aber ich habe ihr bei der Art, wie ich jetzt vor ihr auftrete, ewiges Stillschweigen versprechen müssen und wollen - als Mann! und jetzt muß ich auch gegen sie Wort halten. Ferner beziehe ich auf alles Künftige Dein gegebenes Wort, nie jemanden nur ahnden zu lassen, was Du in dieser Sache weißt oder vermutest; auch gegen sie ändere ja nichts in Deinem Betragen. Beobachte genau, aber nicht auffallend, ob Du irgendeine Wirkung des Briefes an ihr entdecken kannst; man sollte sie stark vermuten, aber man ist vor nichts sicher - auch ferner achte auf alles, was sie von Straube und mir reden mag. Sollte sie schon nach Hülshoff sein, so muß ich Deinem*

Ermessen überlassen, ob Du den Brief eben so sicher dorthin in ihre Hände schaffen kannst. Gib Dir ja alle Mühe darum, aber vorsichtig, denn es wäre gewiß sehr bös, wenn sie ihn nicht bekäme, aber viel entsetzlicher, wenn er in der Familie bekannt würde - um dieser Möglichkeit zu entgehen, quäle ich Dich auch mit einer so widerwärtigen Besorgung. Um des Himmels willen, sei klug und verschwiegen.

Nicht einmal Grüße an die herrlichen Deinen darf ich Dir jetzt auftragen, damit das Dasein beider Briefe möglichst geheim bleibe. Ein andermal, und das in kurzem, mehr und besseres. Lebe wohl, herzlich geliebter Freund! Dein A.

Ich brauche Dich wohl nicht zu bitten, daß Du mir bald und viel schreibst - womöglich gleich, über die erste Wendung der Sache. Viele Grüße von Straube - er ist ruhig und ernst wie ich. Daß wir ihn niemals verlassen!!!

August von Haxthausen kann kurze Zeit später seinem Freund Straube mitteilen: *Du kannst ruhig hierher kommen; Euer Brief an Annette hat fast die Wirkung gehabt, die wir dachten. Karoline schreibt mir: ›Ich habe den Brief an Nette besorgt, sobald ich gelegene Zeit fand, abends auf ihrem Zimmer. Sie schüttelte vielmals den Kopf unterm Lesen und, als sie von der unbescheiden scheinenden Gegenwart befreit war, hörte ich sie noch lange auf ihrem Zimmer auf und ab heftig gehen. Andern morgen war sie aber wie immer, und es scheint mir kein bleibender Eindruck davon geblieben.‹*

Man hat also im Verwandtenkreis damit gerechnet, daß die Unliebsame keine Erschütterung, keine Reue zeigen werde und fühlt sich bestätigt. Wie wenig hat man Annette gekannt, wie bereitwillig hat man sich durch ihr beherrschtes Verhalten täuschen lassen! Der Brief scheint die Dichterin zunächst völlig überrascht zu haben, ihr Kopfschütteln deutet darauf hin, daß sie wohl erst gar nicht begriffen hat, was dort inszeniert worden ist. Daß sie sich ihre Verzweiflung nicht anmerken läßt, sich verstellt, um keine Angriffsfläche zu bieten, ist aus ihrer Situation heraus mehr als verständlich. In Wahrheit hat sie das Scheitern der Beziehung zum geliebten Straube zutiefst erschüttert, in höchste Not getrieben und ihr Wunden geschlagen, an denen sie ihr Leben lang leidet. Ohne von der fatalen Rolle zu wissen, die ihre Cousine Anna von Haxthausen bei dieser Affäre innehat, schreibt Annette ihr Ende 1820, gut drei Monate nach Erhalt des Schreibens von Arnswaldt und Straube. Der Brief an Anna zeigt, welche Wirkung das Erlebnis auf Annette gehabt hat. Schonungslos offen gegen sich selbst, voller Schuldgefühle und Zerknirschung, aber auch voller Vertrauen zu Anna, versucht sie, die Umstände der unglücklichen Liebesgeschichte zu erklären. Die Cousine schickt den Brief, ohne Annette zu fragen oder später davon zu unterrichten, an Straube. Doch gemeinsam mit Arnswaldt, von dem sie annimmt, daß er dem Göttinger Freund nicht die ganze Wahrheit gesagt hat, und den sie dann nach einigen Jahren heiratet, und mit August von Haxthausen verhindert sie durch vorgeschobene Sorge um die nötige Charakterverbesserung Annettes und Straubes Ruhe, daß dieser seiner Liebsten antwortet. Es hätte ja vielleicht zu einer Aufdeckung der ganzen Intrige und einem Verständnis zwischen den beiden Hintergangenen kommen können, da Straube Annette schon einmal verzieh, als sie sich impulsiv eine Stirnlocke abschnitt und sie dem Architekten Wolf schenkte, der sie sich gewünscht hatte. Doch das unglückselige Mißverständnis wird nicht aus der Welt geräumt, die Droste und Straube haben sich nie wiedergesehen, Annette hat noch fünfzehn Jahre später nicht gewagt, Kassel zu betreten, weil dort Arnswaldt und Straube wohnen. Sie schreibt im Winter 1841/42 in Erinnerung an ihren ersten Besuch in Bökendorf, achtzehn Jahre nach dem Verlust ihrer Liebe, eines ihrer berühmtesten Gedichte, in dem das Gedenken an die unglückliche Jugendliebe neben die resignierende Ahnung vom Scheitern ihrer letzten Liebe tritt:

Ich stehe gern vor dir,
Du Fläche schwarz und rauh,
Du schartiges Visier
Vor meines Liebsten Brau',
Gern mag ich vor dir stehen,
Wie vor grundiertem Tuch,
Und drüber gleiten sehen
Den bleichen Krönungszug;

Als mein die Krone hier,
Von Händen, die nun kalt;
Als man gesungen mir
In Weisen die nun alt;
Vorhang am Heiligtume,
Mein Paradiesestor,
Dahinter alles Blume,
Und alles Dorn davor.

Denn jenseits weiß ich sie,
Die grüne Gartenbank,
Wo ich das Leben früh
Mit glühen Lippen trank,
Als mich mein Haar umwallte
Noch golden wie ein Strahl,
Als noch mein Ruf erschallte,
Ein Hornstoß, durch das Tal.

Das zarte Efeureis,
So Liebe pflegte dort,
Sechs Schritte, - und ich weiß,
Ich weiß dann, daß es fort.
So will ich immer schleichen
Nur an dein dunkles Tuch
Und achtzehn Jahre streichen
Aus meinem Lebensbuch.

*Du starrtest damals schon
So düster treu wie heut,
Du, unsrer Liebe Thron
Und Wächter manche Zeit;
Man sagt daß Schlaf, ein schlimmer,
Dir aus den Nadeln raucht, -
Ach, wacher war ich nimmer,
Als rings von dir umhaucht!*

*Nun aber bin ich matt,
Und möcht' an deinem Saum
Vergleiten, wie ein Blatt
Geweht vom nächsten Baum;
Du lockst mich wie ein Hafen,
Wo alle Stürme stumm,
O, schlafen möcht' ich, schlafen,
Bis meine Zeit herum!*

Im Nachlaß Heinrich Straubes finden sich eine Locke Annettes, Verse von ihr und der berühmte Brief an Anna von Haxthausen.

Ich habe lange gewankt, ob ich Deinen harten Brief beantworten sollte, liebe Anna, denn ich war entschlossen, Alles über mich ergehen zu lassen; was soll ich den anderen auch sagen, sie wissen ja eigentlich nichts, und zudem muß ich büßen für manches, was Du auch nicht weißt, und dazu ist ihre Übereilung recht gut, denn es ist schrecklich, sich so stillschweigend von allen Seiten verdammen zu lassen; aber Du kömmst mir zu tief ins Leben, denn Du weißt viel mehr wie die andern, und doch tust Du ebenso unwissend hart und ebenso verwunderte Fragen, da Du doch die Antworten weißt. In diesem Einleitungssatz finden sich die Schlüsselworte für die Situation, in der sich die Droste damals befindet, man schreibt ihr *hart,* voller *Übereilung* gerade die, die *eigentlich nichts* von der ganzen Angelegenheit verstanden haben, sie *verdammen* Annette, die *stillschweigend Alles über* [*sich*] *ergehen* lassen will, denn sie glaubt, *büßen* zu müssen für manche Untat. Nur bei Anna will die Droste nicht länger schweigen, da sie gehofft hat, daß diese nicht so schnell den Stab über sie brechen werde, weil sie so vieles aus der Nähe gesehen habe. Anschließend beteuert Annette, sie wolle keinen Rechtfertigungsbrief verfassen, denn sie wisse zu genau, daß alle Strafen *tausendmal verdient* seien. Sie will nur versuchen, ihrer Cousine zu erläutern, was geschehen ist und warum sie so gehandelt hat, doch die Droste ahnt, daß sie eigentlich nur Straube alles wirklich erklären könnte, *aber den werde ich wohl nicht wiedersehen.*

Annette gesteht Anna, Straube sehr lieb gehabt und es wohl lange nur für Freundschaft gehalten zu haben, jetzt aber befürchten zu müssen: *...nun meint er wohl, ich hätte ihn nie lieb gehabt.* Diese Vorstellung macht sie ganz verzweifelt: *O Gott! er hat recht, es zu glauben, ich kann ihm den abscheulichen Gedanken nicht nehmen, das ist mein ärgstes Leiden. Anna, ich bin ganz herunter, ich habe keine auch nur mäßig gute Minute. Daß Deine Geschwister mich verlassen, danach frage ich - unter uns gesagt - jetzt nichts, obschon es mir sonst gewiß sehr betrübt gewesen wäre, ich denke immer nur an St*[*raube*]*. Um Gottes willen, schreib mir doch, was macht er? Ihr wißt nicht, wie unbarmherzig Ihr seid, daß Ihr mir nichts sagt.* Indem man Annette jegliche Information verweigert, glauben die Hauptakteure Arnswaldt, Anna und August von Haxthausen, zur Besserung ihres Charakters beitragen zu können, was für dringend notwendig erachtet wird, hat die junge Droste doch die Schamlosigkeit besessen, gleich zwei Männern zu gestehen, daß sie sich von ihnen angezogen fühle; ein Skandal ohnegleichen! Über ihr Schwanken versucht Annette, sich klar zu werden, ahnend, daß sie in etwas hineingetrieben worden ist, was ihr im Grunde widerstrebt; Arnswaldts Part schätzt sie dabei richtig ein, bemüht sich aber, nichts Nachteiliges über ihn zu sagen: *Ich spreche ungern gegen Arns*[waldt], *denn ich muß ihn jetzt mehr schätzen wie je, aber je länger ich mich bedenke, je mehr finde ich, daß er es mit St*[raube] *innig gut gemeint, aber mit mir von Anfang an desto schlimmer.* Und: *Arnswaldt muß mich von Anfang an gehaßt haben, denn er hat mich behandelt wie eine Hülse, die man nur auf alle Art drücken und brechen darf, um zum Kern zu gelangen.*

Ohne sich zu schonen, analysiert Annette dann ihre unterschiedlichen Gefühle für Straube und Arnswaldt und bekennt ihrer Cousine Erregungen, die ein katholisches, lediges Freifräulein im Jahre 1820 nicht zu erleben hat, einfach nicht verspüren kann. *Ich hatte Arns*[waldt] *sehr lieb, aber auf eine andere Art wie St*[raube]. *Str*[au]*bens Liebe verstand ich lange nicht, und dann rührte sie mich unbeschreiblich, und ich hatte ihn wieder so lieb, daß ich ihn hätte aufessen mögen. Aber wenn Arnswaldt mich nur berührte, so fuhr ich zusammen... dieser stille, tiefe Mensch hatte für die Zeit eine unbegreifliche Gewalt über mich...* Daß Arnswaldt ihren Beteuerungen, sie liebe nur Straube, habe sich bei ihm geirrt, kaum Gehör schenkt, ihr auch noch suggeriert, ihr Glaube, er habe sich in sie verliebt, beruhe auf einem Mißverständnis, und ihre Scham dann ausnutzt, davon berichtet Annette ehrlich und voller Selbstanklagen: *Er hat mir eine unabsichtlich durchscheinende Neigung auf alle Weise bewiesen. Du hast es ja oft genug gesehn. Ein wahrscheinlich sehr herbeigeführtes Mißverständnis ließ mich glauben, daß Arns*[waldt] *mir seine Neigung gestanden, und ich stand keinen Augenblick an, auch meine Gesinnungen offen zu gestehen. Das glaubte ich irrig zu dürfen, da ich fest entschlossen war, ihm meine Hand zu verweigern, wenn er sie fordern sollte. Ich entdeckte ihm deshalb mein Verhältnis zu Str*[aube]. *Nun entfaltete er das Mißverständnis, und ich fühlte mich beschämt, aber nicht erniedrigt, da er sich hierbei mit der äußersten Feinheit und Freimütigkeit benahm und mich aufs wärmste seine Freundin nannte. Nun fragte er noch wegen St[raube]. Ich konnte ihm nicht alles sagen und wollte doch nicht lügen, so verwirrte ich mich, und er ängstigte mich dermaßen durch seine Fragen, daß ich doppelsinnige Antworten gab, und sonach endlich das Ganze äußerst verstellt und verändert dastand... ich habe indes noch oft von St[raube] mit aller Liebe, die ich für ihn fühlte, geredet und mich aufs härteste angeklagt, aber Arns[waldt] ging immer leicht darüber hin, ich sollte mit Gewalt recht schuldig werden, Str[aube] sollte gerettet werden, und ich zu Grunde.* Obwohl sie sich bemüht, auch Arnswaldt gerecht zu beurteilen und alle Schuld nur in ihrem Verhalten zu finden, sieht Annette recht klar den verhängnisvollen Part, den der Hannoveraner gespielt hat: *Oh wie muß der mich hassen! Auch noch in seinem Brief sucht er mir den Glauben an Str[aube], das einzige, was ich noch habe, zu nehmen; seine Worte sind:* ›*Meinen Freund zu retten, war mein erster Gedanke, ich fand dieses leichter, als ich dachte, denn er war schon fast gerettet.*‹ *Nachher hat ihm dieses noch zu milde geschienen, und er hat korrigiert:* ›*sehr viel leichter*‹*; ist das nicht Grausamkeit! Er hat eine sehr teuere Absicht, und deshalb vergebe ich ihm von Herzen, aber ich hoffe ihn nicht wiederzusehen - er mag auch wohl manches überhört haben, in seinem Eifer um die Hauptsache... Sieh, Anna, ich habe es Arns[waldt] auch zuletzt mehrmals gesagt: ich habe mich getäuscht und Str[aube] jetzt wieder viel lieber wie sie, aber das hat er alles Gott weiß wofür genommen und verschwiegen.* Wie sehr Annette unter dem Geschehenen leidet, zeigen ihre Worte über ihr Befinden: *Du willst wissen, wie mir ist, liebe Anna. Das kann ich Dir nicht sagen. Ich hoffe und wünsche Dir, daß Du es in Deinem Leben nicht verstehst - aber ich habe es verdient... Ich möchte vielleicht noch einiges sagen können, aber ich glaube es kaum, denn ich muß gestehen, ich bin sehr* *gesunken, tiefer wie Du denkst, aber nicht aus Verhärtung. Dafür habe ich nun auch schon drei Monate und drüber gelitten, wie ich früher keine Idee davon hatte, und das wird auch wohl dauern, solange ich lebe. Darum sollt Ihr mich auch nicht schimpfen und quälen, sondern vor Euch sehn, daß Ihr nicht fallt.* Der letzte Satz erinnert an die Eingangsstrophe des Gedichts »Not«, das die Droste in dieser für sie so schweren Zeit schrieb:

> *Was redet ihr so viel von Angst und Not,*
> *In eurem tadellosen Treiben?*
> *Ihr frommen Leute, schlagt die Sorge tot,*
> *Sie will ja doch nicht bei euch bleiben!*

Die fromme Anna scheint auch dementsprechend verständnislos auf die erschütternde Beichte Annettes geantwortet zu haben, denn in einem späteren Brieffragment steht der verzweifelte Satz: *...o Anna, ich bitte, verstehe mich diesmal recht.*

In dieser Zeit kann sie schon berichten, *sehr gefaßt* zu sein und in der Arbeit Erleichterung zu finden. Neben dem erneuten Erwähnen des geplanten Romans »Ledwina« ist auch die Rede von geistlichen Liedern für die Großmutter in Bökendorf, dem Ort ihrer tiefsten Demütigung, den Annette lange Jahre nicht mehr aufsucht. Der Plan, für die fromme Maria Anna von Haxthausen, die von ihrer Enkelin Mutter genannt wird, Erbauungslieder zu schreiben, stammt aus dem Jahre 1819.

Die schlicht-frommen, sogenannten Festtagslieder für die Großmutter sind nur das auslösende Moment für das »Geistliche Jahr« der Droste, einen Gedichtzyklus, der mit dem Lied für Ostermontag 1820 abgebrochen und erst im Jahre 1839 wiederaufgenommen wird. Der erste Teil der Dichtung hat sich schnell von den zuversichtlichen Festtagsliedern weg entwickelt, das »Geistliche Jahr« ist nicht mehr für die naivgläubige Großmutter geeignet, es wird zu einem Versuch der verzweifelten Annette, sich mit ihrer Sündhaftigkeit und ihrer Schuld, die ihr nach den Erlebnissen des Sommers drückend erscheinen, auseinanderzusetzen, ihren erschütterten Glauben zu stärken und Gottes Gnade zu erflehen. Sie erzählt Anna 1820, daß ihre Stimmung jetzt *heller* sei als die der geistlichen Lieder, die sie nun für sich selbst und ihre Mutter gemacht habe: *Sie sind zu einer Zeit geschrieben, wo ich durch die mir überall bewiesene Liebe und Hochachtung noch unendlich niedergedrückter war, wie jetzt, wo ich mich ermutigt habe, auch diese gewiß schwere Prüfung mit Kraft zu tragen. - Der Zustand meines ganzen Gemütes, mein zerrissenes schuldbeladenes Bewußtsein liegt offen darin dargelegt, doch ohne ihre Gründe - und ich wollte geradezu versuchen, wie viel ein mütterliches Herz verzeihen kann, oder vielmehr, mir meine Strafe holen; ich hatte es mit einer Vorrede versehen, die auf all dieses vorbereitete.* Aber die Reaktion der Mutter ist enttäuschend: *Mama las dieselbe sehr aufmerksam und bewegt durch, legte dann das Buch in ihren Schrank, ohne es weiter anzurühren, wo ich es acht Tage liegen ließ und dann wieder fortnahm - sie hat auch nie wieder danach gefragt, und so ist es wieder mein geheimes Eigentum.* Wenn man die Vorrede zum »Geistlichen Jahr« liest, mag man Verständnis für Therese von Droste-Hülshoff empfinden, die nach Lektüre derselben die Gedichte schon gar nicht mehr lesen will, um nicht erschreckt zu werden und nicht auch noch zusätzlich zu all den Sorgen, die Annette ihr bereitet, befürchten zu müssen, ihre Tochter sei keine gläubige Katholikin mehr. Die Droste hat verstanden, daß ihre bekenntnisgleichen Verse ihrer katholischkonservativen Umgebung nicht angemessen sind; sie hat später nicht erlaubt, das vollständige Werk noch zu ihren Lebzeiten zu drucken. Der bis Oktober 1820 fertiggestellte erste Teil spiegelt Annettes Verzweiflung über ihre sündige Verfehlung und ihre Schwäche, ihre Schuldgefühle gegenüber Straube, ihre Angst, wahnsinnig zu werden vor Schmerz, weil sie ihre Phantasie, ihre Begabung nicht mit dem ihr vorgelebten Glauben in Einklang bringen kann. Die beiden Hauptanliegen - Verarbeitung der unglücklichen Liebe und des Bewußtseins ihres Fehlverhaltens und Überwindung der Glaubenszweifel - treten deutlich hervor, widersprechen sich nicht, können einander sogar bedingen. Kann die große Erschütterung des Sommers Annette nicht vor Augen geführt haben, daß es ihr nicht so leicht wie der Großmutter wird, Trost in der Religion zu finden, daß ihr Glaube nicht mehr kindlich ist, nicht mehr kindlich sein kann, nach allem, was sie auch in jener Zeit über sich selbst erfahren hat? Das Werk stellt sie der Mutter vor als *ein betrübendes, aber vollständiges Ganze, nur schwankend in sich selbst, wie mein Gemüt in seinen wechselnden Stimmungen... Für die Großmutter ist und bleibt es völlig unbrauchbar, sowie für alle sehr fromme Menschen; denn ich habe ihm die Spuren eines vielfach gepreßten oder geteilten Gemütes mitgeben müssen, und ein kindlich in Einfalt frommes würde es nicht einmal verstehn. Auch möchte ich es auf keine Weise vor solche reine Augen bringen, denn es gibt viele Flecken, die eigentlich zerrissene Stellen sind, wo eben die mildesten Hände am härtesten hingreifen, und viele Herzen, die keinen Richter haben als Gott, der sie gemacht hat.* Auch hier die Abwehr der frommen Leute, die nichts von Schuld wissen und reuige Sünder nur quälen! Annette wendet sich hingegen mit ihren Gedichten an ihresgleichen: *Es ist für die geheime, aber gewiß sehr verbreitete Sekte jener, bei denen die Liebe größer ist wie der Glaube, für jene unglücklichen, aber törichten Menschen, die in einer Stunde mehr fragen, als sieben Weise in sieben Jahren beantworten können.* Als Maßnahme gegen Zweifel empfiehlt die Dichterin, die in Glaubensfragen eine schier unbeschreibliche Angst vor der Auflehnung hat und sich gewaltsam zum

Gehorsam zwingt, um nicht wieder einen Halt, wieder etwas zu verlieren, was sie eigentlich mit ihrer Familie gemeinsam haben müßte, um sich nicht tiefer in die Isolation zu treiben, *ein starres Hinblicken auf Gott.* Sie klammert sich an die Möglichkeit einer unbedingten Glaubenskraft, die ihr vielleicht noch geschenkt werden kann, quält sich mit ihrem Verstand ab, der ihr die Kindlichkeit geraubt hat, und verzweifelt über Versuche, mit Hilfe des Intellekts Gott näherzukommen.

Und sieh, ich habe dich gesucht mit Schmerzen,
Mein Herr und Gott, wo werde ich dich finden?
Ach nicht im eignen ausgestorbnen Herzen,
Wo längst dein Ebenbild erlosch in Sünden:
Da tönt aus allen Winkeln, ruf' ich dich,
Mein eignes Echo wie ein Spott um mich.

Wer einmal hat dein göttlich Bild verloren,
Was ihm doch eigen war wie seine Seele,
Mit dem hat sich die ganze Welt verschworen,
Daß sie dein heilig Antlitz ihm verhehle;
Und wo der Fromme dich auf Tabor schaut,
Da hat er sich im Tal sein Haus gebaut.

So muß ich denn zu meinem Graun erfahren
Das Rätsel, das ich nimmer konnte lösen,
Als mir in meinen hellen Unschuldsjahren
Ganz unbegreiflich schien was da vom Bösen,
Daß eine Seele, wo dein Bild geglüht,
Dich gar nicht mehr erkennt, wenn sie dich sieht.

Rings um mich tönt der klare Vogelreigen:
›Horch auf, die Vöglein singen seinem Ruhme!‹
Und will ich mich zu einer Blume neigen:
›Sein mildes Auge schaut aus jeder Blume.‹
Ich habe dich in der Natur gesucht,
Und weltlich Wissen war die eitle Frucht!

Und muß ich schauen in des Schicksals Gange,
Wie oft ein gutes Herz in diesem Leben
Vergebens zu dir schreit aus seinem Drange,
Bis es verzweifelnd sich der Sünd' ergeben,
Dann scheint mir alle Liebe wie ein Spott,
Und keine Gnade fühl' ich, keinen Gott!

Und schlingen sich so wunderbar die Knoten,
Daß du in Licht erscheinst dem treuen Blicke,
Da hat der Böse seine Hand geboten
Und baut dem Zweifel eine Nebelbrücke,
Und mein Verstand, der nur sich selber traut,
Der meint gewiß sie sei von Gold gebaut!

Ich weiß es, daß du bist, ich muß es fühlen,
Wie eine schwere kalte Hand mich drücken,
Daß einst ein dunkles Ende diesen Spielen,
Daß jede Tat sich ihre Frucht muß pflücken;
Ich fühle der Vergeltung mich geweiht,
Ich fühle dich, doch nicht mit Freudigkeit.

Wo find' ich dich in Hoffnung und in Lieben!
Denn jene ernste Macht, die ich erkoren,
Das ist der Schatten nur, der mir geblieben
Von deinem Bilde, da ich es verloren.
O Gott, du bist so mild und bist so licht!
Ich suche dich in Schmerzen, birg dich nicht!

Ihren Kummer, ihre Schmerzen und ihre Angst empfindet
Annette auch als von Gott gesandte Strafen für ihre Sünden
und als Prüfung für ihren schwankenden Glauben (4., 5., 9.
und 10. Strophe »Am Grünendonnerstage«).

So gib, daß ich nicht klage,
Wenn du in meine Tage
Hast alle Schmach gebannt,
Laß brennen meine Wunden,
So du mich stark befunden
Zu solchem harten Stand!

O Gott, ich kann nicht bergen,
Wie angst mir vor den Schergen,
Die du vielleicht gesandt,
In Krankheit oder Grämen
Die Sinne mir zu nehmen
Zu töten den Verstand!

Doch ist er so vergiftet,
Daß es Vernichtung stiftet,
Wenn er mein Herz umfleußt,
So laß mich ihn verlieren,
Die Seele heimzuführen,
Den reichbegabten Geist.

Hast du es denn beschlossen,
Daß ich soll ausgegossen
Ein tot Gewässer stehn
Für dieses ganze Leben,
So will ich denn mit Beben
An deine Prüfung gehn.

Nachdem die Arbeit am »Geistlichen Jahr« mit dem Gedicht auf den Ostermontag im Oktober 1820 abgebrochen wird, folgt eine lange Zeit, in der Annette von Droste-Hülshoff nicht schreibt und von der wir kaum etwas wissen. Sie hat sich nach Verebben des ersten schier unerträglichen Schmerzes ganz in sich zurückgezogen, sie sitzt zu Hause, widmet sich der Musik, studiert das Buch über den Generalbaß, das ihr Onkel Maximilian Friedrich Wilhelm von Droste-Hülshoff geschrieben und ihr geschenkt hat, zeichnet ein wenig, schreibt wenige Briefe an Familienmitglieder, in denen sie von kleinen Ereignissen und dem ereignislosen täglichen Leben berichtet; für die Jahre von 1822 bis 1824 sind gar keine Zeilen von ihr überliefert. Der turbulente, gefährliche Sommer des Jahres 1820 wird über lange Zeit verarbeitet, sie scheint sich von den Kränkungen, den Demütigungen und der Qual erholen zu müssen, das gleichförmige Leben der ledigen, langsam alternden Tochter zu brauchen. Sie ist so erschöpft, daß die Enge der Familie ein Refugium bietet vor der sie bedrohenden Welt, in die sie sich erst wieder im Herbst 1825 wagt, als sie eine Reise zu Verwandten an den Rhein unternimmt. Im ersten Brief an die Mutter aus Köln bittet sie dann bereits um das Ledwina-Manuskript; sie will wieder arbeiten, aber das Schreiben an diesem Roman wird 1825 endgültig aufgegeben.

Statt dessen stürzt sich Annette in das gesellschaftliche Leben, oder eher: Sie wird von ihren Verwandten hineingezogen. In ihren Briefen nach Hause gibt es endlich wieder Neuigkeiten zu berichten, von interessanten Menschen und spektakulären Ereignissen zu erzählen: *Nun ich das Notwendigste geschrieben habe, will ich Dir, liebste Mama, doch noch allerhand Allotria mitteilen. So bin ich gestern recht im Papstmonat hier angekommen, da das neue Dampfschiff ›Friedrich Wilhelm‹, das größte und schönste Schiff, wie man sagt, was noch den Rhein befahren hat, vom Stapel gelassen, probiert und getauft wurde. Das erstere sah ich nicht, denn es war schon auf dem Wasser, als wir uns durch die Volksmenge gearbeitet hatten; dann aber sahen wir es ganz nah - wir standen auf der Schiffsbrücke - mehrere Male eine Strecke des Rheins herauf und herunter mit türkischer Musik und beständigem Kanonenfeuer durch die Schiffsbrücke segeln mit einer Schnelligkeit, die einen schwindeln machte. Endlich legte es an der Schiffsbrücke an, und das sämtliche diplomatische Corps, was die Probe mitgemacht hatte, begab sich ans Land. Ein so großes Dampfschiff ist etwas höchst Imposantes, man kann wohl sagen, Fürchterliches. Es wird, wie Du wohl weißt, durch Räder fortbewegt, die, verbunden mit dem Geräusch des Schnellsegelns, ein solches Gezisch verursachen, daß es auf dem Schiffe schwer halten muß, sich zu verstehen. Doch dieses ist nicht das eigentlich Ängstliche. Aber im Schiffe steht eine hohe dicke Säule, aus der unaufhörlich der Dampf hinausströmt in einer grauen Rauchsäule mit ungeheurer Gewalt und einem Geräusch wie das der Flamme bei einem brennenden Hause. Wenn das Schiff stille steht, oder wenn der Dampf so stark wird, daß er die Sicherheitsventile öffnet, so fängt das Ding dermaßen an zu brausen und zu heulen, daß man meint, es wollte sogleich in die Luft fliegen. Kurz, das Ganze gleicht einer Höllenmaschine, doch soll gar keine Gefahr dabei sein, und ich möchte diese schöne Gelegenheit wohl benutzen, um nach Koblenz zu kommen, was in fünf Stunden möglich sein soll.*

Von Oktober 1825 bis April 1826 lebt Annette von Droste-Hülshoff abwechselnd in Köln bei Werner von Haxthausen, mit dem sie, obwohl er immer noch so schroff im Umgang ist, leidlich zurechtkommt, und seiner jungen Frau Betty. In Bonn wohnt sie dann beim ältesten Bruder der Mutter, Moritz Elmershaus von Haxthausen, der eine Protestantin geheiratet und auf sein Erbe verzichtet hatte, und bei ihrem Vetter Clemens August von Droste-Hülshoff, dem Professor für Kirchengeschichte an der Friedrich-Wilhelms-Universität,

Sibylla Mertens-Schaaffhausen (1797-1857)

und seiner Frau Pauline. Sie besucht eine alte Bekannte, Frau von Thielmann, in Koblenz und schließt Freundschaft mit der reichen, exzentrischen Sibylla Mertens-Schaaffhausen, die in Köln ein reges gesellschaftliches Leben führt. Betty von Haxthausen berichtet über das Zusammentreffen zwischen Annette und Sibylla: *...die Mertens, welche leider sehr kränkelt, wird durch Nette sehr erheitert; und Herr Mertens ist ganz charmiert in sie und möchte sie in seinem Hause etabliert sehen, um sich an ihren lebendigen Erzählungen ergötzen zu* *können.* Mit Annette verbindet Sibylla die Sammelleidenschaft, sie verfügt über eine große Anzahl seltener Münzen und Gemmen, ist eine ausgezeichnete Sachverständige für antike Kunstwerke, auch sie ist musikalisch, sprachbegabt und sehr gebildet. Da die Ehe der Frau Mertens nicht zu den glücklichsten zählt und Sibylla häufig kränkelt und Zuwendung braucht, schließt sie sich Annette eng an, scheint die

Annette von Droste-Hülshoff

Dichterin aber von Anfang an sehr okkupiert und ihre Gutmütigkeit wohl auch ausgenutzt zu haben. Schon im Februar 1826 berichtet Annette ihrer Schwester Jenny, die neue Bekannte, Frau Mertens, ließe sie bitten, zu ihr zu kommen, da sie krank sei. Und nach der Rückkehr ins Münsterland bittet Annette die Frau Werners von Haxthausen um Verzeihung wegen mancher Meinungsverschiedenheit, die sie mit der Familie wegen Sibylla Mertens-Schaaffhausen auszufechten hatte: *Am Abend fragte mich die Mutter viel und ernstlich darüber, ob ich mich auch gut betragen habe und Dir immer gehorsam gewesen sei; ich sagte, ich hoffe es, aber es war mir äußerst empfindlich, weil ich bedachte, wie oft ich Dir nur Kummer und Unannehmlichkeit gemacht habe. Ich bitte Dich deshalb aufs innigste um Verzeihung. Du kannst nicht denken, wie weh es mir jetzt tut. Ich bilde mir wohl ein, ich würde nun in der Lage ganz anders handeln, und doch kann ich es nicht mit Gewißheit sagen, denn wenn ich an die arme Mertens denke, wie krank und schwach ich sie zurückgelassen habe, und daß ich sie vielleicht nie wiedersehe, so möchte ich um alles in der Welt nichts getan haben, was sie gekränkt hätte; ich wollte, es hätte alles zusammen bestehn können, das ist alles, was ich sagen kann, und daß es mir sehr empfindlich ist.*

Liebe Tante, sei mir nur jetzt nicht böse, da ich fort bin, ich habe Dich doch gewiß so von ganzer Seele lieb, wie Du es wohl nicht mal denkst, und, ich bitte, mach doch, daß mir der Onkel auch nicht mehr böse ist. Ich habe ihm so oft, auch in andern Dingen, widersprochen, was ich auch weit besser nicht getan hätte, er hatte doch oft so viele Güte und Liebe für mich gehabt. Es ist mir so peinlich, daß meine Eltern so gewiß voraussetzen, daß ich mich immer gut gegen Euch müßte betragen haben, und daß ich mir doch selbst hierüber kein ganz gutes Zeugnis geben kann. In solch demütigem, um Verzeihung bittendem Ton schreibt die neunundzwanzigjährige Annette an ihre Tante in Köln, um sich für fehlenden

Gehorsam zu entschuldigen. Diese Zeilen geben Aufschluß darüber, daß von ledigen Töchtern der Familie gegenüber stetes Wohlverhalten, Anpassung, Unterwerfung unter die Wünsche anderer, Hineinwachsen in die Rolle der Familientante, jederzeit verfügbar, ohne eigenen Willen, ohne eigene Lebensvorstellung, gering geachtet, zwar geschützt durch den Familienverband, aber auch von ihm benutzt, erwartet wurde. Daß die Droste mit diesen an sie herangetragenen Ansprüchen über kurz oder lang in Konflikt geraten muß, ergibt sich selbstverständlich aus den Ansprüchen, die sie selbst an sich stellt, und aus ihrem Willen, tätig zu sein und ihre Begabung zu gebrauchen. Vor allem das Zusammenleben mit der Mutter gestaltet sich im Laufe der Jahre immer schwieriger, da ein Abbruch der familiären Bindung gesellschaftlich völlig unmöglich ist und Annette auch nur einmal halb spielerisch mit dem Gedanken an ein eigenes Heim, zusammen mit Freunden, kokettiert. Die in ihr tiefverwurzelte Achtung der Mutter und auch die Liebe, die sie für diese empfindet, zwingen die Dichterin stets, die Opposition still und beharrlich zu betreiben, sich durch Zähigkeit immer mehr an Freiraum zu erobern, auf ihren eigenen Ansichten zu bestehen, aber der Kindespflicht des Gehorsams in hohem Maße zu genügen. Über Dinge, die die Mutter aufgrund ihrer Herkunft, Veranlagung und Erziehung ablehnen muß oder denen sie voller Verständnislosigkeit gegenübertritt, führt Annette keine Grundsatzdiskussionen, deren Anspannung sie auf Dauer wohl auch nicht gewachsen wäre, sie behält sie für sich, beredet sie mit anderen. Wie häufig findet sich in ihren Briefen an Dritte die Bitte, dies oder jenes nur ja nicht der Mutter vorzulesen, die beigefügten streng vertraulichen Zeilen am besten zu verbrennen, gewisse Angelegenheiten nicht zu erörtern, sondern zu verschweigen. Annette und Therese von Droste-Hülshoff sind zu entgegengesetzte Charaktere gewesen, um sich zu verstehen, um sich dem anderen zu öffnen. Sie haben sich als zu derselben Familie gehörig geliebt und respektiert, aber beide haben auch um einander und unter einander gelitten.

Von diesem stets nur schwelenden, latenten Mutter-Tochter-Konflikt ist in den Briefen vom Rhein, die von Humor und Witz sprühen, nichts zu spüren. So fremd sie die rheinische Fröhlichkeit auch angemutet haben mag, nach den düsteren, einsamen Jahren bekommt Annette das gesellschaftliche, oft ausgelassene Treiben recht gut. Zwar komponiert sie ein wenig und ordnet die Bibliothek ihres Onkels Werner, aber für die Vergnügungen des Karnevals, über den sie freundlich, aber doch recht unbeteiligt berichtet, und der Ballsaison bleibt immer noch genug Zeit; Annette stört nur, daß das Treiben so sehr ins Geld geht: *Du glaubst überhaupt nicht, wie elegant ich hier sein muß. Die Tante geht in alle Gesellschaften, und da muß ich fast immer weiße Schuh und seidne Strümpfe tragen. Ich schone, was ich kann, so daß ich erst ein Paar seidne Strümpfe gekauft habe, aber schon mehrere Paar seidne Schuh und weiße lange Handschuh. Wenn Du dieses alles bedenkst, so wird es Dir doch nicht so sehr viel scheinen, wenn ich Dir sage, daß ich bereits von dem Gelde, was Mama für Onkel Werner ausgelegt hat, dreißig Taler wiederbekommen habe. Aber mein schöner Überrock wird diesen Winter was abkriegen, ich muß ihn alle Tage brauchen.*

Es geht mir hier übrigens sehr gut. Köln ist im Winter äußerst angenehm. Ich habe einige Bälle besucht, wo ich aber den Leuten den Aberglauben, daß ich von wegen meiner subtilen Figur gut tanzen müßte, gelassen habe, nämlich dadurch, daß ich gar nicht getanzt habe, als allenfalls einmal herumgewalzt. Die Bälle hier sind äußerst brillant, selbst das gewöhnliche Lokal ist sehr groß, und am Karneval-Montag wurde auf dem Kaufhause, genannt der Gürzenich, getanzt, wo mehrere tausend Menschen auf der Redoute waren. Es war wieder ein großer Aufzug wie in den vorigen Jahren. Der König Karneval hatte sich eine Braut aus dem Monde geholt. Ich werde Dir die ganze Sache einmal mündlich erklären, schriftlich ist es nicht gut möglich... Es waren auch noch viele kleine Gesellschaften, die herumgingen, unter anderen der Bannerrat, ein alter ehemaliger Rat von Köln, wo sehr witzige Sachen gesagt wurden, und doch ganz ohne Beleidigung.

Werner von Droste-Hülshoff (1798-1867)

In Bonn bei den Verwandten verläuft das Leben etwas ruhiger, doch dafür lernt Annette dort den Professor für Medizin Joseph Ennemoser, einen Verfechter der Heilung durch Magnetismus, den Kunsthistoriker Eduard d'Alton und August Wilhelm Schlegel kennen, den sie gutmütig verspottet: *Schlegel hat einen schönen Ring vom König bekommen und ist schrecklich eitel damit, ist überhaupt lächerlich eitel, trotz seines vielen Verstandes, und gibt dadurch seinem Feinde, Clemens Droste, viel gute Gelegenheit an die Hand, ihn zu ärgern. Neulich ist ein Fleischer mit einer schweren Last Fleisch auf dem Rücken grade auf Schlegel gefallen, so daß man geglaubt hat, es wäre kein Stück von ihm ganz geblieben. Er hat indessen, wunderbarerweise, nichts dabei gelitten, außer dem Verlust seines besten Röckchens, was überher eine andere Farbe bekommen hat. Ich stehe übrigens recht gut mit ihm.*

Annette lebt auf bei ihrem Besuch am Rhein, obwohl sie sich bei Verwandten aufhält, sich manchmal über Werner und dessen cholerisches Gebaren ärgern muß und kritisch gemustert wird, weiß man doch aus früheren Zeiten von so vielen unangenehmen Eigenschaften. Doch die Beurteilung fällt positiv aus, die Schroffheit des jungen Mädchens ist der jungen Frau nicht mehr vorzuwerfen; Elisabeth, die Frau Werners von Haxthausen, gibt ihrer Schwiegermutter, der Großmutter in Bökendorf, Bericht: *...auch mir, liebe Mutter, gefällt Nette bei näherer Bekanntschaft immer besser; sie mag wohl manche frühere Schwäche abgelegt haben, und zeigt sich jetzt nur von einer wirklich gutmütigen und liebenswürdigen Seite; sie ist voller Gefälligkeit und Aufmerksamkeit für uns; sie ist eben beschäftigt einige Ordnung unter Werners Bücher zu bringen, der mit der größten Behaglichkeit zusieht.*

Im April 1826 reist Annette zurück nach Hülshoff und muß der Tante gestehen: *Ich habe mich unbeschreiblich schwer von Köln getrennt...*, doch die Hochzeit des ältesten Bruders Werner mit Karoline von Wendt-Papenhausen, der »Line«, die Annette in späteren Briefen immer etwas mitleidig und spöttisch in ihrem ungeheuren Kinderreichtum, ihrer schlichten Gutmütigkeit, ihrer Beschränktheit auf das Hausfrauliche schildert, steht bevor. Es ist geplant, daß das junge Paar zunächst auf Gut Wilkinghege bei Münster wohnen soll, so daß das Leben auf Hülshoff nach dem *Einrichtungs- und Hochzeitstrubel* wieder seinen alten Gang nimmt; Therese von Droste-Hülshoff erwägt die übliche Herbstreise nach Bökendorf. Zusätzlich zu Tony von Galieris, einer verarmten Adligen, soll noch ein Mädchen aufgenommen werden, das von Annette unterrichtet und von der Mutter in allen gesellschaftlichen Belangen ausgebildet wird.

Am 25. Juli des Jahres 1826 stirbt völlig unerwartet der geliebte Vater, Clemens August von Droste-Hülshoff, und das Leben seiner Frau und seiner Töchter erhält eine deutlich sichtbare Zäsur: Sie ziehen in Hülshoff aus und siedeln auf den Witwensitz Rüschhaus über. Im westfälischen Adel war es üblich, daß jüngere Geschwister auf eine Erbteilung verzichteten und sich die Familie des Erben, also besonders die neue Herrin, von der ehemaligen räumlich trennte, um Kompetenzstreitigkeiten erst gar nicht aufkommen zu lassen. Die Witwe zog sich auf ein eigens dafür erworbenes kleines Landgut oder in eine Stadtwohnung in Münster zurück. Lebten in der Familie noch ledige Töchter, die nicht ins Stift für unverheiratete Adlige gingen, zogen sie mit der Mutter und bekamen vom ältesten Bruder eine kleine Leibrente, die ihnen eine gewisse, wenn auch geringe Unabhängigkeit erlaubte.

Ursprünglich vom Architekten Johann Conrad Schlaun als Sommerresidenz gebaut, hat das Rüschhaus mehr den Charakter eines Landhauses für reiche Bürger als den eines

Gutshofes. Als ständiger Wohnsitz für anfangs fünf Frauen: Therese von Droste-Hülshoff, Jenny, Annette, Tony von Galieris und Annettes Amme, für die nun die Dichterin sorgt, mag es uns heute sehr beengt und bescheiden erscheinen. Einfach war auch die Einrichtung, die wir aus den Zeichnungen der Droste kennen: in ihrem kleinen Arbeitszimmer finden sich ein Schreibtisch, wenige Stühle, ein Sofa, ein Klavier und ein Kachelofen. Mit einigen, auch längeren

Haus Rüschhaus im Sommer 1995

Unterbrechungen wird Annette im Rüschhaus bis zum Jahre 1846, in dem sie zum letzten Mal zur Meersburg reist, leben, sehr oft allein, sich gemeinsam mit den wenigen Dienstboten um den Haushalt und die Tiere kümmern, die zu diesem kleinen landwirtschaftlichen Betrieb gehören, Besuche empfangen, nicht selten alleinstehende ältere Tanten, Nichten,

Cousinen, denen sie ihre Zeit widmen muß, Briefe schreiben, wofür sie sich stets viel Zeit nimmt, häufig krank sein und arbeiten.

Nach Hülshoff kommt sie nur selten, die ständig wachsende Kinderschar ist nicht das Rechte für ihre schwachen, meist gereizten Nerven, zu dem steifen, adelsstolzen Bruder entwikkelt sich kein herzliches Verhältnis, der Weg zum Schloß ist außerdem beschwerlich, und Annette scheut die Anstrengung. In der Umgebung geht sie aber, wenn es ihre Gesundheit zuläßt, häufig spazieren, frönt ihrer Liebhaberei, sammelt seltene Steine und neue Stücke für ihre Mineralien- und Fossiliensammlung. Im Rüschhaus führt Annette ein zurückgezogenes, stilles, an äußeren Ereignissen armes Leben, in dem sehr langsam, von schwereren und leichteren Erkrankungen mehrmals unterbrochen, ein großer Teil ihres Werkes entsteht, auf dem sich ihr Ruhm als Dichterin gründet.

Man zeichnet dennoch uns den Pfad

1828 - 1838

Freundschaften
und
Schwierigkeiten mit der Familie

Annette von Droste-Hülshoff unternimmt im Jahre 1828 wieder eine Reise zu ihrem Cousin Clemens August nach Bonn, um sich zu erholen, nachdem sie vorher lange hinfällig und von vielen Übeln geplagt war. Jenny schreibt im November 1828 an Wilhelm Grimm: *Um Nette habe ich große Sorge gehabt, sie ist Gott sei Dank! jetzt wieder wohl, und ihr Übel, selbst wenn es noch wiederkehren sollte, nicht von so gefährlicher Art. Seit ich das Unglück gehabt habe, den lieben Vater zu verlieren, bin ich oft gar zu ängstlich.* Jennys Angst um das Leben ihrer Schwester nimmt noch erheblich zu, als am 15. Juni 1829 der jüngste Bruder Ferdinand, den Annette besonders geliebt hat, an der Schwindsucht stirbt: *Ich habe seitdem beständig in Sorgen gelebt um meine Schwester, recht traurige Tage habe ich gehabt, der Arzt sagt zwar, es sei nur Nervenreiz und Krämpfe, indessen mir macht es viele traurige Stunden, und nur selten glaube ich frei atmen zu dürfen. Der Gedanke, auch meine Schwester zu verlieren, drückt mich ganz nieder, und ich weiß, Sie würden oft recht viel Mitleiden mit mir haben... Wir sind jetzt seit vierzehn Tagen in Münster, weil uns der Arzt zu entfernt war und es auch Nette an der nötigen Zerstreuung fehlte. Ob aus unserer Reise nach Böckendorf noch etwas werden wird, kann ich auch nicht sagen, da es einzig von Nette ihrer Gesundheit abhängt.*

In den nächsten Jahren häufen sich die Klagen Annettes über ihren Gesundheitszustand. Viele Wochen verliert sie durch rasende Kopfschmerzen, Migräneanfälle, Atemnot, Schlaflosigkeit, Neuralgien, rheumatische Beschwerden und quälende Augenschmerzen, die ihr noch nicht einmal erlauben, sich zu unterhalten, geschweige denn zu schreiben; immer wieder muß sie sich in ihren Briefen für ein krankheitsbedingtes langes Schweigen entschuldigen: *Nur die Augen waren mir ziemlich angegriffen, darum mochte ich nicht schreiben* (14.10.1830). *Das Wechselfieber ist's, was mich so mitnimmt, nur, leider, wechselt es nicht, alle Tage, die Gott gibt, von abends neun bis nachmittags drei. In den wenigen freien Stunden, eben jetzt z.B., bin ich wie einer, der am Katzenjammer leidet, halb krank, halb zerschlagen, halb besoffen, und zu allem unfähig. So geht es schon seit 5 Wochen, deshalb wundere Dich nicht über die späte Beantwortung Deines letzten Briefes (19.2.1835). Ich bin indessen übel genug dran gewesen, krank, krank, immer krank. Zuerst in zwei Absätzen das kalte Fieber, was zusammen fast sechs Wochen hinnahm und seitdem immer Rheumatismus, und immer im Kopfe. Ich habe wohl eher dran gelitten, aber diese Beständigkeit bin ich nicht an ihm gewohnt, sonst war's heute im Kopfe, morgen im Arme, übermorgen im Rücken; nun muß der arme Kopf allein die ganzen Einquartierungslasten tragen. Hören Sie, Schlüter, ich wär' zuweilen gern damit gegen die Wand gerannt (28.3.1835). Ich habe sie nicht begleiten können, denn die bösen Gesichtsschmerzen, womit ich mich schon seit Monaten habe herumschlagen müssen, klopfen noch immer an, bald stärker, bald gelinder, und ich muß alles anwenden, sie bei guter Laune zu erhalten zur bevorstehenden Reise... Bewegung in freier Luft tut mir kein großes Leid, aber die kalte Kellerluft der Kirchen ist etwas Entsetzliches für Gesichtsschmerzen, sie legt sich an wie Glatteis, von Minute zu Minute starrer, bis man wieder genug hat für einige Wochen (23.3.1837). Ich kann Dir sagen, daß es mir so schwer, ja fast unmöglich war, zu schreiben... weil das Bücken des Kopfs mir, schon in den ersten Minuten, die Schmerzen so vermehrte, daß ich aufhören mußte, und, was das schlimmste war, der Schmerz hielt dann oft stundenlang so heftig an. Seit vorvorgestern hat es sich nun in den Hinterkopf und Nacken gezogen, alle Tage etwas mehr aus dem Gesichte heraus dahin, so daß ich seit einigen Stunden gar keine Schmerzen im Gesichte habe, aber freilich sehr im Nacken, was mir aber ganz golden dagegen vorkömmt (15.8.1837). Diesen Beschwerden muß sie sich beugen, ihre Verzweiflung darüber,* ihre Auflehnung sind nutzlos, ihr schwacher Körper ist stärker als ihr Wille und zwingt ihr unzählige, nicht gewollte Pausen auf. Bereits als Kind und als junges Mädchen leidet sie an vielerlei Beschwerden, die im Laufe der Jahre zunehmen und heftiger werden. Große seelische Erschütterungen, Überarbeitung, aber auch langes Alleinsein und Witterungseinflüsse können die Anfälle hervorrufen oder verstärken, in unbeschwerten Zeiten des Reisens, der Abwechslung und in Tagen voll Glück fühlt sich Annette gesund und stark. Es ist schwer, als Nichtmediziner und aus relativ großer zeitlicher Entfernung ein Urteil über die Krankheit der Droste zu fällen, zu entscheiden, wie groß der Anteil des Psychischen an ihren Beschwerden ist. Doch es scheint erwiesen, daß ihre unterschiedlichen Krankheitsbilder auf eine Schilddrüsenerkrankung, verbunden mit Durchblutungsstörungen und Herzattacken, zurückzuführen sind. Die häufigen Migräneanfälle, die Gesichtsschmerzen, die an eine Trigeminusneuralgie denken lassen, mit der zeitweiligen Überempfindlichkeit gegen Geräusche, Licht, Gerüche und bestimmte Speisen (so kann Annette über lange Zeit hinweg kein warmes Essen zu sich nehmen) werden als Ursache sowohl seelische Gründe als auch die extreme Kurzsichtigkeit der Dichterin haben. Die Augen Annettes wirken auffällig, auf den zeitgenössischen Abbildungen und der Daguerreotypie erkennt man recht deutlich, daß sie übergroß sind und stark hervorstehen (auch ein Merkmal der Erkrankung); diese Augen haben die Betrachter fasziniert: *Dieses Auge war jedenfalls der merkwürdigste Teil ihres Gesichtes; es war vorliegend, der Augapfel fast konisch gebildet, man sah die Pupille durch das feine Lid (!) schimmern, wenn sie es schloß* - so die Erinnerung Levin Schückings, der auch Bedenkenswertes über Annettes Kurzsichtigkeit berichtet: *Ihr Auge war so eigentümlich gebildet, daß sie auf eine Entfernung von fünf oder sechs Schritten die Physiognomien der Anwesenden nicht mehr erkennen konnte; dagegen aber in dem Glase Wasser, das sie ihren Augen nahe brachte, die Infusorien zu erkennen vermochte.* Mag man die letzte Behauptung auch ungläubig in das Gebiet der Droste-Legenden verweisen, so kann die extreme Sehschwäche der Dichterin doch manch Eigentümliches ihrer Dichtung erklären helfen, wie z.B. die erstaunlich exakte und detaillierte Beschreibung von Pflanzen, bis in die Adern und Fasern der Blätter, von Insekten, Erdschichten, von allem, was nah an das Auge herangebracht werden kann, im Gegensatz zu den oft seltsam verschwommenen Bildern für Entferteres. *Oft ist aber auch das Seltsame und Befremdliche, namentlich in den Bildern und Naturschilderungen, die einfache Folge der Art, wie Annette selbst die Gegenstände erblickte. Sie war sehr kurzsichtig, wie wir bereits erwähnt haben. Sie erblickte deshalb die sie in einiger Entfernung umgebenden Dinge in anderen, mehr verschwimmenden Umrissen als die meisten Menschen. Ihre Phantasie kam hinzu, um diese verschwimmenden Linien und Konturen anders zu gestalten, als sie anderen erscheinen; aus dem Festen und klar Bestimmten ein Dämmeriges, in Flocken und Nebel sich Auflösendes und wieder aus dem Nebelhaften ein Festgestaltetes zu machen und ganze Welten dahin zu träumen, wo vor unseren Augen nur eine bunte Wolke, nur ein verschwimmender Dunst auftaucht.*

Auch kommen die daraus entstehenden Unverständlichkeiten und Seltsamkeiten der Gedichte am meisten nur da vor, wo es sich um Naturschilderungen handelt, schreibt Levin Schücking in seinen Erinnerungen. Ihre Vorliebe für das Sammeln von Münzen, Gemmen, kleinen Elfenbeinschnitzereien kann auch zu einem gewissen Teil in ihrer Kurzsichtigkeit begründet liegen, obwohl derartige Passionen zu Annettes Zeit weit verbreitet waren, das Biedermeier war verliebt ins Kleine.

Die verschiedenartigen, quälenden Beschwerden treten nach der Erschütterung über den Tod des geliebten Bruders im Sommer 1829 verstärkt auf. Im September desselben Jahres wird Annette Patientin des homöopathischen Arztes Clemens Maria von Bönnighausen, der bei ihr *große Niedergeschlagenheit und Hoffnungslosigkeit hinsichtlich der Genesung* feststellt. Und im November 1829 notiert er, die Droste leide an *großer Beängstigung* und *großer Schwermut mit Furcht vor einer Gemütskrankheit, Todesgedanken.* Die Familie, entsetzt über die schwere Erkrankung Annettes, voller Angst, auch sie noch zu verlieren, sinnt auf Abhilfe - eine Reise wird vorgeschlagen. Nach einigem Bedenken willigt die Droste, die sich zuvor ein wenig erholt hat, ein, erneut an den Rhein zu fahren. Nicht zuletzt lockt sie die Aussicht, bei den Verwandten am Rhein räumlich etwas großzügiger untergebracht und im täglichen Leben etwas unabhängiger als im Rüschhaus zu sein, ohne auf ihre gewohnten, für ihre labile Gesundheit so nötigen Eß- und Schlafgewohnheiten verzichten zu müssen.

Die Familie läßt Annette dann auch ziemlich ihre Freiheit, aber der Aufenthalt in Bonn vom Herbst 1830 bis zum Frühjahr 1831 sieht sie in einer neuen, die Droste vereinnahmenden Abhängigkeit: Sibylla Mertens-Schaaffhausen braucht die westfälische Freundin wieder einmal als Krankenpflegerin. Die kaum Genesene wacht Nächte hindurch am Krankenbett der Frau Mertens in Plittersdorf bei Bonn, erst im Oktober einige Tage, als Sibylla an Ohnmachtsanfällen leidet, und dann viele Wochen im Januar, nachdem sich die Freundin eine Kopfverletzung zugezogen hat. Annette pflegt die Kranke, versorgt die Kinder und den Haushalt, arbeitet bis zur Erschöpfung: *Was du von mir denkst, meine liebe alte Mama, das weiß der liebe Gott, aber das weiß ich wohl, daß ich ganz unschuldig bin und in den letzten vier Wochen oft nicht wußte, wo mir der Kopf stand. Ich bin jetzt schon in der 5. Woche bei der Mertens, die sehr gefährlich krank gewesen ist. Ich habe viel Last gehabt, so viel wie in meinem Leben noch nicht. Ich habe die arme Mertens Tag und Nacht verpflegt, fast ganz allein; denn ihrer Kammerjungfer hatte sie grade zuvor aufgesagt, weil sie trinkt, und konnte sie nun gar nicht mehr um sich leiden... ihre beiden ältesten Mädchen sind in der Pension. Adele Schopenhauer immer krank. So war ich die Nächste zu der Sache. Die arme Billchen hat die ersten 14 Tage keine einzige Stunde geschlafen; jetzt ist es viel besser, aber doch stehe ich fast jede Nacht ein oder ein paarmal auf. Dabei habe ich die ganze Haushaltung übernommen und gewiß mehr als*

Johanna Schopenhauer (1766-1838) mit Tochter Adele (1797-1849)

20 Schlüssel täglich zu gebrauchen; zwischendurch muß ich dabei nach den Kindern sehn... Ach Gott, was habe ich für Angst ausgestanden! Wie Dein letzter Brief kam, war alles so, daß ich keine Minute von ihrem Bette gehn und an kein Schreiben denken konnte... Ich kriegte in dem Augenblick ein solches Verlangen nach Haus... aber die armselige Mertens hatte kaum ein Wort davon gehört, als sie so erbärmlich anfing zu weinen, daß ich, per Kompagnie, mit daran kam und ihr versprach, nicht eher zu gehn, bis sie sich wenigstens einigermaßen erholt hätte. Annette erweist ihrer Freundin gerne diese Liebesdienste, denn sie ist Sibylla herzlich zugetan. Sie widmet der geistreichen, die Dichterin anregenden Frau 1834 ihr Epos »Des Arztes Vermächtnis« und erinnert sich in dem Gedicht »Nach fünfzehn Jahren« voller Sorgen und Liebe an die anstrengenden Wochen auf dem Auerhof in Plittersdorf:

Wie hab' ich doch so manche Sommernacht,
Du düstrer Saal, in deinem Raum verwacht!
Und du, Balkon, auf dich bin ich getreten,
Um leise für ein teures Haupt zu beten,
Wenn hinter mir aus des Gemaches Tiefen
Wie Hülfewimmern bange Seufzer riefen,
Die Odemzüge aus geliebtem Mund;
Ja, bitter weint' ich - o Erinnerung! -
Doch trug ich mutig es, denn ich war jung,
War jung noch und gesund.

Du Bett mit seidnem Franzenhang geziert,
Wie hab' ich deine Falten oft berührt,
Mit leiser leiser Hand gehemmt ihr Rauschen,
Wenn ich mich beugte durch den Spalt zu lauschen,
Mein Haupt so müde daß es schwamm wie trunken,
So matt mein Knie daß es zum Grund gesunken!
Mechanisch löste ich der Zöpfe Bund
Und sucht' im frischen Trunk Erleichterung;
Ach, alles trägt man leicht, ist man nur jung,
Nur jung noch und gesund!

In der letzten Strophe, gerichtet an Sibyllas Tochter, überwiegt die Trauer über die zwei gealterten Frauen, die einander fremd geworden, trotz der tiefen Freundschaft, die sie füreinander empfunden hatten:

> *Sie aber die vor Lustern dich gebar,*
> *Wie du so schön, so frisch und jugendklar,*
> *Sie steht mit einer an des Parkes Ende*
> *Und drückt zum Scheiden ihr die bleichen Hände,*
> *Mit einer, wie du nimmer möchtest denken,*
> *So könne deiner Jugend Flut sich senken;*
> *Sie schaun sich an, du nennst vielleicht es kalt,*
> *Zwei starre Stämme, aber sonder Wank*
> *Und sonder Tränenquell, denn sie sind krank,*
> *Ach, beide krank und alt!*

Das Verhältnis Annettes von Droste-Hülshoff zu Sibylla Mertens-Schaaffhausen ist recht schnell und merklich abgekühlt. Die erste große Verstimmung tritt ein, als die Mertens eine Abschrift der für den Druck bestimmten Gedichte Annettes, zusammen mit der Kritik Adele Schopenhauers und des Professors Eduard d'Alton, verlegt, so daß sie unauffindbar bleibt, und schon vorher die Drucklegung nicht im geringsten vorantreibt, obwohl sie sich zu diesem Geschäft angeboten hat. Diesen mangelnden Eifer rügt die Droste am 19. Februar 1835 in recht deutlichen, harten Worten, denn die Freundin hat sie enttäuscht: *Nur so viel, ich war Dir böse und bin es nicht mehr, denn ich habe mich entschlossen, jenes, was mich kränkte, und zu verschiedenen Zeiten oft und sehr gekränkt hat, in Zukunft als etwas Unabänderliches zu tragen. Ich meine Deine Unfähigkeit, persönliche Mühe für Deine Freunde zu übernehmen, selbst wenn der Erfolg für jene von Wichtigkeit und die Mühe gering wäre. Du kannst wohl nicht zweifeln, daß für dieses Mal von meinen Gedichten die Rede ist... Hättest Du nur nicht so enthusiastisch, so überaus dienstwillig geantwortet, und hätte ich Dir nur nicht so fest geglaubt und mit so ängstlicher Spannung von einem Posttage zum andern geharrt, es würde mich weniger geärgert haben, daß so gar nichts geschehen ist, ich würde nicht so allen Mut und Lust verloren haben, je wieder etwas zu unternehmen. Doch passons la dessus! Dieses heftige Ergreifen und schnelle Fahrenlassen ist eine stehende Eigenschaft bei Dir, aber nur des Kopfes, vielmehr der Phantasie, keineswegs des Herzens, deshalb kann ich sie Dir übersehen und Dich lieben wie zuvor... Ich will's nur bekennen, so wenig Du es verdienst, daß ich mich recht herzlich, Dich wiederzusehn, sehne.* Doch am 19. November 1835 ist Annettes Verärgerung um so größer, als sie Professor Schlüter berichtet, was mit ihrem Manuskript geschehen ist: *In Bonn bei der Frau Mertens hoffte ich, die einzige zugleich leserliche und richtige Abschrift der Gedichte zu finden. Sie werden sich erinnern, daß ich dieselben schon vor länger als einem Jahre dorthin schickte; es war die zum Druck bestimmte und sollte nur vorher durchgesehn werden, von dem Professor D'Alton, der Frau Schopenhauer und der Mertens selbst; denn man wird stumpf durch zu öfteres Überlesen. Das erste Schreiben der Mertens darüber war entzückter, als ich es mit meinen Verdiensten reimen konnte, und seitdem auch keine Silbe weiter. Ich habe mich schon bei Ihnen deshalb beklagt. Was fand ich in Bonn? Nichts! Nämlich die Frau Mertens abgereist nach Italien, wo sie ein rundes Jahr zu bleiben gedenkt; mein Manuskript unsichtbar geworden; entweder mitgenommen oder verliehen oder verlegt; weder ihr Mann, noch ihre Töchter, noch ihre Freunde meinten andres, als daß es seit wenigstens einem halben Jahre wieder in meinen Händen sei. D'Alton sowohl als die Schopenhauer hatten mir ellenlange Briefe geschrieben, vollkommene Abhandlungen; der von D'Alton soll sogar drei Bogen stark gewesen sein, aber alles war der Mertens anvertraut, und sie hat eins mit dem andren Gott weiß wohin getan.*

1837 treffen sich Annette und Sibylla noch einmal in Bonn, nachdem die Mertens aus Italien zurückgekehrt ist, aber die Entfremdung ist nicht mehr zu leugnen. Der Schwester berichtet die Droste im Januar 1837 aus Bonn: *Die Mertens ist als eine vollkommene Italienerin zurückgekehrt. Man mag sich drehen und wenden wie ein Aal, dem Genua entläuft man nicht, und wenn ich sage: ›Gib mir ein Butterbrot, ich habe Hunger‹, so ist die Antwort: ›Ach! in Genua hatte ich immer weit weniger Appetit als hier.‹ Ich gehe deshalb wenig hin.* Noch schärfer wird die Ablehnung; Sophie von Haxthausen wird im September 1837 mitgeteilt: *Die Mertens gebe ich Dir gänzlich preis. Sie war zwar wirklich mal angenehm vor 12 Jahren, aber jetzt ist keine Spur mehr daran, und sie kann Dir schwerlich mehr mißfallen, als sie es jetzt mir tut. Wenn Du sie kennenlernst, wird es Dir unmöglich sein, herauszufinden, was so vielen, z.B. Betty, Anna, mir, daran hat gefallen können.*

Die Verstimmung Annettes über die Art, wie mit ihrem Manuskript verfahren wurde, ist verständlich, die Entfremdung der beiden Frauen kann aber unmöglich allein auf dieser unglücklichen Begebenheit beruhen. Auch die Droste hat diese Freundschaft voller Enthusiasmus begonnen; nach schwierigen Jahren voll Kummer, Krankheit und Einsamkeit der Aufsicht der Familie und dem Münsterland entronnen, trifft sie 1825 in Sibylla Mertens-Schaaffhausen eine Frau, die ihre geistigen Interessen teilt, mit der sie über ihre Liebhabereien plaudern kann, deren Lebhaftigkeit ihr wohltut und die durch Charme zu fesseln vermag. Annette, die Freundschaft und Wärme braucht und sucht, ist fasziniert, stürzt sich in diese Bekanntschaft, vernachlässigt bereitwillig die Familie, um sich Sibylla zu widmen, opfert ihr Zeit und Kraft. Doch im Gegensatz zu Annette, die normalerweise sehr zurückgezogen, ja eingeschlossen lebt, agiert Sibylla als Mittelpunkt eines Kreises, als Herrscherin eines Salons; die *Rheingräfin*, wie sie weithin genannt wird, genießt Bewunderung und Beachtung und kann den Kummer ihrer unglücklichen Ehe mit einem sehr viel älteren Mann durch gesellschaftliche Anerkennung kompensieren. Ihr ganzes Leben ist nach außen gerichtet, Annettes dagegen nach innen. Für die Droste ist Sibylla einzigartig, Frau Mertens hat viele wichtige und geliebte Bekannte, Annette ist nur eine davon. Sicherlich empfindet sie Zuneigung zu dem westfälischen Fräulein, aber es ist ihr auch eine wichtige Zierde ihres Kreises, eine willkommene Hilfe in Notsituationen, auf die sie sich nicht fortwährend so konzentrieren kann, wie diese es wohl erwarten mag, dazu muß sie den Ansprüchen zu vieler genügen. Mag Annette das Leben der Mertens geblendet haben und bald als oberflächlich und zerfahren erschienen sein, die Unabhängigkeit dieser verheirateten Frau mit sechs Kindern kann sie nie erreichen. Die negativen Bemerkungen über Sibyllas Person entbehren nicht der Mißgunst, des Ressentiments, des versteckten, vielleicht nicht bewußten Neides.

Annette weiß, daß sie schwierig ist als Freundin, weil sie ein absolutes Eingehen auf ihre Person verlangt, dafür kann der andere aber auch liebevolle, nachsichtige Beschäftigung mit seiner Person erwarten. Eine solche Beziehung ohne merkliche Verstimmung, allerdings auch ohne bemerkenswerte Höhen, gelingt der Droste nur mit recht schwachen, gutmütigen, geistig ihr unterlegenen Menschen, so z.B. mit Christoph Bernhard Schlüter und Elise Rüdiger. Ihre Freundschaft und Liebe zu Levin Schücking, vielleicht die einzig mögliche adäquate Partnerschaft ihres Lebens, scheitert an Äußerlichkeiten und Furcht auf beiden Seiten. Das Verhältnis zu Adele Schopenhauer, die die Droste durch Sibylla Mertens kennengelernt hat und die sie später auf deren Kosten lobt, wirkt still und scheint auf intellektueller Anziehung zu gründen, wobei

Ähnlichkeiten im Leben der beiden Frauen, die sie einander sympathisch machen, nicht übersehen werden dürfen.

Adele ist ebenso wie Annette nicht frei, lebt wie sie in Abhängigkeit von der Mutter, Johanna Schopenhauer soll ihre Tochter bei aller Bevormundung auch noch materiell ausgenutzt haben: *Adele dagegen ist um vieles liebenswürdiger und bescheidener geworden; sie hat allen eiteln Gedanken den Abschied gegeben, um sich ganz mit ihrer kranken Mutter zu beschäftigen, die am Brustwasser leidet und gar nicht mehr ausgehen kann... Sie trägt mit der rührendsten Geduld, ohne ihren besten Freunden zu klagen, die Unvernunft einer Mutter, die zwar höchst angenehm sein kann... wenn sie allein ist, vor Langeweile und übler Laune fast stirbt, trotz allem Aufheben mit ihrer Tochter nicht einen Pfifferling drum gibt, wie es ihr zumute ist... die ihrer Tochter Vermögen (es gehört alles Adelen) rein verißt in Leckerbißchen und sonst zu ihrem Vergnügen verwendet, mit einer empörenden Gleichgültigkeit... Und Adele muckt auch nicht, sucht dies häusliche Elend auf alle Weise zu verbergen und benimmt sich überhaupt dabei wie unter tausend keiner.* Selbst die Schwächen Adeles, die Annette anführt und gering bewertet, erinnern an die Eigenschaften, die zumindest der jungen Droste von den Verwandten vorgeworfen wurden: *Das sind doch Eigenschaften, um die man wohl ein bißchen armselige Empfindsamkeit und Eitelkeit übersehn kann, da Adele zudem so honett und anständig ist und gar nicht verliebter Natur, sondern bloß für interessant passieren will bei Damen so gut wie Herren, d.h. so oft sie Damen findet, wo sie glaubt, ihre schönen Reden anbringen zu können, was freilich oft fehlschlägt, öfter wie bei Herrn.*

Weil sie sich so ähnlich sind, darf Adele Annette auch die Wahrheit sagen: *...denn sonst war sie dermaßen resolut mit mir, daß ich wohl von keiner Person in meinem Leben soviel*

Unangenehmes zu hören bekommen habe. Als Ratgeberin in poetischen Fragen erweist sich Adele Schopenhauer als überaus nützlich, sie versucht, für die Droste einen bekannten Verleger zu finden, ihre Bedenken gegen Hüffer in Münster, den sie für obskur hält, erweisen sich im nachhinein als nur zu berechtigt. Und als sich Adele auch dazu entschlossen hat, schriftstellerisch tätig zu werden, erbittet sie Annettes Urteil und Ermunterung, so wie sie der dichtenden Freundin einst Lob und Anerkennung ausgesprochen hatte nach der Lektüre des Epos »Des Arztes Vermächtnis«. Adele schreibt: *Und nun im Ganzen Glück auf, liebe Nette! Ihr Genius entfaltet seinen Flug in einem Augenblicke, wo sonst jedes Weib eine schmerzliche Leere empfindet. Glück auf! Sie haben in sich ein beneidenswertes Glück, das eines in sich schaffenden strebenden Talentes, und es wird Sie über manche Qual hinwegtragen, denn es hebt sie aus sich selbst heraus.* Hat Adele erkannt, daß die Befriedigung des Dichtens Annette über die Erkenntnis vom langsam eintretenden Alter hinweghelfen kann, so ist sie auch die einzige, die das Verhältnis der Droste zu Levin Schücking in der Bedeutung für Annette begreift und fördert. Doch zuvor tritt Annette in eine freundschaftliche Beziehung zu Christoph Bernhard Schlüter, eine Bekanntschaft, die auch Therese von Droste-Hülshoff sehr recht ist und die sie fördert. Schlüter, seit seinem achten Lebensjahr erblindet, ist Dozent für Philosophie in Münster und vier Jahre jünger als die Droste. Er lebt mit seinen Eltern und seiner Schwester Therese zusammen und ist der Mutter Annettes als gutmütiger, sein Leiden sanft ertragender, strenggläubiger Katholik lieb und wert. Die Droste schreibt ihm über ihre Arbeit, ihre täglichen Erlebnisse, ihre Krankheiten und Sorgen, er ist ihr ein brüderlicher Ratgeber, der ihre Genialität zwar nie ganz verstehen wird, dem das Fräulein auch oft zu viel redet, der ihr aber herzlich zugetan ist und beruhigend auf sie einwirkt. Den quälenden Glaubenszweifeln der Dichterin steht er ziemlich ratlos gegenüber, da seine eigene naive Religiosität solche Abgründe nicht kennt - er wird auch später die künstlerisch belanglosen, schlichten Festtagslieder des »Geistlichen Jahres« besonders schätzen -, aber er bemüht sich, Annette zu helfen. Sie darf sich stets vertrauensvoll an ihn wenden, aber man kann sich beim Lesen der ausgedehnten Korrespondenz nicht ganz des Eindrucks erwehren, daß die Droste ihr *Schlüterchen, Professorchen* nicht ganz ernst nimmt, daß sie sich ihm intellektuell überlegen weiß und ihr seine künstlerischen Ratschläge nicht allzu gewichtig erscheinen. Die Briefe, die zwischen Rüschhaus und Münster hin- und herlaufen, die gelegentlichen Besuche Schlüters, seiner Schwester und Mutter in der Abgeschiedenheit des Witwensitzes, manch

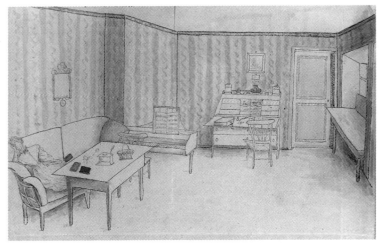

*Annettes Arbeitszimmer im Rüschhaus,
ihr »Schneckenhäuschen«*

verplauderte Stunde bei Schlüters in Münster, all das sind Annehmlichkeiten und Freundlichkeiten, die Annette wohl gefallen, die sie zerstreuen und aufmuntern, doch anregend oder bereichernd für ihre künstlerische Entwicklung ist diese

Beziehung nicht. Als Schücking auftaucht, ist Schlüter vergessen, und erst nach der großen Enttäuschung, die Levin ihr bereitet hat, findet Annette langsam wieder zurück zu der wärmenden und ein wenig langweiligen Freundschaft des Blinden.

Durch Schlüter lernt die Droste auch Wilhelm Junkmann kennen, der nach langen Jahren des Wartens aufgrund seiner finanziellen Misere Therese, die Schwester des Professors, heiraten kann. Der Historiker Junkmann, ein Schuhmachersohn, schreibt auch Gedichte, die Annettes kritische Zustimmung finden; sie glaubt an sein Talent und versucht, ihn zu unterstützen: *Wenn Sie Junkmann schreiben, grüßen Sie ihn herzlich von mir, ich denke oft an ihn und bin sehr begierig,*

Wilhelm Junkmann (1811-1886)

welchen Weg sein schönes Talent ferner nehmen wird. Annette bemüht sich auch, dem stellungslosen Junkmann durch Vermittlung von wichtigen Bekanntschaften zu helfen, obwohl dieser als ehemaliger Burschenschafter aufgrund seiner radikal demokratischen Ideen 1836 zu 6 Jahren Festungshaft verurteilt, wenn auch wegen seines guten Leumunds schnell begnadigt worden war.

Trotz ihrer konservativen Grundstimmung verübelt Annette dem jungen Bekannten nicht seine Vergangenheit, nur als die Mutter, die Junkmann auch sehr schätzt, diesen mit ihrem Bruder August von Haxthausen bekanntmachen will, glaubt sie, einige Verhaltensmaßregeln geben zu müssen: *Meine Mutter hat Junkmann so sehr gern, wie ich dieses nach zweimaligem Zusammensein jetzt zum ersten Male vielleicht an ihr sehe. Sie denken wohl, wie mich das freut! Ihr Interesse für ihn ist groß und wird dauernd sein, wie ihr fester Charakter das mit sich bringt. Sie wünscht, daß er uns in Bökendorf besuchen und dort die Bekanntschaft ihres jüngsten Bruders, August, machen soll, der zugleich mit uns dort sein wird, es ist derselbe, der sein eigentliches Lager in Berlin aufgeschlagen hat. Dies könnte vielleicht sehr gut sein, aber nur vielleicht. Wie sehr die politische Richtung meines Onkels von der unseres teuern Freundes abweicht, wird Ihnen Ihr Herr Vater am besten sagen können. Ich glaube wohl, daß August Junkmann nützlich sein könnte, aber er ist ein kalter und kühner Parteimann, jedoch sehr geistreich, und dieses ist seine Ferse des Achilles; von dieser Seite muß sich das Interesse einschleichen, sonst ist er ziemlich gepanzert. Was meinen Sie, soll sich Junkmann auf unsre Verantwortung einem solchen Manne gegenüberstellen? Wäre dieser Mann nicht mein Onkel, ich würde unbedingt ›nein‹ sagen - jetzt liegt alles anders, August ist nicht fähig, jemanden zu schaden, den wir ihm als einen Gegenstand unsrer Neigung zuführen, denn Mama ist seine älteste und überaus verehrte Schwester. Aber einen übeln Eindruck könnte und würde es ihm machen, wenn Junkmann sich auf eine Weise äußerte, die ihn in Verlegenheit setzen und ihm es leid machen müßte, dabei gegenwärtig gewesen zu sein. Lieber Schlüter, ich kenne Junkmanns politische Lage und Ansichten zu wenig genau, weiß namentlich zu wenig, auf welchem Punkte beide in diesem Augenblicke stehn, um irgend etwas drüber sagen zu können, was nicht besser in der Feder bliebe. Darum Punktum! Ich wollte Ihnen bloß die Kehrseite der Medaille zeigen, weiter nichts, damit will ich jedoch nicht abraten, vielmehr wird dieses Zusammentreffen gewiß nicht ohne Nutzen sein, wenn politische Gespräche können vermieden werden.*

Annette zeigt auch Verständnis für Junkmanns Gereiztheit und seine häufige üble Laune, die auf seine unsichere berufliche und finanzielle Situation zurückgeht. Nur als er noch einmal zum Studium nach Bonn geht und sich dem Kreis um Gottfried Kinkel anschließt, ist sie empört. Daß Junkmann die relative Freiheit und Fröhlichkeit Bonns genießt und ihn diese Stadt als Gegensatz zum strengen, konservativen Münster anregt, so wie Annette einst bei ihren Aufenthalten am Rhein aufgelebt ist, kann sie, hart und starr aufgrund der Enttäuschung durch Schücking, 1844 nicht mehr tolerieren, statt dessen verurteilt sie Junkmann und Levin als verabscheuungswürdige Demagogen. Aber in den letzten Jahren der Verbitterung neigt Annette zu ungerechtem, vorschnellem Urteilen. Mit Junkmann hat sie sich allerdings bei ihrem letzten Aufenthalt in Bonn ausgesöhnt, von seiner Wahl zum Abgeordneten für die Paulskirche hat sie nichts mehr erfahren. Doch 1834 ist die Freundschaft der Droste für Junkmann noch ungetrübt; aus der Erinnerung an so manches ernste poetische Gespräch schreibt sie ihm 1841 das Gedicht »Gruß an Wilhelm Junkmann«:

Mein Lämpchen zuckt, sein Docht verglimmt,
Die Funken knistern im Kamine,
Wie eine Nebeldecke schwimmt
Es an des Saales hoher Bühne;
Im Schneegestöber schläft die Luft,
Am Scheite ist das Harz entglommen,
Mich dünkt, als spür' ich einen Duft
Wie Weihrauch an der Gruft des Frommen.

Dies ist die Stunde, das Gemach,
Wo sich Gedanken mögen wiegen,
Verklungne Laute hallen nach,
Es dämmert in verloschnen Zügen;
Im Hirne summt es, wie ein Lied
Das mit den Flocken möchte steigen,
Und, flüsternd wie der Hauch im Ried,
An eines Freundes Locke neigen.

Schon seh ich ihn, im gelben Licht,
Das seines Ofens Flamme spielet,
Er selbst ein wunderlich Gedicht,
Begriffen schwer, doch leicht gefühlet.
Ich seh ihn, wie, die Stirn gestützt,
Er leise lächelt in Gedanken;
Wo weilen sie? - wo blühen itzt
Und treiben diese zarten Ranken?

Baun sie im schlichten Heidekraut
Ihr Nestchen sich aus Immortellen?
Sind mit der Flocke sie getaut
Als Träne, wo die Gräber schwellen?
Vielleicht in fernes fernes Land
Wie Nachtigallen fortgezogen,
Oder am heil'gen Meeresstrand,
Gleich der Morgana auf den Wogen.

Ihm hat Begeistrung, ein Orkan,
Des Lebens Zedern nicht gebeuget,
Nicht sah er sie als Flamme nahn,
Die lodernd durch den Urwald steiget;
Nein, als entschlief der Morgenwind,
Am Strauche summten fromme Bienen,
Da ist der Herr im Säuseln lind
Gleich dem Elias ihm erschienen.

Und wie er sitzt, so vorgebeugt,
Die hohe Stirn vom Schein umflossen,
Das Ohr wie fremden Tönen neigt,
Und lächelt geistigen Genossen,
Ein lichter Blitz in seinem Aug',
Wie ein verirrter Strahl aus Eden, -
Da möcht' ich leise, leise auch
Als Äolsharfe zu ihm reden.

Schlüter und Junkmann helfen der Droste auch über ihren Kummer hinweg, als die Schwester Jenny am 18. Oktober 1834 heiratet und Rüschhaus verläßt, um mit ihrem Gatten nach Eppishausen in die Schweiz zu ziehen. Bereits 1831 hat Jenny auf einer Reise den Freiherrn Joseph von Laßberg kennengelernt. Der Witwer ist 25 Jahre älter als das Fräulein von Droste, das bei der Eheschließung auch fast vierzig Jahre zählt. Therese von Droste-Hülshoff hat sich lange Zeit der Heirat ihrer Tochter widersetzt, aber Jenny ist beharrlich genug, sich nicht entmutigen zu lassen, und ihr gelingt das kaum noch für möglich Gehaltene: Sie entrinnt dem Schicksal der im Schoße der Familie verblühenden ledigen Tochter.

Die beiden Schwestern hängen sehr aneinander, der *liebe Hans*, wie Annette Jenny zu nennen pflegt, ist geduldig im Zuhören und verschwiegen. Nach Eppishausen und später nach Meersburg gehen dann auch die einzig unverstellten Briefe, die Annette je an ein Familienmitglied geschrieben hat, freilich meist mit der Auflage, die Zeilen nach dem Lesen sofort zu vernichten. Jennys Ehe mit Laßberg wird - trotz der bösen Vorahnungen der Mutter - sehr glücklich. Und obwohl Annette häufig über die Passion Laßbergs - er ist der berühmteste Sammler mittelalterlicher Liederhandschriften seiner Zeit - und seine Philologenfreunde spöttelt und er mit der Dichtung seiner Schwägerin nichts anzufangen weiß, respektieren die beiden sich und behandeln einander mit liebevoller Achtung. Der zweite Wohnort Jennys und ihrer Familie, die Meersburg, wird auch für die Droste zu einer Art Heimat, zum Schauplatz ihres großen, letzten Liebesglücks und zu ihrem Sterbeort.

Joseph Freiherr von Laßberg (1770-1855)

Vom September 1835 bis zum September 1836 ist Annette zu Besuch bei Jenny und Laßberg in Eppishausen. Voller Ängstlichkeit und Bedenken hat sie sich auf die lange Reise begeben, im März 1835 schreibt sie Schlüter: *Kurz, ein Jahr wird hingehn, eh wir wieder münsterischen Boden fühlen. Ach! Ein Jahr ist eine lange Zeit! Ich bin nie ein Jahr abwesend gewesen, ohne merkliche Lücken zu finden, wenn ich wiederkam! Und habe ich nicht selbst, zweimal in jedem Jahr, in den Frühlings- und Herbstäquinoktien einen ganz fatalen Zeitraum, voll Schmerzen und Hinfälligkeit? Ich weiß, daß ich in Gottes Hand stehe, und bin nicht töricht verliebt ins Leben, aber die Überzeugung, die ich seit 6 Jahren hege, daß ein Äquinoktium mich einmal, eh man's denkt, fortnehmen wird, mag doch viel zu meiner ernsten Stimmung beitragen.* Ihre Befürchtungen erweisen sich als unbegründet: Der Klimawechsel ist ihrer labilen Gesundheit sehr zuträglich, das Herausgerissensein aus dem täglichen Einerlei tut ihr wohl, die großartige, ihr fremde Landschaft der Schweizer Alpen regt sie an; die Briefe Annettes aus der Schweiz enthalten hervorragend geschriebene, plastische Naturschilderungen: *Dort sah ich zuerst das Alpenglühen, nämlich dieses Brennen in dunklem Rosenrot beim Sonnenauf- und -untergang, was sie glühendem Eisen gleichmacht, und so häufig die Dichter damit um sich werfen, doch nur bei der selten zutreffenden Vereinigung gewisser Wolkenlagen und Beschaffenheit der Luft stattfindet. Eine dunkel lagernde Wolkenmasse, in der sich die Sonnenstrahlen brechen, gehört allemal mit dazu, aber noch sonst vieles. Nun hören Sie: ich sah, daß eine tüchtige Regenbank in Nordwest stand und behielt desto unverrückter meine lieben Alpen im Auge, die noch zum Greifen hell vor mir lagen; die Sonne, zum Untergang bereit, stand dem Gewölk nah und gab eine seltsam gebrochne, aber reizende Beleuchtung. Ich sah nach den Bergen, die recht hell glänzten, aber weiß wie gewöhnlich, als wenn die Sonne sonst auf den Schnee scheint - hatte kein Arg aus einer allmählich lebhafteren, gelblichen, dann rötlichen Färbung, bis sie mit einem Male anfing sich zu steigern, rosenrot, dunkelrot, blaurot, immer schneller, immer tiefer, ich war außer mir und hätte in die Knie sinken mögen; ich war allein und mochte niemand rufen aus Furcht, etwas zu versäumen. Nun zogen die Wolken an das Gebirge. Die feurigen Inseln schwammen in einem schwarzen Meere. Jetzt stieg das Gewölk, alles ward finster, ich machte mein Fenster zu, steckte den Kopf in die Sofapolster und mochte vorläufig nichts anderes sehn noch hören.*

Ein anderes Mal sah ich eine Schneewolke über die Alpen ziehn, während wir hellen Sonnenschein hatten; sie schleifte sich wie ein schleppendes Gewand von Gipfel zu Gipfel, nahm jeden Berg einzeln unter ihren Mantel und ließ ihn bis zum Fuße weiß zurück; sie zog mit unglaublicher Schnelligkeit in einer halben Stunde viele Meilen weit, es nahm sich vortrefflich aus. Sie sehen, die Schweizernatur macht mitunter die Honneurs ihres Landes sehr artig und führt ergötzliche Nationalschauspiele auf für die Fremden an den Fenstern. Obwohl ihr die Schweizer nicht sympathisch sind (*Der Menschenschlag gefällt mir hier im ganzen gar nicht*) und sie sich über die Altgermanisten, die ihren Schwager besuchen, mokiert: *...Männer von einem Schlage, Altertümler, die in meines Schwagers muffigen Manuskripten wühlen möchten, sehr gelehrte, sehr geachtete, ja sehr berühmte Leute in ihrem Fach; aber langweilig wie der bittre Tod, schimmlig, rostig, prosaisch wie eine Pferdebürste; verhärtete Verächter aller neueren Kunst und Literatur. Mir ist zuweilen, als wandle ich zwischen trocknen Bohnenhülsen und höre nichts als das dürre Rappeln und Knistern um mich her, und solche Patrone können nicht enden; vier Stunden muß man mit ihnen zu Tisch sitzen und unaufhörlich wird das leere Stroh gedroschen! Nein, Schlüter, ich bin gewiß nicht unbillig und verachte keine*

Wissenschaft, weil sie mir fremd ist; aber dieses Feld ist zu beschränkt und abgegrast; das Distelfressen kann nicht ausbleiben. Was zum Henker ist daran gelegen, ob vor dreihundert Jahren der unbedeutende Prior eines Klosters, was nie in der Geschichte vorkommt, Ottwin oder Godwin geheißen, und doch sehe ich, daß dergleichen Dinge viel graue Haare und bittre Herzen machen – trotz dieser Einwände gegen das Leben in Eppishausen hat die Droste den Aufenthalt bei Jenny und Laßberg genossen.

Aus der Schweiz zurückgekehrt, wird Annettes Leben ohne die Schwester im Rüschhaus noch einsamer, denn die Mutter ist häufig zu Verwandtenbesuchen unterwegs. Doch so gern die Dichterin zuweilen plaudert und Menschen um sich hat, so sehr benötigt sie auch das Alleinsein. Ein Greuel sind ihr stets Unterbrechungen ihres Einsiedlerdaseins und ihrer Arbeit durch die Erfüllung von Aufgaben, die die Familie der Unverheirateten auferlegt, und durch gesellschaftliche Pflichten: *Ich war vorgestern mit Mama in Hülshoff; wir konnten kaum durchkommen, mußten überall Umwege machen. Soeben kommt Mama und sagt, daß, falls es bis neun Uhr nicht aufgehört zu regnen, sie fahren werde; dann muß ich mit, obgleich ungern, denn die albernen Ball- und Teegeschichten interessieren mich jetzt weniger denn je,* so klagt sie einmal der Schwester.

Ich arbeite jetzt nichts, gar nichts, so gern ich dran möchte; die Tage sind zu kurz und die wenigen Stunden zu besetzt; wenn ich des Morgens mich gekleidet, gefrühstückt und die Messe gehört habe, bleibt mir bis Mittag kaum Zeit genug zum Unterricht meiner kleinen Kusine; da wird Geschichte, Französisch und viel Musik getrieben, bis wir beide ganz verduselt zu Tische gehn. Nachmittags erst ein wenig spaziert, dann eine Stunde Klavier, eine Stunde Gesang nämlich, wieder Unter-

richt, und dann ist's Abend, wo ich mein Zimmer verlasse und bei meiner Mutter bleibe. Das wäre nun wohl ein gutes löbliches Tagwerk, wenn ich es aus gutem Herzen vollbrächte, dem ist aber nicht so. Jede Arbeit, die ich nicht nach eigner Lust und zu eigner Ausbildung unternehme, wird mit ebensoviel Freudigkeit und Anmut verrichtet, wie ein Ackerpferd den Pflug zieht. Wenn's anders wäre, wär's besser, aber es wird nicht anders, wenn ich mich auch bei beiden Ohren nehme,

Christoph Bernhard Schlüter (1801-1884)

gesteht Annette Schlüter, dem sie in einem späteren Brief über das Unbehagen berichtet, das ihr die Besuche in Hülshoff bereiten. Neben der Tatsache, daß ihr die vielen Kinder von Line und Werner zu laut und anstrengend sind, fürchtet sie, zu viele Umstände zu machen, da für Annette stets Diät gekocht werden muß und sie meist zu Bett liegt und der Schwägerin nicht zur Hand gehen kann. Aber die Droste weiß, daß Werner auf ihrem Kommen bestehen wird, denn *seit mein Bruder ein höchst glücklicher, umlärmter und umschrieener Familienvater geworden ist, hat er einen unbilligen Haß auf alle Einsiedler geworfen und hält die Einsamkeit für das größte aller Erdenübel. Ich nicht - vielmehr habe ich mich ihr in den sieben Jahren, die ich nun hier verklausnert, mit großer Einseitigkeit ergeben.*

Auch ihrer Cousine Sophie von Haxthausen schreibt Annette im September 1837, wie sehr sie in Hülshoff leidet. *Ich sitze hier seit vierzehn Tagen ganz, ganz still, daß man es ja nicht in Münster merkt; denn nur unter dieser Bedingung hat Mama mir erlaubt, hierzubleiben. Sie fürchtete sonst Unkosten und Klatscherei; ich weiß nicht, was am meisten. So meint jedermann, ich sei wenigstens für gewöhnlich in Hülshoff, wo ich es aber, die Wahrheit zu sagen, nur wenige Tage aushalten konnte. Der Lärm, nein, ich sage zu wenig: das Geheul, das Gebrüll der Kinder könnte den stärksten Menschen verrückt machen, wieviel mehr mich mit meinem armseligen Ohrweh; denn Du mußt wissen, daß ich erst seit zwei Tagen frei davon bin. Du kannst denken, wie meine Nerven herunter sind*, und im Februar 1838: *Ich ziehe nun bald wieder nach Hülshoff, und Du bist wohl froh darüber, aber, liebes Herz, was mich zumeist abhält ist, daß man dort so zu gar nichts kömmt. Seit ich hier bin, habe ich doch das große Gedicht geschrieben, auch einiges komponiert und noch dazu ein Paar Strümpfe gestrickt. Siehe, da kann ich mir doch selbst etwas aufweisen, wenn ich frage, wo meine Zeit geblieben. Aber zu Hülshoff ist man des Abends müde wie ein Drescher und hat doch ganz und gar nichts zuwege gebracht, denn wenn ich auch auf meinem Zimmer bin, kann ich höchstens lesen oder etwas zeichnen, so dringt der Lärm durchs ganze Haus, und obgleich ich mich immer abschließe, hören die Kinder doch nicht auf, vor meiner Tür zu bollern, da sie vor Langeweile nicht wissen, wie sie den Tag hinbringen sollen, und zuweilen mache ich auch auf, weil sie immer unten ihr Leid klagen, daß Tante Nette sie nicht haben will.*

Annette von Droste-Hülshoff wird in ihrer Familie als Tante Nette nicht anders behandelt, als es allen unverheirateten Frauen ihrer Zeit und ihres Standes ergeht, die sich nicht für ein Leben im Damenstift entscheiden. Eine ältere ledige Verwandte muß selbstverständlich alle Pflichten einer Familientante erfüllen: Familienmitglieder besuchen oder deren Besuche empfangen, Kinder beaufsichtigen, Kranke pflegen, stets einspringen, wenn Not am Mann ist - denn sie verfügt ja im Gegensatz zu den verheirateten Frauen und Müttern über unendlich viel Zeit. Irgendeinen Beruf auszuüben, das war völlig undenkbar, nur verarmte Adlige, die nicht auf die Unterstützung der Familie rechnen konnten, wie z.B. Tony von Galieris, die mit Annette zusammen im Rüschhaus gelebt hat, wurden Erzieherin in anderen vornehmen Familien. Die geringe finanzielle Unabhängigkeit, die der Droste durch ihre monatliche Rente gesichert ist, muß mit großen zeitlichen und nervlichen Opfern bezahlt werden. Ihr Schreiben ist in den Augen der Ihrigen keine ernsthafte Beschäftigung, die es nötig macht, sich immer wieder zurückzuziehen und auf der eigenen Art der Lebensführung zu bestehen. Daß es Annette dennoch gelingt, sich nicht völlig von der Familie vereinnahmen zu lassen, daß sie auf ihrer Einsamkeit besteht, daß sie sich zurückzieht und notfalls verleugnen läßt, daß sie sich den Vorhaltungen des Bruders und der Mutter aussetzt, ist ein Beweis für den zähen Kampf der Droste um ihre Eigenständigkeit und auch für ihr Selbstwertgefühl als Dichterin. In einem späten Gedicht, das Annette 1845 wohl für ihre Freundin Amalie Hassenpflug schreibt, als diese nach Italien gehen muß, um dort einen kranken Verwandten zu pflegen, bricht in einigen Strophen noch einmal ihr Zorn über die Abhängigkeit der unverheirateten Frau von der Familie und ihren Vorschriften durch, auch ihr Ärger über den fehlenden eigenen Mut, der Unfreiheit zu entrinnen:

Von keines Herdes Pflicht gebunden,
Meint jeder nur, wir seien grad
Für sein Bedürfnis nur erfunden,
Das hülfbereite fünfte Rad.
Was hilft es uns, daß frei wir stehen,
Auf keines Menschen Hände sehen?
Man zeichnet dennoch uns den Pfad.

Wo dicht die Bäume sich verzweigen
Und um den schlanken Stamm hinab
Sich tausend Nachbaräste neigen,
Da schreitet schnell der Wanderstab.
Doch drüben sieh die einzle Linde,
Ein jeder schreibt in ihre Rinde,
Und jeder bricht ein Zweiglein ab.

O hätten wir nur Mut, zu walten
Der Gaben die das Glück beschert!
Wer dürft' uns hindern? wer uns halten?
Wer kümmern uns den eignen Herd?
Wir leiden nach dem alten Rechte:
Daß wer sich selber macht zum Knechte,
Nicht ist der goldnen Freiheit wert.

Zieh hin, wie du berufen worden,
In der Campagna Glut und Schweiß!
Und ich will ziehn in meinen Norden,
Zu siechen unter Schnee und Eis.
Nicht würdig sind wir beßrer Tage,
Denn wer nicht kämpfen mag der trage!
Dulde, wer nicht zu handeln weiß!

So ward an Weihers Rand gesprochen,
Im Zorne halb, und halb in Pein.
Wir hätten gern den Stab gebrochen
Ob all den kleinen Tyrannein.

Trotz dieser Verse voller Auflehnung endet das Gedicht im demütigen, beschämten Gehorsam: Nachdem die *einzle Linde* bei Unwetter einer bunt zusammengewürfelten Schar von armen und bedürftigen Menschen Schutz gewährt hat, erkennt die Dichterin darin ein Gleichnis für das, was Gott von ihr und der Freundin erwartet: kein Aufbegehren, kein Pochen auf eigene Rechte und ein eigenes Leben, sondern liebevolles Dienen und Sorgen für die Ihrigen:

Wie kämpfte er mit allen Gliedern
Zu schützen was sich ihm vertraut!
Wie freudig rauscht' er, zu erwidern
Den Glauben, der auf ihn gebaut!
Ich fühlte seltsam mich befangen,
Beschämt, mit hocherglühten Wangen,
Hab' in die Krone ich geschaut

Des Baums der, keines Menschen Eigen,
Verloren in der Heide stand,
Nicht Früchte trug in seinen Zweigen,
Nicht Nahrung für des Herdes Brand,
Der nur auf Gottes Wink entsprossen
Dem fremden Haupte zum Genossen,
Dem Wandrer in der Steppe Sand.

Zur Freundin sah ich, sie herüber,
Wir dachten Gleiches wohl vielleicht,
Denn ihre Mienen waren trüber
Und ihre lieben Augen feucht.
Doch haben wir kein Wort gesprochen,
Vom Baum ein Zweiglein nur gebrochen,
Und still die Hände uns gereicht.

Das demütige, beschämte Sich-Schicken, das Akzeptieren der eigenen Situation ist ein Charakteristikum der gealterten, enttäuschten, müden Droste. In dem Zeitraum, in dem wir uns noch bewegen, in den Jahren 1828 bis 1838, findet sich bei Annette noch verstärkt die empörte Weigerung, sich anzupassen und zu resignieren, fein still zu sein. Doch bereits die jüngere Droste, die noch kämpft, schwankt zwischen dem Gefühl, ihr gutes Recht zu verteidigen, und dem schlechten Gewissen, ihren Kindes- und Verwandtenpflichten nicht zu genügen.

Besonders Annettes problematisches Verhältnis zur Mutter ist bezeichnend für dieses Leben zwischen Auflehnung und Gehorsam. Die dominierende Therese von Droste-Hülshoff hat im Rüschhaus mit ihrer Tochter in größter räumlicher Nähe gelebt, in den Briefen Annettes ist die Mutter stets präsent, auch wenn sie gerade wieder einmal eine ihrer kleinen Reisen unternimmt. Die Mutter gibt den Ausschlag, ob die Droste sich zurückziehen, wen sie empfangen, wem sie schreiben, wem sie Geld leihen und - von ganz wichtiger Bedeutung für die Dichterin im Jahre 1838 - ob sie ihre Werke veröffentlichen darf; die Mutter erwartet absoluten Gehorsam. *In Rüschhaus habe ich Tag für Tag die Besuche empfangen, Berichte der Dienstboten angehört und mich meiner Mutter sehr wiederholtem Anrufen persönlich gestellt. In der Tat, ich war dessen so gewohnt, daß ich nicht muckste, in der Hälfte eines Verses abzubrechen, was mich manchen guten Gedanken oder manchen eben gefundenen Reim gekostet hat. Ja!*

Therese von Droste-Hülshoff (1772-1853)
Die Mutter der Dichterin

damals war ich brav, aber jetzt? schreibt Annette an Schlüter und erzählt ihm von einer erfolgreichen Weigerung, Besuch zu empfangen, weil sie lieber Briefe schreiben wollte. Und obwohl sie dem Freund in Münster auch ehrlich eingesteht: *Was ich soll, das mag ich nie,* hat sie die Wünsche der Mutter stets erfüllt. Wenn sich Annette einmal Handlungen erlaubt, die den Vorstellungen Thereses von Droste-Hülshoff zuwiderlaufen müssen, so geschieht dies heimlich. Sie will der Mutter Ärger und Aufregung, sich selbst Schelte und Verdruß ersparen, denn *meiner Mutter Meinung hat allemal so großen Wert für mich, selbst wenn sie nicht die meinige ist.*

Teilt Annette selbst einem Freund ihre Anschauungen über ihr mißliebige Verwandte mit, fürchtet sie, kurz bevor sie ihr Schreiben beendet, die Mutter könne zufällig die Bekannten besuchen und den Brief ihrer Tochter lesen wollen; diese Ängste haben entschieden etwas Zwanghaftes.

Ich denke mir, daß meine liebe Mutter Sie vielleicht besucht hat, wenigstens hatte sie den Vorsatz, als sie von hier ging, oder vielleicht kömmt sie noch; sollte das der Fall sein, so bitte, bringen Sie nicht absichtlich das Gespräch darauf, daß ich Ihnen geschrieben, obgleich sie wohl weiß, daß ich es gesonnen war, aber die unmittelbare Erinnerung daran möchte sie auf die Idee bringen, den Brief sehn zu wollen, und sie könnte sich dann unangenehm berührt fühlen durch das, was ich über meinen Onkel gesagt. Es ist auch allerdings nur ein Privaturteil und vielleicht ein unrichtiges, aber da es einmal das meinige ist, so trieb mich meine große Vorliebe für Junkmann, es offen darzulegen. Vielleicht wäre es gut, liebster Freund, wenn Sie diesen Brief verbrennten, sonst hüten Sie ihn doch vorsichtig. Und noch einmal als beschwörendes Postskriptum: *Bitte, legen Sie diesen Brief doch sorgsam fort oder verbrennen ihn!*

Ist die Mutter abwesend vom Rüschhaus, so berichtet ihr Annette detailliert von ihrem Tagesablauf, als ob sie Rechenschaft ablegt, und es ist anzunehmen, daß sie die Akzente im Hinblick auf die Zufriedenheit Thereses von Droste-Hülshoff setzt. Auch kleine Anekdoten, ein wenig Familientratsch und Neuigkeiten aus Münster werden zur Erheiterung und Zerstreuung der Mutter eingeflochten. Bei dieser Gelegenheit zeigt sich die deutliche Begabung der Droste im humorvollen Erzählen: *In Hülshoff ist alles beim alten, doch sind die beiden kranken Kinder jetzt wirklich etwas besser. Friedelchen geht zwar sehr humplicht, aber er geht doch und hat keinen Schmerz. Ferdinand hat es jetzt nicht auf den Augen und ist weniger kurzatmig. Sonst ist alles wie früher, Werner liest Zeitungen, Line plagt sich mit den Kindern, Wittover steckt fortwährend den Esel aus, und Wilmsen ist in ewiger Rührung über die lieben Seelen. Er ist einige Wochen umhergeklettert wie ein Specht (nur nicht so geschickt), um Nüsse zu suchen, und hat vielleicht keine 20 gefunden. Er sagte den ganzen Tag: ›Ei, ei! daß es dieses Jahr keine Nüsse gab! Ich habe nach mir geschrieben, aber bei mir waren auch keine, ich hatte gedacht, um die Kinder aufzuknacken.‹ Er sieht mich nicht, ohne mir den ›untertänigsten Respekt‹ aufzutragen; hiermit will ich ihn also abgeliefert haben.* Im selben Brief vom 24. Oktober 1837 findet sich auch der neueste Dorfklatsch: *Hier gibt's wenig Neues. Therese Rottkötters ist nicht zum Heuraten gekommen, dagegen ist Drükchen Kukuks in der vorigen Woche verheuratet, mit einem Jungen von noch nicht 20 Jahren. Er hat den Nachnamen Pannekoke (den rechten weiß ich nicht) und ist, glaube ich, aus Münster. Sie hat ihn dazu genötigt, man sagt aber durch eine Unwahrheit. Es wird schön gehn! ›Er ist ein Sansculotte und sie eine Sanschemise.‹ Die alten Kukuks haben ihr Bestes getan, man hat getanzt, daß die alte Schoppe zitterte, hat geschossen und sich besoffen aufs köstlichste -* und dann natürlich der Rechenschaftsbericht: *Bei Tage lese ich, schreibe ich, ordne meine Sammlungen, gehe spazieren und stricke Strümpfe ab. Abends zünde ich kein Licht an vor dem Essen, sondern sitze solange beim Feuerschein. Mein Essen besteht mittags aus Suppe, wie die Leute sie essen, Pellkartoffeln und Leber, die ich den Sonntag warm und die übrigen Tage kalt esse. Abends Warmbier und Butterbrot mit Käse. Es ist ein Glück, daß ich immer dasselbe essen kann. Ich habe schon viel Leber gegessen, die mag ich am liebsten und verdirbt am wenigsten. Herrmann backt jetzt Pflaumen, wir haben Obst in Überfluß, auch Kartoffeln und Gemüse ist gut geraten, und das Korn gut zu Hause gekommen. Wir haben auch ein Viertel von einem Rinde gekauft und eingesalzen, und das Schweinchen nimmt gut zu. Kurz, es ist alles wie es muß in einer wohlgeordneten Haushaltung.*

Als die preußische Regierung 1837 den Erzbischof von Köln wegen des Mischehenstreits verhaften läßt und ihn auf die Festung Minden bringt, kommt es auch in Münster zu Tumulten, von denen Annette ihrer Mutter, die sich bei Jenny aufhält, anschaulich und ausführlich in einem Brief vom 9. Februar 1838 berichtet. Die Droste, die sonst nach eigener Aussage nicht an Politik interessiert ist, kann in dieser Sache, von der sie sich als Katholikin und Adlige betroffen fühlt, sehr engagiert Stellung beziehen und der Mutter eine äußerst lebhafte Schilderung der Ereignisse zukommen lassen: *Ich war am Tage des Aufstandes in Münster, und die Preußen haben sich schändlich betragen, vorzüglich der General Wrangel, ein Gegenstück zum Obristen Natzmer... Der Anfang des ganzen Tumults war so: Die Gemüter waren schon durch die Arrestation des Erzb[ischofs] aufs äußerste erbittert, nun kam dazu, daß, nachdem kürzlich eine Menagerie aus Münster abgezogen war, die Militärbehörden die Bude gekauft hatten, um darin bei schlechtem Wetter exerzieren zu lassen. Das Volk glaubte aber, es sei geschehn, um die Rekruten besser heimlich knuffeln zu können. Darüber waren schon allerlei Kleinigkeiten vorgefallen, einige Plakate an den Bäumen und der Bude selbst mit dem geistreichen Inhalt ›weg mit der Bude‹ oder ›weg mit den Preußen‹ et cet. Da dies sie nicht wegblasen wollte, hatte man mehrmals Versuche gemacht, die Bude anzuzünden, überhaupt, die Wahrheit zu sagen, wurde den Preußen grad nicht viel guter Wille gezeigt... Nun, an diesem Abend wurde wieder ein Junge attrappiert, der die Bude anstecken wollte, und heulend und mit Arm und Beinen sperrend zur Hauptwacht geführt. Mehrere vorübergehende Bürger legten sich mit guten Worten drein, sagten: ›Laßt ihn laufen, es ist ja ein Kind‹ et cet. Das hielt etwas auf; wer vorüberging, blieb stehn, und bald stand ein ziemlicher Trupp um die Wache und den heulenden Jungen. Jetzt wurde den Soldaten bange, der Offizier trat vor und befahl den Bürgern auseinanderzugehn; ein lautes Gelächter war die Antwort. Die Soldaten rückten an (immer nur noch die Wache), die Bürger teilten sich, ließen sie durch, traten hinter ihnen wieder zusammen und lachten. So ging es einigemal, immer stolzierte die Wache durch, und immer traten die Bürger wieder zusammen und lachten... Jetzt ließ der Offizier einhauen, ein paar Bürger wurden verwundet und schrien, und nun erhob sich ein fürchterliches Hurragebrüll und ›Vivat Clemens August! Nieder mit den Preußen!‹ Einige wenige Steine flogen, wie sie grade auf der Straße lagen, indem kamen die Husaren herangeritten, nach denen die Wache geschickt hatte; sie hieben ohne Rücksicht rechts und links ein, die Bürger wurden wütend, viele liefen fort, um Steine zu holen, und in einer Viertelstunde waren mehrere tausend auf dem Domplatze und Markt, es war ein greuliches Gebrüll und Gelächter... Im ganzen sollen, hauptsächlich bei dem Einhauen unterm Bogen, gegen 300 Bürger verletzt sein... Die Preußen meinen, der Adel habe mit drunter gesteckt und an diesem Abend Geld ausgeteilt; ich brauche Dir nicht zu sagen, wie falsch das ist, indessen sind wir jetzt in völliger Ungnade.*

Weniger ernsthaft sind die oft amüsanten Erlebnisse mit Verwandten und Bekannten; Annette kann der Mutter sicherlich nur so spöttisch über Personen berichten, von denen sie weiß, daß auch Therese von ihnen nicht gerade erbaut ist: *N.B. Johannes Stapel war auch hier. Werner brachte ihn mit und hat ihn ungeheuer gedrillt, daß er überall umherreiten und alles in Augenschein nehmen mußte, wozu er bei dem schlechten Wetter gar keine Lust hatte. Diderich und Werner Zuidtwick haben sich seiner getreulich angenommen, es ging ihm gar nicht übel, sonderlich in Wehren, wo Tante Dorly ihn sehr in Affektion genommen und laut gesagt hat (nicht ihm, sondern andern), es würde ihr nichts lieber sein, als wenn er eine von ihren Töchtern heuratete. Er war auch sehr erbaut von seinem Aufenthalte dort und der Freundlichkeit der beiden Fräuleins Therese und Jenny, viel weniger aber von ihrer Schönheit. Übrigens verbauert er immer mehr und nahm sich, aufrichtig gesagt, mitunter etwas kläglich aus. Einmal war in Abbenburg ein Disput über Goethe zwischen Onkel Fritz, unserm Werner, Galen und Hassenpflug. Johannes hatte immer schweigend zugehört, auf einmal sagte er ganz laut: ›Mit Erlaubnis! Ist der Goethe nich ein Schweinickel?‹ Alle sperrten Nase und Mund auf, und ich sagte: ›Er hat freilich manches geschrieben, was für ganz junge Leute nicht paßt.‹ Er stand auf, sagte: ›Nun weiß ich genug, wenn er ein Schweinickel ist‹, und ging triumphierend den Laubgang hinauf. Keiner machte eine Bemerkung hierüber, aber es wurde allen schwer, das Lachen zu lassen.*

Ist Annette auf Reisen, berichtet sie getreulich und detailliert über ihr tägliches Leben und vom Heimweh, unter dem sie bei langer Abwesenheit immer zu leiden hat, so am 14. Oktober 1830 aus Bonn: *Pauline und Clemens sind sehr gut gegen mich. Ich habe ein paar Zimmer in einem Nebengebäude, wovon eine Klingel in die Küche geht; wenn ich dort bin, kommt es mir vor, als ob ich mein eignes Haus für mich hätte, so angenehm und ungeniert ist es. Ich habe mich bei einem Friseur abonniert, und so würdest Du das Vergnügen haben, mich täglich a la dernière mode aufgetakelt zu sehn... Wann ich nun zurückkommen kann, davon ist gar keine Rede. Sie meinen alle, ich bliebe den ganzen Winter hier. Ich wäre aber viel lieber wieder bei Euch, so gut es mir sonst hier geht. Aber wir von Rüschhaus sind gar zu sehr aneinander gewöhnt, und ich bin immer auch angst, es möge jemand krank werden ...*

Am 12. Januar 1837 weiß Annette von dem Aufenthalt in Bonn und ihren dortigen Pflichten zu erzählen, daß sie mehrere Familien täglich besuchen muß, um niemanden zu verletzen, daß sie mit der verwitweten Pauline von Droste-Hülshoff täglich einen Spaziergang unternimmt, erst in der Abenddämmerung zurückkehrt und dann nicht mehr schreiben kann. Auch in diesem Brief ist von Heimweh und Sehnsucht nach der Mutter die Rede: *Nun leb wohl, beste Mama, und laß mich, ich bitte, sobald möglich, wissen, was Du über meine Abreise bestimmt hast, denn mein Herz hängt nach Rüschhaus, so gut es mir hier geht.*

Ist Therese von Droste-Hülshoff über einen längeren Zeitraum von Rüschhaus fort, finden sich in den Briefen Annettes immer Äußerungen ihrer Sehnsucht nach der Mutter, die ganz gewiß aus dem Herzen kommen, Gefühle zu heucheln, hätte sich die Droste nie erlaubt; so heißt es zum Beispiel am 9. Februar 1838: *Werner hat mir nun auch Deinen lieben Brief an Line geschickt. Wie freut' ich mich, als ich Deine Hand sah! Ach Mama, komm doch bald, ich habe so ein großes Verlangen danach. Dein Porträt ist noch mein bester Trost, aber es ist doch nur ein Bild. Ich habe jetzt auch einen Rahmen darum bestellt, aber noch nicht bekommen. Früher fiel es mir nicht so unangenehm auf, daß es keinen hatte, ich dachte, das Bild ist doch die Hauptsache, aber jetzt kömmt es mir vor, als ob ich Dir einen Rock geben könnte und ließ Dich nackend gehn. Ich mag Dich nicht so arg drängen zu kommen wegen Jenny, aber ich wollte doch, Du wärst einmal wieder hier.* Das Bedürfnis, die Mutter wiederzusehn, wird Annette tief empfunden haben, sie hängt mit großer Liebe an der *besten Mama*, was aber nicht über das schwierige tägliche Zusammenleben hinwegtäuscht. Auch wenn beide Frauen froh darüber sind und wohl auch Erleichterung empfinden, räumlich für einige Zeit getrennt zu leben, sehnen sie sich nacheinander. Mit den Jahren haben sie sich zu sehr aneinander gewöhnt, die eine gehört zum täglichen Leben der anderen, man braucht sich auch. Nur leidet Annette zuweilen an der Bevormundung, am Unverständnis und Desinteresse der Mutter, was ihre dichterische Arbeit angeht, und die alte Frau von Droste-Hülshoff weiß oft mit ihrer Tochter, der so vieles Äußerliche, von dem sie überzeugt ist, unwichtig erscheint, die ihren so eigenen Tagesrhythmus hat und die Stunden mit Dichten verbringt, nichts anzufangen.

... ich möchte so gern, daß Du doch etwas Freude von meinen Schreibereien hättest, meine liebe, liebste Mama, schreibt Annette, ihre Dichtung dabei als Schreiberei demütig herabwürdigend, am 1. August 1838, nachdem sie der Mutter mitteilen kann, daß die erste Ausgabe ihrer gesammelten Gedichte bald erscheinen wird: *...und in 14 Tagen oder 3 Wochen wird das Buch wohl im Laden zu haben sein. Hüffer hat ganz neue Typen dazu kommen lassen und legt großen Wert darauf. Ich habe wenig Sinn für dergleichen und kann nicht sehen, daß die Buchstaben sonderlich schöner wären als andere. Er hat zu Werner gesagt, daß schon so viele nach dem Buche gefragt hätten. Das freut mich für ihn und für mich auch, denn es wäre mir unausstehlich, wenn er Schaden daran hätte.* Wie sehr hat Annette ihre Mutter um die Erlaubnis bitten müssen, mit ihren Werken an die Öffentlichkeit treten zu dürfen, wie kompliziert hat sich die Suche nach einem

geeigneten Verleger gestaltet, und wie traurig soll das Schicksal dieses schmalen Buches sein!

Am 24. Oktober 1837 berichtet Annette ihrer Mutter, daß Schlüter und Junkmann ihr zureden, Hüffer in Münster als Verleger zu gewinnen, doch: *Ich habe wenig Lust dazu. Hast du jemals gewußt, daß Hüffer, derselbe demagogische Hüffer, seines Zeichens ein Buchhändler* [ist]. *Ich habe gedacht, er wäre Regierungsrat oder so etwas, aber er hat die Aschendorffsche Buchhandlung.* Adele Schopenhauer rät dringend von dem *obskuren und geringen* Verlag ab und will in Jena nach einer passenderen Gelegenheit suchen. Trotz der Bedenken, die Annette Junkmann gegenüber am 4. August 1837 äußert: *...ich meine immer, die in Münster herauskommenden Sachen hätten ein kurzes und obskures Leben zu erwarten, da der hiesige Buchhandel sich doch meistens auf den Kleinhandel für die Stadt und Provinz beschränkt* und am 23. März 1837 Schlüter mitteilt: *...ich wünsche noch immer das Gedicht anderswo herauszugeben, denn ich möchte, daß sein Renommée, gut oder schlimm, bereits gemacht wäre, eh es in den Kreis meiner Bekannten käme, da ich nicht darauf rechne, daß es hier sehr gefallen wird...*, entscheidet sie sich für die Aschendorffsche Buchhandlung. Sie schreibt am 6. Februar 1838 an Sophie von Haxthausen, daß sie auf keinen Fall in den Geruch kommen wolle, von einem Verlag vertrieben zu werden, dem sie *aufgeschwätzt* worden wäre. Bei den Firmen in Bonn, Köln und Jena sei dies der Fall gewesen, gute Freunde hätten sich für sie eingesetzt. Aber Hüffer habe ihr Manuskript zufällig bei Schlüters gesehen, es gelesen und ihr dann sehr höflich geschrieben und sich als Verleger angeboten. Da er darauf bestehe, ihre Werke herauszugeben, glaubt Annette, der Münsteraner könne niemanden als sich selbst bei Mißerfolg verantwortlich machen. Honorar will sie *für den ersten Versuch* nicht verlangen, und mit den Freiexemplaren ist es schwierig: *Da ich ihm doch nur eine Auflage von 500*

Exemplaren gestatten möchte, könnten es nur wenige sein, und ich weiß schon so viele, die ein Exemplar als Höflichkeitsbeweis von mir erwarten würden, während es ihnen im Grunde nicht den Brief wert wäre, den sie darauf schreiben müßten, z.B. Onkel Werner und Laßberg. Der erste wendete wohl gar ein paar Stunden dran, mir alles vom ersten bis zum letzten so niederträchtig schlecht zu machen, daß es kein Schwein fressen sollte, Du kennst ihn darin. Darum möchte ich lieber gar keine Gelegenheit zu dergleichen geben.

Die Droste stilisiert sich bei der ersten Herausgabe ihrer Gedichte in das Klischee der schriftstellernden Dame aus gutem Hause, Schücking hat später von ihrem *aristokratischen Hochmut* gesprochen: gedrängt von guten Freunden, selbst eigentlich uninteressiert, die große Öffentlichkeit scheuend, selbstverständlich ohne Gelderwartungen, man ist doch kein Berufsschriftsteller - entsprechend ist auch der Erfolg. Erst später, als Schücking die Sache in die Hand nimmt und die unerfahrene, sich zierende Annette dazu bringt, mit Cotta abzuschließen, erlebt sie die Freude, daß ihre Werke bekannt werden und Widerhall finden.

Hellsichtig schätzt sie 1838 nur die zu erwartende Reaktion der Familie ein. Nachdem sie sich nun aber einmal dazu durchgerungen hat, ihre Epen »Die Schlacht im Loener Bruch«, »Das Hospiz auf dem Sankt Bernhard« und »Des Arztes Vermächtnis« zusammen mit einigen Gedichten, mit der Ballade »Der Graf von Thal«, mit den Weiherliedern, den Säntisliedern, wenigen geistlichen Liedern und einigen anderen erscheinen zu lassen, muß sie sich nur noch bemühen, die Erlaubnis der Mutter einzuholen. Es ist nicht selbstverständlich, daß diese, *die jedes öffentliche Auftreten scheut wie den Tod und nur zu empfindlich ist für die Stimme des Publikums,* den Schritt der Tochter an die Öffentlichkeit billigt. *Bitte, liebe Mama, antworte mir doch gleich, ob Du nichts gegen die Herausgabe hast, denn Hüffer hätte es gern gleich zur Oster-*

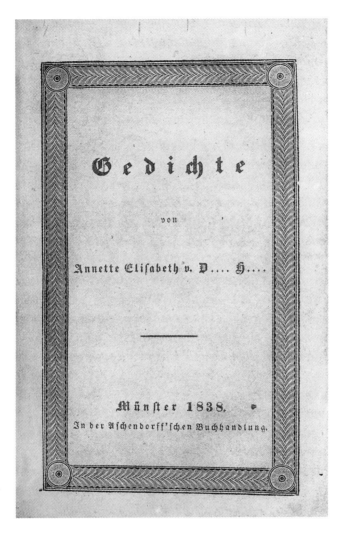

Titelblatt der Erstausgabe der Gedichte von 1838

messe... Sag Laßberg aber bitte nichts davon, das würde ihm ganz verrückt vorkommen. Ich habe auch viele alte Tröster nachgeschlagen und mir überall Rats erholen müssen, um damit fertig zu werden... Bitte, antworte mir doch gleich, ob Du etwas gegen die Herausgabe hast, denn bis Ostern ist kaum noch Zeit einen Vers zu drucken, und ich bringe den Verlegern *einen großen Schaden, wenn sie es nicht auf die Leipziger Messe liefern können, und einen fremden Namen möcht' ich nicht annehmen, entweder ganz ohne Namen oder mit den Anfangsbuchstaben A.v.D.* Dem letzten Vorschlag hat Therese von Droste-Hülshoff dann zugestimmt, und so erscheinen 1838 in Münster »Gedichte von Annette Elisabeth v.D...H...«.

Noch während der Drucklegung meldet Annette Bedenken und Änderungswünsche mit Rücksicht auf ihre Familie an, am 19. Juli 1838 schreibt sie an Schlüter, dem sie Vollmacht beim Auswählen und Zusammenstellen der Gedichte gegeben hat: *Wegen der geistlichen Lieder ist mir ein kleiner Skrupel gekommen, d.h. wegen einer Stelle. Wenn ich mich nicht irre, ist das Lied vom Feste des süßen Namen Jesu mit unter den zum Druck bezeichneten, und jetzt fällt mir hintennach ein, daß in der letzten Strophe ein Ausdruck immer großen Skandal gegeben hat, und zwar unter meinen nächsten Angehörigen, die ich am wenigsten kränken möchte. Es heißt dort, ›und ich soll, o liebster Jesu mein, die Gesunkne, treulos aller Pflicht, dennoch deines Namens Erbin sein‹ et cet. Den Ausdruck Gesunkne wollten nun alle unpassend und doppelsinnig finden, und nach dem Sinne, den ich beim Schreiben allerdings nicht geahndet habe, sie aber als sehr naheliegend erklärten, kann es ihnen freilich keineswegs angenehm sein, ihn der beliebigen Auslegung eines ganzen Publikums anheimzustellen; ist der Druck also noch nicht so weit vorgerückt, so verändern Sie, ich bitte dringend, die Zeile dahin: ›ich, die Arme, treulos aller Pflicht‹ oder, wenn Ihnen das nicht gefällt, auf andere beliebige Weise. Ich hasse nichts mehr als Verdruß im Hause.*

Es wird Zeit, daß die nunmehr einundvierzigjährige Droste neue Anregungen von außen erhält, die sie davor bewahren, aus Gewöhnung und Gehorsam ganz im Hause zu versinken, ihre *Schreibereien* geringzuschätzen und ihr Talent verkümmern zu lassen.

Mein Talent steigt und stirbt mit deiner Liebe

1839 - 1841

Die Begegnung mit Levin Schücking

Am 22. August 1839 schreibt die Droste an ihren Freund Schlüter in Münster aus Abbenburg, wo sie sich bei Verwandten aufhält, daß sie seit vierzehn Tagen mit Eifer am *Geistlichen Jahr* arbeite und hoffe, dieses noch bis zum Ende des Jahres abschließen zu können. Daß ihre Hoffnungen nicht ganz so schnell in Erfüllung gehen, läßt sich aus den Mitteilungen entnehmen, die Annette am 17. November desselben Jahres Wilhelm Junkmann über ihre Arbeit macht: *Ich bin diesen Sommer sehr fleißig gewesen und habe an dem ›Geistlichen Jahr‹ dermaßen nachgearbeitet, daß ich bei meiner Abreise mit der laufenden Zeit gleich war und dem Jahresschluß bedeutend vorzueilen hoffte. Seitdem bin ich in Rückstand gekommen, teils war ich krank, teils anderweitig verhindert, hatte auch allmählich einen babylonischen Turm von unbeantworteten Briefen aufwachsen lassen, der zwar nicht bis in die Wolken, aber doch über meinen Mut reichte. Mir wurd' ordentlich schwarz vor den Augen! Jetzt trage ich daran ab, als gälte es das tägliche Brot und fange schon an Grund zu sehn. So denke ich bald wieder ans eigentliche Werk zu kommen und dann mit Gottes Hülfe den Zyklus vor dem Silvestertage geschlossen zu haben. Es ist ein größeres Unternehmen als ich gedacht, da alles, was Schlüter bisher hatte, nur von Neujahr bis Ostern reichte. Dennoch meinte ich, Gott weiß nach welcher duseligen Ansicht, das meiste bereits getan und hätte schwerlich den Mut zum Anlaufe gewonnen, wenn ich die Höhe des Berges erkannt, der vor mir lag. Für spätere Arbeiten habe ich noch keine Plane und will auch nicht daran denken, bevor diese beendigt, da es sich immer fester in mir gestellt hat, daß sie nur zu einer Zeit erscheinen darf, wo mein ganzes irdisches Streben mir wohl töricht erscheinen wird und dieses Buch vielleicht das einzige ist, dessen ich mich freue. Darum will ich auch bis ans Ende meinen ganzen Ernst darauf wenden, und es kümmert mich wenig, daß manche der Lieder weniger wohlklingend sind als die früheren. Diese ist eine*

Gelegenheit, wo ich der Form nicht den geringsten nützlichen Gedanken aufopfern darf.

Bereits am 22. August 1839 - in dem schon erwähnten Schreiben an Schlüter - nennt die Droste ihre Bedenken gegen eine erneute Beschäftigung mit den geistlichen Liedern, gegen deren Qualität, und spricht von der Ablehnung einer Veröffentlichung, denn die Gedichte erscheinen ihr gegen die einfache und klare Sprache der Bibel als *elend und schwülstig.* Annette glaubt zwar, etwas überaus Nützliches geschrieben zu haben und freut sich darauf, Schlüter die Lieder vorlesen zu dürfen, aber an die Öffentlichkeit möchte sie mit dem Zyklus nicht treten. Ihr werden nicht nur dichterische Bedenken gekommen sein, auch die Vehemenz ihrer Glaubenszweifel und die Ehrlichkeit ihrer Verzweiflung, die sich in den Versen des »Geistlichen Jahres« ausdrücken, lassen den Druck zu Lebzeiten nicht als ratsam erscheinen.

Am 14. Januar 1840, als sie zunächst einmal die Arbeit an den Liedern für beendet ansieht, äußert sich Annette sehr bestimmt gegenüber ihrer Bekannten Henriette von Hohenhausen: *Dann habe ich den Zyklus der geistlichen Lieder vollendet, die jedenfalls erst nach meinem Tode öffentlich erscheinen dürfen.* Im Juni 1841 ist in einem Brief an die Schwester von Vollendung der Gedichte die Rede, ebenso am 19. September desselben Jahres in einem Schreiben an Schlüter. Sie nimmt das Manuskript mit auf die Meersburg, um es dort zu überarbeiten und ins Reine zu schreiben.

Nach neunzehn Jahren hat die Dichterin ihre Arbeit am »Geistlichen Jahr« wieder aufgenommen. 1820 bricht sie diesen Zyklus mit dem Lied auf den Ostermontag ab und widmet der Mutter die Gedichte, die - bis auf die frühen Festtagslieder - ihre tiefe Glaubensnot spiegeln. Die Verzweiflung über den verlorenen kindlichen Glauben, das krampfhafte Herbeischwören der göttlichen Gnade, die ihr den

Glauben zurückzugeben vermag, sind im zweiten Teil der
Geistlichen Lieder noch stärker spürbar.

> *Wer frischt dir deinen Glauben auf,*
> *Versengt an ihrem Odem heiß?*
> *Wer bringt dir der Gedanken Lauf*
> *Zurück ins fromm beschränkte Gleis?*

So fragt sie in dem Lied zum »Zwanzigsten Sonntag nach
Pfingsten«. Die Schwierigkeiten Annettes mit dem anerzogenen Glauben haben noch erheblich zugenommen, ihr kritischer Verstand erlaubt ihr nicht, blind den vorgeschriebenen
Lehren zu folgen, doch andererseits erfüllt sie ein Grauen vor
dem Zugeständnis des Unglaubens. So fleht sie verzweifelt in
dem Gedicht »Pfingstmontag«, in dem sie auch schonungslos
ihre eigene Schwäche aufzeigt:

> *Ist es der Glaube nur, dem du verheißen,*
> *Dann bin ich tot.*
> *O Glaube! wie lebend'gen Odems Kreisen,*
> *Er tut mir not;*
> *Ich hab' ihn nicht.*
> *Ach nimmst du statt des Glaubens nicht die Liebe*
> *Und des Verlangens tränenschweren Zoll:*
> *So weiß ich nicht, wie mir noch Hoffnung bliebe;*
> *Gebrochen ist der Stab, das Maß ist voll*
> *Mir zum Gericht.*

Mein Heiland, der du liebst, wie niemand liebet,
Fühlst du denn kein
Erbarmen, wenn so krank und tiefbetrübet
Auf hartem Stein
Dein Ebenbild
In seiner Angst vergehend kniet und flehet?
Ist denn der Glaube nur dein Gotteshauch?
Hast du nicht tief in unsre Brust gesäet
Mit deinem eignen Blut die Liebe auch?
O sei doch mild!

Ein hartes schweres Wort hast du gesprochen,
Daß ›wer nicht glaubt,
Gerichtet ist‹ - so bin ich gar gebrochen.
Doch so beraubt
Läßt er mich nicht,
Der hingab seinen Sohn, den eingebornen,
Für Sünder wie für Fromme allzugleich.
Zu ihm ich schau', die Ärmste der Verlornen,
Nur um ein Hoffnungswort, er ist so reich,
Mein Gnadenlicht!

Du Milder, der die Taufe der Begierde
So gnädiglich
Besiegelt selbst mit Sakramentes Würde,
Nicht zweifle ich,
Du hast gewiß
Den Glauben des Verlangens, Sehnens Weihe
Gesegnet auch; sonst wärst du wahrlich nicht
So groß an Milde und so stark an Treue,
Brächst du ein Zweiglein, draus die Knospe bricht
Und Frucht verhieß.

Was durch Verstandes Irren ich verbrochen,
Ich hab' es ja
Gebüßt so manchen Tag und manche Wochen;
So sei mir nah!
Nach meiner Kraft,
Die freilich ich geknickt durch eigne Schulden,
Doch einmal aufzurichten nicht vermag,
Will hoffen ich, will sehnen ich, will dulden;
Dann gibst du, Treuer, wohl den Glauben nach,
Der Hülfe schafft.

Christoph Bernhard Schlüter, auf dessen Veranlassung hin sie die Arbeit am »Geistlichen Jahr« nach langer Pause wieder aufgenommen hat, wird diese Qual, dieses Entsetzen vor der eigenen Unfähigkeit zu glauben, gewiß nicht verstanden haben. Daß ein Mensch durch die ihm von Gott verliehenen Verstandesgaben an eben diesem Gott zu zweifeln beginnt, muß der demütigen Frömmigkeit des Professors fremd sein. Annette spricht in ihren Liedern vom *Verstandes-Frost, Verstandes-Fluch*, von des *Geistes schwindelnden Getrieben*, die sie daran hindern, kindlich zu glauben, so wie sie es mit allen Fasern ihres Herzens will. Sie klagt sich an, um des Ruhmes willen ihre Werke geschrieben zu haben und verspricht, fortan sorgsamer mit ihrer dichterischen Begabung umzugehen:

Laß mich hinfort der Worte Gold
Ausgeben mit des Wuchrers Sorgen,
Daß, wenn das Heute nun entrollt,
Mir nicht verloren ist das Morgen;
Laß mich bedenken, daß der Sold,
Den eitlem Ruhm ich mußte borgen,
Genommen ward
Dem goldnen Hort für einst und Gegenwart!

Und eine Feder laß mich nur
Benutzen mit geheimem Beben,
Bedenkend, daß der schwarzen Spur
Folgt leise schleichend Tod und Leben.
Den Pfunden, so mir gab Natur,
O Herr laß Zinsen mich entheben;
Ich bin so arm,
So nur in dem geborgten Pelze warm!

Ihre Liebe zu Gott erscheint Annette unumstößlich und klar; und auf dieser Liebe gründet ihre Hoffnung auf Erhörung ihres Flehens um Vergebung der Sünden und Erneuerung des Glaubens:

Ach, Odem noch die Liebe hat,
Die Hoffnung treibt ein grünes Blatt,
Und auch der Glaube todesmatt
Faltet die Hände, ob sie Segen brächten.

Ihre Bittgedichte sind aber eher von Verzweiflung als von Zuversicht geprägt. Manche Lieder gleichen Beschwörungsformeln, so als ob Annette von Droste-Hülshoff die Überzeugung hegt, den Segen und die Gnade Gottes durch ihre tiefe Seelennot herbeizwingen zu können. Das letzte Gedicht des Zyklus', das dem Silvestertag gewidmet ist, spiegelt deutlich dieses Entsetzen vor der eigenen Sündhaftigkeit, weil sie nicht glauben kann, und die daraus resultierende Angst vor dem Sterben wider. Das Lied zum Jahresende, das den zweiten Teil des »Geistlichen Jahrs« beschließt, wirkt alles andere als hoffnungsfroh.

Das Jahr geht um,
Der Faden rollt sich sausend ab.
Ein Stündlein noch, das letzte heut,
Und stäubend rieselt in sein Grab
Was einstens war lebend'ge Zeit.
Ich harre stumm.

's ist tiefe Nacht!
Ob wohl mein Auge offen noch?
In diesen Mauern rüttelt dein
Verrinnen, Zeit! Mir schaudert, doch
Es will die letzte Stunde sein
Einsam durchwacht.

Gesehen all,
Was ich begangen und gedacht.
Was mir aus Haupt und Herzen stieg:
Das steht nun eine ernste Wacht
Am Himmelstor. O halber Sieg,
O schwerer Fall!

...

Wohl in dem Kreis,
Den dieses Jahres Lauf umzieht,
Mein Leben bricht: Ich wußt' es lang!
Und dennoch hat dies Herz geglüht
In eitler Leidenschaften Drang.
Mir brüht der Schweiß

Der tiefsten Angst
Auf Stirn und Hand! - Wie, dämmert feucht
Ein Stern dort durch die Wolken nicht?
Wär' es der Liebe Stern vielleicht,
Dir zürnend mit dem trüben Licht,
Daß du so bangst?

Horch, welch Gesumm?
Und wieder? Sterbemelodie!
Die Glocke regt den ehrnen Mund.
O Herr! Ich falle auf das Knie:
Sei gnädig meiner letzten Stund!
Das Jahr ist um!

Es mag sein, daß der Mißerfolg ihrer ersten Veröffentlichung mit dazu beigetragen hat, daß die Droste dem Drängen ihres Freundes Schlüter nach Beendigung der Geistlichen Lieder nachgibt. Vielleicht hat sie durch die so einhellig abwertenden Äußerungen ihrer nächsten Umgebung zeitweise an ihrer Berufung zu weltlichem Ruhm gezweifelt. Die auswärtigen, positiven Rezensionen erreichen sie erst relativ spät, da hat die adelsstolze Verwandtschaft bereits in der von Annette vorausgeahnten Art und Weise reagiert. Sie schreibt am 29. Januar 1839 an die Schwester Jenny: *Mit meinem Buche ging es mir zuerst ganz schlecht. Ich war in Bökendorf mit Sophie und Fritz allein, als es herauskam, hörte nichts darüber und wollte absichtlich mich auch nicht erkundigen. Da kömmt mit einem Male ein ganzer Brast Exemplare von der Fürstenberg an alles, was in Hinnenburg lebt, an Fränzchen, Asseburg, Diderich, Mimy, Anna und Ferdinand, Thereschen, Sophie. Ferdinand (Galen) gibt die erste Stimme, erklärt alles für reinen Plunder, für unverständlich, konfus und begreift nicht... wie ich mich habe so blamieren können. Sophie, die, wie Du weißt, nur zu viel Wert auf der Leute Urteil legt, und einen mitunter gern etwas demütigt, war unfreundlich genug, mir alles haarklein wiederzuerzählen, und war in der ersten Zeit ganz wunderlich gegen mich, als ob sie sich meiner schämte. Mir war schlecht zumute, denn obgleich ich nichts auf der Hinnenburger Urteil gab und auf Ferdinands noch weniger... obschon nun, wie gesagt, das Urteil eines solchen Kritikers mich wenig rühren konnte, so mußte ich doch zwischen diesen Leuten leben, die mich bald auf feine, bald auf plumpe Weise verhöhnten und aufziehn wollten. Sophie war auch wie in den Schwanz gekniffen und legte gar keinen Wert darauf, daß nach und nach ganz andre Nachrichten aus Münster kamen, sondern sagte jedesmal: ›Es ist ein Glück für Dich, daß Du diesen Leuten besseres Urteil zutraust als allen Hinnenburgern und Ferdinand Galen.‹ Onkel Fritz war der einzige, den dies gar nicht rührte, und dem das Buch auf seine eigne Hand gefiel; doch wünschte ich mich 1000mal von dort weg... In Kassel haben es Hassenpflug, Malchen Hassenpflug und Jakob Grimm gelesen. Ersterem hat es gar nicht, Malchen nur teilweise und Jakob sehr gefallen... Lege es mir nicht für Eitelkeit aus, daß ich Dir das alles so wieder schreibe. Wen soll es denn interessieren und freuen, wenn es Dich nicht freut? Ich habe doch noch Verdruß und Verlegenheit genug...*

Doch kaum zeigt sich ein positives Echo, reißen sich die Verwandten zwar um Annettes Buch, aber nur, um ihr dringend anzuraten, was sie ihrer Meinung nach als nächstes unbedingt schreiben müsse. Die Droste kann sich vor den ernsthaften Vorschlägen der Familie kaum retten: *...jeder Narr maßt sich eine Stimme an über das, was ich zunächst schreiben soll, und zwar mit einer Heftigkeit, daß ich denke, sie prügeln mich, wenn ich es anders mache, oder nehmen es wenigstens als persönliche Beleidigung auf. Und doch sagt der eine schwarz und der andre weiß. Die münsterschen Freunde ermahnen mich, ›um Gottes willen auf dem Wege zu bleiben, den ich einmal mit Glück betreten, und wo meine Leichtigkeit in Vers und Reim mir einen Vorteil gewähre, den ich um keinen Preis aufgeben dürfe‹. Malchen H[assenpflug] und die Bökendorfer dagegen wollen, ich soll eine Art Buch wie Brace-Bridge-Hall schreiben und Westfalen mit seinen Klöstern, Stiftern und alten Sitten, wie ich sie noch gekannt, und sie jetzt fast ganz verschwunden wären, zum Stoffe neh-*

men. *Das läßt sich auch hören, aber ich fürchte, meine lieben Landsleute steinigen mich, wenn ich sie nicht zu lauter Engeln mache.*

Es ist kaum möglich und zugleich erschreckend, sich die Droste im Kreise ihrer kritisierenden, ratenden, raisonnierenden und agitierenden Verwandten vorzustellen. Schon allein die Haxthausens, von denen immer einige sich in Bökendorf und Umgebung aufhalten, zählen im Jahre 1841 mehr als achtzig Mitglieder ihrer Familie, von denen die Erwachsenen sicherlich eine Meinung zu Nettes Buch äußern zu können glauben. Die wenigsten Verwandten dürften den Schritt an die Öffentlichkeit gebilligt oder literarisches Verständnis gezeigt haben. Nur Annettes Eingebundensein in den Clan, anders kann man diese adlige Großfamilie wohl kaum bezeichnen, und ihre durch Erziehung tief verwurzelte Überzeugung von der Loyalität gegenüber den Verwandten machen es begreiflich, daß sie nicht gegen so viel Ignoranz und inkompetente Kritik rebelliert und statt dessen nur der Schwester ihr Leid klagt und duldet.

Die geistige Isolation, der die Dichterin in ihrer nächsten Umgebung ausgesetzt ist, erklärt auch wahrscheinlich ihr Engagement in der von ihr ironisch als *Heckenschriftstellergesellschaft* apostrophierten Gemeinschaft von Gelegenheitsdichtern und literarisch Interessierten, der sie seit 1838 angehört. Jenny erfährt in dem Januarbrief des Jahres 1839, der den Bericht über die niederschmetternde Aufnahme ihrer Gedichte innerhalb der Familie enthält, auch als erste von dem Kränzchen, das Annette ab und zu sonntags besucht: *In Münster hat sich bei der Rätin Rüdiger (einer sehr netten anspruchslosen Frau und Tochter der bekannten Elise von Hohenhausen) ein kleiner Klub von angehenden Schriftstellern gebildet, die jeden Sonntag abends dort zusammenkommen, um zu deliberieren und einander zu kritisieren. Er besteht aus einer Tante der Rüdiger, Henriette von Hohenhausen (die ein Bändchen sehr hübscher Erzählungen geschrieben hat), der Bornstedt, Levin Schücking, Junkmann und meiner Wenigkeit, wenn ich mal grade in Münster bin.*

Zwei Mitgliedern des Klubs widmet Annette ihre besondere Aufmerksamkeit: Luise von Bornstedt und Levin Schücking. Erstere, die sich der Droste förmlich an den Hals wirft, wie Annette ihrer Cousine Sophie von Haxthausen am 27. Januar 1839 erzählt, ist eine äußerst schillernde Persönlichkeit, die über Jahre hinweg durch ihre unglücklichen Liebes- und Finanzgeschichten Münster in Atem halten wird. Die Droste steht dem schriftstellerischen Talent und der Lauterkeit des Charakters Luises von Bornstedt äußerst skeptisch gegenüber: *Der Bornstedt ihre Schreiberei bedeutet nicht viel, doch verdirbt sie keinen Stoff ganz, ist in alle Sättel gerecht, und liefert, wie die Verleger es verlangen, bald eine Erzählung, bald einen Operntext, Gedichte, Heiligenlegenden, aber immer anonym, und hat schon viel Geld damit verdient. Du hast wahrscheinlich schon was von ihr gelesen, ohne es zu wissen, denn sie paradiert fast in allen Taschenbüchern und Journalen. Sie ist eine Berlinerin, Konvertitin... Sie hat mich zu ihrer Herzensfreundin erwählt, ich mag sie aber nicht besonders.*

Luise von Bornstedt, die sich anfangs einiger guter Freunde in Münster rühmen kann, zerstört sich das Wohlwollen vieler ihrer Bekannten durch ihre Klatscherei und ihre Intrigen; als sie nach Luzern zu einem vermeintlichen Bräutigam fährt, atmet alles erleichtert auf. Auch Annettes Bruder Werner und ihre Schwägerin Line, die die Schriftstellerin erst äußerst sympathisch finden und gastfreundlich in Hülshoff aufnehmen, scheiden im Zorn von ihr; Werners Bericht, den Annette Schücking mitteilt, macht alle mitleidigen Gefühle für die verarmte und von einem Mitgiftjäger Betrogene zunichte: *Er erzählte so viele törichte und boshafte Streiche (mir bis dahin auch noch unbekannt), mit denen die Bornstedt seine und seiner Frauen Freundlichkeit vergolten: wie sie sie bei allen Leuten schlecht gemacht; wie sie auf feine und grobe Weise mich mit ihnen in Unfrieden zu bringen gesucht; wie sie die Gouvernante bei ihnen verschwärzt und anderseits dieser*

Levin Schücking (1814-1883)
Bleistiftzeichnung von Phil. Schilgen, 1834

in den Ohren gelegen, ›diese stupiden Leute zu verlassen, denen sie ja doch nur fatal wäre‹, wobei sie ihre eignen boshaften Worte meiner Schwägerin in den Mund gelegt hat; wie sie endlich, und zwar am Begräbnistage der kleinen Anna den beiden trostlosen Eltern durch ein Benehmen, das an Verrücktheit grenzt, durch tolles Lachen, Umherhopsen, Händeklatschen und den immer wiederholten Schrei: ›O glücklicher Tag! o schönster Tag im Leben! ein neuer Engel im Himmel!‹ fast das Herz gebrochen hatte... So hat ein Wort das andre gegeben, und das Ende vom Liede war, daß die Bornstedt mit dem würdevollen Anstande einer verkannten Seele heimgefahren ist. Welche Perfidie wohnt doch in dieser schwarzen Katze! Gott Lob und Dank, daß sie unsre gute westfälische Luft nicht mehr verpestet!

Obwohl die Droste das Traurige und Gedrängte der Lage dieser um ihren Lebensunterhalt schreibenden Frau sieht und sich sogar bemüht, ihr durch ihre Beziehungen zu Verlagen ein Honorar zu verschaffen, indem sie ihre eigenen Gedichte kostenlos zur Verfügung stellen will mit der Bedingung, die Bornstedt statt dessen für ihre schlechten Werke zu entlohnen (ein Plan, der nicht zur Ausführung gelangt), sind ihre Äußerungen über Luise von Bornstedt voller Grimm. Diese Frau hat ihr nicht zuletzt durch ihre Klatscherei und üble Nachrede über Annettes Beziehung zu Levin Schücking Verdruß bei Mutter und Verwandten bereitet.

Der junge Schücking ist die zweite Figur des literarischen Kränzchens, über die von der Droste in Briefen an Jenny ausführlicher erzählt wird: *Levin Schücking mußt Du kennen, da er schon früher mit dem Vikarius Specht in Rüschhaus war. Er ist der Sohn von Katharina Busch; sein Vater ist nach der Mutter Tode seines Amtes entsetzt und nach mancherlei Drangsalen und klatrigen Streichen endlich nach Amerika gegangen. Levin ist in Münster geblieben und ernährt sich durch Unterricht im Englischen und Schriftstellerei. Mit letzterm ließ es sich anfangs schlecht an, da seine Gedichte sich keineswegs auszeichnen und seine dramatischen Produkte noch weniger... jetzt aber hat er sich seit einem Jahre in das kritische Fach geworfen, worin er viel Beifall findet und viel Geld verdient, da alle dergleichen Zeitschriften ihn zum Mitarbeiter haben wollen und stark bezahlen. Er hat ohne Zweifel das feinste Urteil in unserm kleinen Klub, und es ist seltsam, wie jemand so scharf und richtig urteilen und selbst so mittelmäßig schreiben kann. Er erinnert mich oft an Schlegel, ist sehr geistreich und überaus gefällig, aber doch so eitel, aufgeblasen und lapsig, daß es mir schwer wird, billig gegen ihn zu sein. Er soll sehr moralisch gut und so gelehrt sein, wie nicht leicht jemand seines Alters, denn er ist erst in den Zwanzigen.* Schon am 24. Oktober 1837 hat Annette aus Rüschhaus über Levins Auftauchen in Münster und seine Arbeitssuche berichtet und sich bereits ähnlich abgestoßen und angezogen gezeigt: *Er läuft genug um eine Stelle als Hofmeister, ist aber schon zweimal abgefahren... Es ist betrübt, er soll sehr brav sein und ausgezeichnete Kenntnisse besitzen, aber er sieht aus und hat Manieren wie ein Stutzer...*

Levins Mutter, Katharina Busch, ist in ihren Mädchenjahren eine bekannte westfälische Dichterin gewesen. Auch Annette, die mit Katharina durch Sprickmann bekannt wurde, schwärmt für sie und empfängt ihren Besuch im Januar 1813 in Hülshoff. Kurz darauf heiratet Katharina Busch und zieht von Münster fort, 1829 sehen sich die beiden Dichterinnen wieder; Frau Schücking ist leidend, sehr gealtert und schreibt nicht mehr. Als ihr Sohn Levin 1831 in Münster aufs Gymnasium geht, gibt sie ihm einen Brief an Annette von Droste-Hülshoff mit und bittet sie, sich ein wenig um den 16jährigen Jungen zu kümmern; zusammen mit seinem Betreuer, Vikar Specht, wandert Levin im Frühling zum Rüschhaus. Er erinnert sich der ersten Begegnung mit der Droste und erzählt, wie er Therese von Droste-Hülshoff mit ihren beiden Töchtern im Wohnzimmer angetroffen und der jüngeren, die auf ihn einen zarten und leidenden Eindruck machte, den Empfehlungsbrief der Mutter übergeben habe. Levin berichtet auch, daß er sehr schüchtern gewesen sei und Annette sich bemüht habe, ihn durch das Zeigen ihrer verschiedenen Sammlungen und eine ihrer feinen, kleinen Papierausschneidearbeiten ein wenig aufzulockern, was er dankbar anerkennt. Von Levin Schücking stammt auch die recht plastische Schilderung des Aussehens der vierunddreißigjährigen Dichterin, die uns durch die wenigen erhaltenen Porträts bestätigt wird: *Ihr Äußeres machte einen eigentümlichen Eindruck. Diese wie ganz durchgeistigte, leicht dahinschwebende bis zur Unkörperlichkeit zarte Gestalt hatte etwas Fremdartiges, Elfenhaftes; sie war fast wie ein Gebilde aus einem Märchen. Die auffallend breite, hohe und ausgebildete Stirn war umgeben mit einer ungewöhnlich reichen Fülle hellblonden Haares, das zu einer hohen Krone aufgewunden auf dem Scheitel befestigt war. Die Nase war lang, fein und scharf geschnitten. Auffallend schön war der zierliche, kleine Mund mit den beim Sprechen von Anmut umlagerten Lippen und feinen Perlenzähnen. Der ganze Kopf aber war zumeist etwas vorgebeugt, als ob es der zarten Gestalt schwer werde, ihn zu tragen; oder wegen der Gewohnheit, ihr kurzsichtiges Auge ganz dicht auf die Gegenstände zu senken.*

Im November 1831 stirbt Katharina Schücking plötzlich. Als die Droste den jungen Mann wiedersieht, erzählt sie ihm voller Erschütterung, sie habe sich schon Vorwürfe gemacht, den Brief Katharina Schückings so lange nicht beantwortet zu haben. Sie habe sich eine ältere Zeitung als Unterlage genommen und mit dem Schreiben beginnen wollen, als sie zufällig auf dem untergeschobenen Blatt die Todesanzeige der Mutter Levins lesen mußte. Annette glaubt, in diesem seltsamen

Zufall eine Aufforderung der Toten zu sehen und eine Verpflichtung, sich nun um Katharinas Sohn zu kümmern und für ihn zu sorgen.

Bis zum Jahre 1837 verlieren sich die beiden dann, bedingt durch Levins Studium, aus den Augen, treffen sich wieder in der *Heckenschriftstellergesellschaft*, und die Droste bemüht sich nun, eingedenk ihrer übernommenen Verpflichtung, den Dreiundzwanzigjährigen bei der Suche nach Arbeit zu unterstützen. Da Levin in Hannover geboren ist, kann er als Nicht-Landeskind mit keiner Anstellung im Staatsdienst des preußischen Münsterlandes rechnen. Ihm kommt die Ablehnung nicht ungelegen, kokettiert er doch schon seit langem mit dem Gedanken, sich als freier Schriftsteller durchs Leben zu schlagen. Doch Annette, trotz ihrer Einwände gegen den ihr etwas zu selbstgefälligen jungen Mann, verzehrt sich in Sorge und schreibt Briefe um Briefe an einflußreiche Bekannte und Verwandte, um Schücking zu einem geregelten Einkommen zu verhelfen. So bittet sie am 1. Juli 1839 Amalie Hassenpflug um Fürsprache bei deren Bruder, von dem Annette gehört hat, er benötige einen Privatsekretär. Übervorsichtig betont sie immer wieder, daß ihr auch die schlechten Seiten Levins bekannt seien und sie diese nicht verschweigen wolle, sie aber voller Zuversicht glaube, daß Schücking sich gut führen werde: *Daß er, trotz einem kleinen Anstriche vom Gecken, einen scharfen klaren Verstand hat und trotzdem, daß man ihn nach seinem zierlichen Äußern für einen gebornen Courmacher halten sollte, doch im Grunde niemand in der Welt weniger daran denkt, habe ich Dir auch schon früher gesagt... Hat er nun wirklich die bedeutenden Kenntnisse, die ihm allgemein zugeschrieben werden, so könnte es ja auch wohl kommen, daß er späterhin zu etwas Besserem tauglich gefunden würde; wo nicht, nun, so ist er doch wenigstens aus der Not und wird seiner Stelle keine Schande machen. Das bißchen hochmütige Wesen wird sich unter Deines Bruders Augen in der schnell-*

sten Schnelligkeit verlieren, des bin ich gewiß! Wahrscheinlich kömmt er gar nicht damit zum Vorschein, doch mußt Du diese Schattenseite auch anführen, denn ich mag mit keiner Art Hehlerei zu tun haben... Doch als der Brief bei Ludwig Hassenpflug eintrifft, ist der Posten schon vergeben, aber Annette hat sich entschlossen: *...jedenfalls lasse ich Schück*[ing] *jetzt nicht mehr im Stiche, nachdem ich mich nun einmal der*

Elise Rüdiger, geb. von Hohenhausen (1812-1899)

Sache angenommen. Sie bittet am 1. September 1839 den Mann Elise Rüdigers um ein Gutachten über Levin, um das von keiner Freundschaft gelenkte objektive Urteil eines einflußreichen Mannes bei eventuellen Aussichten auf eine Anstellung in die Waagschale werfen zu können.

Auch versucht sie wohl, Schücking ein wenig in ihrem Sinne zu erziehen, um seine Chancen in der Welt zu vergrößern, denn die Idee mit dem Schriftstellern gefällt ihr ganz und gar nicht. *Daß meine letzte Unterredung mit Schücking ihn so tief gekränkt hat, tut mir wirklich von Herzen leid, obwohl ich es nicht anders erwarten konnte, und doppelt leid, weil sie sich, durch den schlechten Erfolg meines Plans, als für den Augenblick überflüssig erwiesen hat. Doch ist es immer gut, daß er mal aufmerksam gemacht wurde auf das, was ihm am meisten bei andern schadet, und mir überall, wo ich für ihn sprechen wollte, als das größte Hindernis entgegen getreten ist. Übrigens bin ich ihm wirklich gut, erkenne seine bedeutenden Eigenschaften gern und willig an und werde jederzeit, nach Jahren so gut wie heute, für ihn tun, was in meiner Macht steht.*

In demselben Brief an Elise Rüdiger, die sich damals in Schücking, der sie umwirbt, verliebt - eine Affäre, von der Annette weiß und bei deren Beendigung sie der verheirateten Elise zur Seite steht -, spricht die Droste erstmals von ihren mütterlichen Gefühlen für Levin. Von der Zuneigung einer Mutter zu ihrem Sohn wird sie stets sprechen, sich mütterliche Fürsorge einreden, auch noch in der Zeit, als sie Schücking liebt. *Ich bin in der Tat so entfernt von aller Abneigung gegen ihn, daß ich vielmehr mich einer Art mütterlichen Gefühls nicht erwehren könnte, wenn ich auch wollte, was allerdings in meiner großen Liebe zu seiner verstorbenen Mutter und meinem Bewußtsein einiger körperlicher Ähnlichkeit mit ihr seinen Grund hat.*

Annette hat gegen Ende des Jahres 1839 wieder unter ihrer Kränklichkeit zu leiden: *...mir ist hundsmiserabel. Das Blut steigt mir so zu Kopfe und preßt mir an der Kehle, daß mir schon ein paarmal ganz übel geworden ist... Ich bin aber seit drei Wochen keinen Groschen wert, kann weder das Bett-*

liegen noch das Aufsein recht vertragen und das Bücken gar nicht, dann meine ich, der Hals geht mir zu. Trotzdem ist sie in dieser Zeit recht fleißig, schreibt bis Mitte 1840 einige ihrer bekannten Balladen, u.a. »Der Geierpfiff«, »Der Graue«, bemüht sich weiterhin um Levin, der nun jeden Dienstag zu ihr nach Rüschhaus hinauswandert, um mit ihr zu plaudern, den neu entstandenen Versen zu lauschen und mit Annette Spaziergänge zu unternehmen. Die Mutter ist oft abwesend und Levin eine willkommene Abwechslung in der Einsamkeit des Witwensitzes.

Schücking schreibt über seine Besuche bei der Droste: *...ein Mal in jeder Woche auch, am Dienstage, wanderte ich nach Tisch zu ihr hinaus, über Ackerkämpe, kleine Heiden und durch ein Gehölz, an dessen Ende ich oft ihre zierliche kleine Gestalt wahrnahm, wie sie ihre blonden Locken ohne Kopfbedeckung dem Spiel des Windes überließ, auf einer alten Holzbank saß und mit ihrem Fernrohr nach dem Kommenden ausblickte. Ich wurde dann zunächst in ihrem Entresolzimmerchen mit dem klassischen westfälischen Kaffee gelabt, ein Teller mit Obst stand im Sommer und Herbst daneben - eine kleine Streiferei in der nächsten buschreichen Umgebung des Hauses wurde dann gemacht... Sie führte dabei zumeist ihren leichten Berghammer bei sich, und wir kehrten selten heim, ohne daß mir alle Taschen von allerlei Kieseln und Feuersteinen und anderen Raritäten gestarrt hätten - aber ich erinnere mich nicht, daß eines dieser kostbaren Dinge je zu etwas anderem gedient hätte, als später genauer gemustert und wieder zum Fenster hinausgeworfen zu werden. Wenn schlechtes Wetter oder gar Winterschnee diese Streifereien unmöglich machten, flossen die Stunden nicht minder darum mit Windeseile vorüber, verplaudert in dem stillen Stübchen, das Annette ihr ›Schneckenhäuschen‹ nannte und das so bürgerlich schlicht eingerichtet war wie möglich.*

Ferdinand Freiligrath (1810-1876)
Ölgemälde von Johann Peter Hasenclever, 1851

Obwohl die Droste sich weiterhin der Hoffnung hingibt, ihrem Schützling eine einträgliche Stellung zu verschaffen, und entschieden verkündet: *Ein Schriftsteller ums liebe Brot ist nicht nur Sklave der öffentlichen Meinung, sondern sogar der Mode, die ihn nach Belieben reich macht oder verhungern läßt, und wer nicht gelegentlich sein Bestes und am tiefsten*

Gefühltes, Überzeugung, Erkenntnis, Geschmack, verleugnen kann, der mag sich nur hinlegen und sterben, und der Lorbeer über seinem Grabe wird ihn nicht wieder lebendig machen, geht sie ihm trotzdem bei seinen schriftstellerischen Arbeiten zur Hand.

Schücking lernt im Sommer 1839 Ferdinand Freiligrath kennen, der im Auftrag des Verlegers Langewiesche ein Sammelwerk unter dem Titel »Das malerische und romantische Westfalen« herausgeben soll; da ihm dies aber über den Kopf wächst, bittet er Levin, seine Arbeit zu übernehmen. Der damals so berühmte Freiligrath ist ein begeisterter Verehrer der Drosteschen Gedichte. Als er im Juli 1839 nach Münster kommt, möchte er gerne die Bekanntschaft Annettes machen, meidet aber, da er hört, sie könne nicht kommen, die übrige Heckenschriftstellergesellschaft, deren Mitglieder ihn nicht interessieren. Erbost schreibt die Droste darüber an Jenny. Sie kann es nicht tolerieren, daß Freiligrath auf den Besuch des Kränzchens verzichtet und sich statt dessen einen vergnügten Abend macht, nur weil er erfahren hat, Annette käme nicht. *Ich freue mich, ihn nicht gesehn zu haben, er muß ein kompletter Esel sein. So ein Ladenschwengel braucht wahrhaftig nicht zu tun, als ob unser Kränzchen ihm die Schweine hüten müßte! Sein schneller und gigantischer Ruhm hat ihn ganz rapplicht gemacht.*

Spätere Begegnungen oder ein Briefwechsel der beiden Dichter werden durch Therese von Droste-Hülshoff vereitelt, die nicht wünscht, daß ihre Tochter Umgang mit einem Schriftsteller pflegt, dem man einen unordentlichen Lebenswandel nachsagt.

Von Ende 1840 bis Anfang 1841 bemüht sich Schücking um die Fertigstellung des von Freiligrath vernachlässigten Werkes, von dem er sich größere finanzielle Vorteile erhofft, und die Droste hilft. *Zunächst galt es in jenem Winter von*

1840 und 1841 möglichst schnell das Buch über Westfalen herzustellen; und in der Tat, ich hätte diese Aufgabe nicht lösen können ohne die lebhafte Teilnahme Annettens daran. Das Land nach allen Richtungen hin zu durchziehen, um noch unbekannte Striche aus eigener Anschauung kennen zu lernen, dazu war nicht die Zeit gelassen, auch begann der Winter es unmöglich zu machen. Hier half eben Annette; sie kannte von früheren Aufenthalten auf Gütern der Verwandten jene Punkte, und so schrieb sie mit ihrer kleinen, oft mikroskopischen feinen Hand ganze Blättlein dazu, die in der Abschrift ganze Bogen wurden. Dann gab sie den Sagen- und historischen Stoffen, welche sich dazu zu eignen schienen, mit ihrer unvergleichlichen Leichtigkeit der Produktion die poetische Form, in welcher diese Bearbeitungen später in ihren Gedichten erschienen sind. Und so kann man das Buch entstanden nennen aus einer Zusammenarbeit von Freiligrath, dem freilich nur die erste Lieferung angehört, Annette von Droste und mir. Daß die Droste als einzige der drei Co-Autoren nicht auf dem Titelblatt erscheint, verschweigt Schücking. Auch an Levins Erzählung »Der Familienschild« und seinem Roman »Eine dunkle Tat« hat Annette mitgearbeitet; über ihre Mithilfe am ersten Werk bemerkt Schücking: *Von dieser Arbeit schrieb sie ein beträchtliches Stück des zweiten Teils - ich kann jetzt selbst nicht mehr meine geringen, zur Abrundung hinzugefügten Zutaten von dem, was sie verfaßt, unterscheiden...*

Ab 1840 findet sich kaum ein Brief der Droste, der nicht Schücking erwähnt - mit einer Mischung aus Stolz und Unruhe. Henriette von Hohenhausen, die alte Tante Elise Rüdigers, ein Mitglied der Heckenschriftstellergesellschaft, wird am 14. Januar 1840 über das Sorgenkind mitgeteilt: *Schücking ist auch noch unversorgt und strengt sich übermäßig an, um zugleich seinen Erwerbszweigen (Sprachunterricht und literarische Arbeiten) und den nötigen Studien für sein ferneres Fortkommen genugzutun. Er sieht elend aus, klagt aber nicht. Sein Verhältnis zur Bornstedt hat übrigens nicht die von Ihnen befürchtete Richtung genommen, vielmehr ist die Rosenfarbe daran immer mehr verblichen und jetzt ein so trocknes freundschaftliches Verhältnis daraus geworden, als man es zu beider Besten nur wünschen kann* - es geschieht nicht von ungefähr, daß die eifersüchtige Droste 1844 Schückings junge Frau, Louise von Gall, mit der von ihr verabscheuten Bornstedt vergleicht.

Im Frühjahr 1840 denkt die Droste an ein Lustspiel, da ihre Verwandten ihr seit Jahren einreden, sie solle ihre Begabung auf dem komischen Gebiete ausprobieren; sie hat ihre Bedenken, fürchtet, ihre adlige Umgebung, die sie nur zu genau kennt, vor den Kopf zu stoßen, wie sie Schlüter im April schreibt: *Wieder auf das Lustspiel in spe zu kommen, so habe ich noch mancherlei Skrupel. Vorerst kann ich, wie jeder Schriftsteller (wenigstens sollte), nur schreiben, was ich, wenn auch unter andern Verhältnissen und in andern Formen, gesehn. So werden meine Personen immer Westfalen bleiben und sich, trotz aller Vorsicht, hier und dort individuelle Züge einschleichen, d.h. nicht gerade Geschehenes, aber manches, wobei einem dieses oder jenes Individuum unwillkürlich einfällt. Daß ich dieses aufs äußerste zu vermeiden suchen würde, brauche ich Sie, liebster Freund, nicht zu versichern; aber ich glaube, daß darin niemand für sich stehn kann, da das wirklich Gehörte und Gesehene seinen Einfluß notwendig geltend macht, gegen unsern Willen, und in der Tat auch das einzige ist, was zu solchen rein objektiven Arbeiten befähigt. Dann sind die Schwächen der gebildeten Stände selten ganz harmlos, sondern haben zumeist einen Zusatz von Verkehrtheit, der mich leicht Bitteres könnte sagen lassen, was doch ganz gegen meine Absicht ist, da ich nur dem Humor und keineswegs der Satire zu opfern gedenke, obwohl das letztere, wenn es aus den echten Gründen und mit dem echten Ernste geschieht, wohl das edlere ist, weil das nützlichere; doch schließen mich sowohl mein Charakter als meine persönliche Lage von dieser Art zu wirken aus.*

Also keine Satire, es könnten sich unangenehme Wahrheiten über Bekannte und Verwandte einschleichen, das will und kann sie sich nicht leisten. Statt dessen schreibt sie ein mäßig

Annette von Droste-Hülshoff
Ölgemälde von Johannes Sprick, 1838

witziges, nicht zur Veröffentlichung bestimmtes Stück »Perdu! Dichter, Verleger und Blaustrümpfe«, das u.a. Schücking, Freiligrath, Elise Rüdiger, die Bornstedt und Annette selbst leicht karikiert; aber alle, die sie vorher gedrängt haben, eine Komödie oder humorvolle Geschichte zu verfassen, fühlen sich durch die harmlosen Scherze beleidigt, wie Annette einige Zeit nach der Fertigstellung am 20. Juli 1841 ihrem Onkel August von Haxthausen berichtet: *Ob es wohl überall so schwer ist zu schreiben wie hier? Mein Lustspiel, worin höchstens einer Persönlichkeit (der Bornstedt) zu nahe getreten sein konnte, ist auch von meinem Kreise förmlich gesteiniget und für ein vollständiges Pasquill auf sie alle erklärt worden, und doch weiß Gott, wie wenig ich an die guten Leute gedacht habe.*

Die schlimme Reaktion ihrer Familie und ihre unangenehme Lage hat Annette bereits in einem Brief vom August 1839 an Junkmann angesprochen, denn sie kennt die Rücksichten, die sie zu nehmen genötigt wird: *Man spannt hier wieder alle Stricke an, mich zum Humoristischen zu ziehen, spricht von ›Verkennen des eigentlichen Talents‹ et cet. Das ist die ewige alte Leier hier, die mich dann doch jedesmal halb verdrießlich, halb unschlüssig macht. Ich meine, der Humor steht nur wenigen und am seltensten einer weiblichen Feder, der fast zu engen Beschränkung durch die (gesellschaftliche) Sitte wegen, und nichts kläglicher als Humor in engen Schuhen.*

Doch das stete Insistieren auf ihrer humoristischen Begabung scheint sie gleichwohl gereizt zu haben, zumindest läßt sich eine Bemerkung in einem Brief an Schlüter am 26. April 1840 so verstehen: *Ich tue gar nichts; seit Beendigung des geistlichen Jahrs, also seit drei Monaten, sind zwei Balladen das einzige, was ich geschrieben; doch liegt dies wohl zum Teil daran, daß ich, des seit zwanzig Jahren bis zum Ekel wiederholten Redens über Mißkennung des eignen Talents müde, mich zu etwas entschlossen habe, was mir im Grunde widersteht, nämlich einen Versuch im Komischen zu unternehmen. So dränge ich dann jeden Trieb zu anderm gewaltsam zurück und scheue mich doch vor jener gleichsam bestellten Arbeit wie das Kind vor der Rute. Nicht daß ich meine, sie werde völlig mißlingen. Es fehlt mir allerdings nicht an einer humoristischen Ader, aber sie ist meiner gewöhnlichen und natürlichsten Stimmung nicht angemessen, sondern wird nur hervorgerufen durch den lustigen Halbrausch, der uns in zahlreicher und lebhafter Gesellschaft überfällt, wenn die ganze Atmosphäre von Witzfunken sprüht und alles sich in Erzählung ähnlicher Stückchen überbietet. Bin ich allein, so fühle ich, wie dieses meiner eigentlichen Natur fremd ist und nur als reines Produkt der Beobachtung unter besonders aufregenden Umständen in mir aufsteigen kann. Zwar, wenn ich einmal im Zuge wäre, würde meine Gesellschaft auf dem Papiere nur vielleicht die Gegenwart wirklicher und die bereits niedergeschriebenen Scherze die Anregung fremder ersetzen; aber eben zum Anfange kann ich nicht kommen und fühle die größte Lust zum Gähnen, wenn ich nur daran denke. Zudem will mir noch der Stoff nicht recht kommen, einzelne Szenen, Situationen, lächerliche Charaktere in Überfluß, aber zur Erfindung der Intrige des Stücks, die diesen bunten Kobolden festen Boden geben muß, fehlt mir bishin, ich weiß nicht, ob die Lust oder das Geschick. Wenn ich darüber nachdenken will, so überschwemmt mich eine Flut von tollen Szenen, die an sich gut genug wären, auch nützlich sein könnten, aber sich untereinander reimen wie ›Ich heiße Hildebrand und setze meinen Stock wohl an die Müüre.‹ Muß ich nun daraus schließen, daß es mir an ›Schanie‹ fehlt?*

Sie will es wagen und auch den Versuch unternehmen, westfälische Erzählungen zu schreiben, was ein anderer Teil der Verwandten für unerläßlich hält, denn *mißlingt der Versuch, so haben meine Plagegeister ja den Beweis in Händen, daß der Irrtum auf ihrer Seite war.* Befremdlich mutet es an, wenn die mittlerweile vierundvierzigjährige Droste noch immer - wenn auch klagend und sich sträubend - so unter dem Einfluß ihrer Familie steht, daß sie literarische Pläne in Angriff nimmt, die ihr förmlich aufgeschwatzt worden sind. Es ist in diesem Zusammenhang nur tröstlich, daß das Prosafragment »Bei uns zu Lande auf dem Lande«, das ursprünglich nur einen Teil einer größeren Schilderung Westfalens darstellen sollte, an Qualität den so schwachen Versuch in der Komödie aufwiegen kann. Nur die Balladen, die Annette 1840 im Rüschhaus schreibt, sind ganz ihre eigenen Produkte, selbst die »Judenbuche« entsteht, fast als Abfallprodukt, aus dem umfangreichen Westfalenprojekt. Die Anregung zu dieser Erzählung findet sie wiederum im Familienkreis. Doch hier kann sich ihr Talent entfalten, und die Geschichte wird nicht zuletzt den Ruhm der Droste zu ihrer Zeit begründen und heute ihr bekanntestes Werk darstellen.

Abgesehen von ihren vielen Krankheitsanfällen und den langen Unterbrechungen durch Familienpflichten und Besuche - so trifft 1840 endlich Adele Schopenhauer im Rüschhaus ein - hat Annettes Schaffen etwas sehr Langsames, oft Unwilliges; sie wirkt ohne Ansporn von außen, sei er nun positive Anregung oder negative Nörgelei, oft seltsam passiv und uninteressiert an ihrer Arbeit. Levin Schückings großes Verdienst wird sein, sie auf dem Gebiet ihrer größten Begabung, der Lyrik, im gemeinsamen Winter in Meersburg zu Höchstleistungen angestachelt zu haben; Levins Anteil als zum Schreiben motivierender Freund an ihren Gedichten hat die Droste stets dankbar anerkannt.

Bis zum September 1841 wird Annette noch festgehalten im Rüschhaus, verstrickt in mehr oder minder belanglose Familienangelegenheiten, dringend gebraucht in Hülshoff.

Therese von Droste-Hülshoff fährt bereits 1840 nach Meersburg, wohin Jenny mit Laßberg und ihren kleinen Zwillingstöchtern umgesiedelt ist, Annette muß der Schwester mitteilen, daß sie unmöglich die Mutter begleiten könne, da sie kein Geld für die Reise hat: *Mama ist halbweg böse darüber und meint, es läge an meinem guten Willen, weil sie nicht weiß und auch nicht wissen darf, wie blutarm ich jetzt grade bin; sonst kriege ich noch einen tüchtigen Rabuff dazu, daß ich mein Geld auf die Zäune hänge, denn Mama ist darin wie Tante Stapel; sie hat nur Interesse für ihre Armen, die aus dem Kirchspiel oder dem Paderbörnischen sind, und was ich etwa für andre tue, hält sie für weggeworfen, und ich muß es ihr verbergen, und wirklich habe ich seit ein paar Jahren auch sehr beschwerliche Abnehmer, Leute, denen mit ein paar Talern nicht geholfen ist und die mich - aufrichtig gesagt - dermaßen aussaugen, daß ich mir oft das Nötigste nicht anschaffen und an meine Liebhabereien natürlich nicht das geringste verwenden kann. Mama weiß nicht den dritten Teil davon und schmält mich doch immer aus. Dir will ich aber einiges aus diesem Jahre anführen, damit Du siehst, daß es mir durchaus an der Macht liegt, wenn ich nicht komme... ich bin jetzt mit so vielen frommen und wohltätigen Leuten in Verbindung, daß ich nur immer die Hand in der Tasche haben muß. Wüßte Mama es so recht, ich müßte alle diese Bekanntschaften abbrechen. Du begreifst hieraus aber wohl, daß ich kein Geld habe oder vielmehr weniger wie kein Geld, denn ich habe dieses Jahr noch nicht eine Rechnung bezahlt, gottlob aber auch sehr wenig gekauft.*

Aber nicht nur finanzielle Schwierigkeiten halten Annette von der Reise nach Meersburg ab; auch als ihr Jenny die Bezahlung der Fahrt in Aussicht stellt, besteht sie darauf, zu Hause zu bleiben. Denn in Hülshoff muß man damit rechnen, daß ein Kind Werners und Lines, der kleine lungenkranke Ferdinand, den Winter nicht mehr überleben wird. Da ihre

Schwägerin Line schon wieder schwanger ist, plant die Droste, für einige Wochen nach Hülshoff zu ziehen und Ferdinand zu pflegen, um die Eltern zu entlasten: *Glaub mir nur, es ist keine Pläsierlichkeit, weswegen ich hier bleibe; es ist wegen den armen kleinen Ferdinand, mit dem es so erbärmlich steht, daß wohl keine Hoffnung ist, daß er durch den Winter kömmt, höchstens bis zum Frühjahr... Es ist ein Schicksal! Und der junge grade der Ausgezeichnetste und jetzt auch der Netteste von allen, so fromm und nachdenklich! Er ist diesen Frühling mit so großer Andacht zur ersten Beicht gegangen, daß man fürchtet, es habe ihm geschadet; und nachher sagte er, er wollte, daß er alle Tage beichten dürfte, sonst wäre ihm angst, daß er doch nicht gut würde und immer wieder sündigte. Seitdem ist das Kind ganz umgewandelt und so liebenswürdig, daß es einen rührt. Den Sommer hat er besser überstanden wie der Arzt (Klövekorn) erwartete, und er sagt, wenn es nicht zum Winter ging und dann noch der gefährliche Frühling, so wär's möglich, daß er sich noch einmal erholte. Er ist mager wie ein Stock. Zu Bette liegt er nicht viel, aber er hat immer Fieber und wirft Eiter aus, da ein Knoten in der Lunge bereits aufgebrochen ist. Klövekorn fürchtet, daß sie nun alle nacheinander aufbrechen; wenn es nicht gegen den Winter ging, wär' es möglich, daß dieser eine noch ausheilte, und die andern könnten dann, wie er sagt, noch lange sitzen. Das ist aber ein schlechter Trost, und ich finde es weniger traurig, wenn er jetzt, so fromm und unschuldig und ohne seinen Zustand einzusehn stirbt, als einige Jahre später. Doch genug hiervon! Mich dünkt, Du kannst hiernach wohl überzeugt sein, daß ich lieber zu Dir käme, als zu dieser harten Tour hierbleibe. Ich war auch so auf den Punkt zu kommen; denn Mama hatte mir wirklich angeboten, mich umsonst mitzunehmen, und damals glaubte ich, Ferdinand wäre besser. Aber seit ich genau weiß, wie es steht, kann ich nicht daran denken fortzugehn.* Obwohl Annette noch am 2. November 1840 ihrer Mutter voller

Hoffung nach Meersburg schreiben kann, der Zustand des Kindes bessere sich, stirbt Ferdinand am 14. November.

Wegen der großen Kinderschar nimmt das Leben in Hülshoff bald wieder seinen alten Gang, die Kleinen fordern Unterhaltung und Spiel, und Schwägerin Karoline ist nur zu froh über diese Ablenkung von ihrem Schmerz. Ihrem Bruder zuliebe bleibt Annette noch einige Zeit auf dem Familiengut, kann der Mutter auch am 5. Januar 1841 wieder etliches Vergnügliche über die Kinder berichten, die ihr - trotz ihres Lärmens - sehr ans Herz gewachsen sind und die sie sich bemüht, alle nach ihrer Art zu würdigen und zu lieben: *Über Max, Thereschen und Clemens kann ich nicht viel sagen, sie wachsen gut, sind aber übrigens vollkommen unverändert, sowohl an Gesicht als Manieren, und ich glaube, Du wirst nicht mehr Veränderung daran finden, als wenn sie Schuhe mit Absätzen angezogen hätten. Max noch immer ein guter Schlucker, ein subtiles Jüngelchen, sehr kindisch und schläft auf dem Kanapee ein. Thereschen ein kleiner dicker Stempel, hübsch, zuweilen spröde, im ganzen doch zutunlicher seit kurzem. Clemens spricht noch nicht viel deutlicher, wird auch noch nicht scheuer, sondern hat alle seine alten niedlichen Manierchen, er lügt nie und wird ganz aufgebracht, wenn man ihm die Unwahrheit sagt, was man bei Kindern so leicht tut, besonders wenn sie alles in die Finger nehmen, wo man dann sagt: ›Laß stehn! Es ist nichts darin!‹ So hatte das Linchen neulich von einer Schachtel gesagt in dem Augenblicke, wo er sie schon verkehrt aufmachte und den ganzen Inhalt auf die Erde warf. Sie wollte ihn ausschmälen, aber da kam sie schön an: ›Du Hügensack! Schäme Dich! Das habe ich nich hewußt, daß Mutter en Hügensack is.‹ Wir brachten nur geschwind was anderes aufs Tapet, daß er es vergaß.*

Und am 13. Februar 1841 erblickt ein neuer kleiner Ferdinand in Hülshoff das Licht der Welt, ein wenig zu früh, weil

Line sich über den Tod des alten Hauskaplans so sehr erschreckt hat, und ohne Hilfe des Arztes, dafür aber mit dem tatkräftigen Beistand der französischen Gouvernante. Voller Vergnügen und Freude berichtet Annette ihrer Schwester Jenny von diesem Ereignis. Da die Wehen so unerwartet früh einsetzen, der Arzt nicht greifbar ist, Werner sich in Münster befindet und die Hausmädchen vor Angst nicht zu gebrauchen sind, bringt Line den Jungen mit Hilfe von *Madame* zur Welt. Die Geburt verläuft ohne Komplikationen, und das Kind ist bereits gebadet und bekleidet, als Werner von Droste-Hülshoff mit dem Arzt Klövekorn das Schloß erreicht. Amüsiert schreibt Annette über die Reaktion ihres Bruders: *Ich hörte den Wagen in Karriere durch den tiefen Dreck herumrumpeln und über die Brücke rasseln. Werner sprang zuerst heraus und war außer sich vor Freude, als ich ihm zurief, daß wir ein Jüngelchen hätten und alles vortrefflich stände. Er baselte gleich zu Line ins Zimmer, und wir mußten ihn am Rock zurückhalten, daß er mit seinen kalten Kleidern nicht gleich ans Bette ging. Ich sagte ihm, das Kind sei so auffallend hübsch. Er versicherte wohl zehnmal, es sei gewiß abscheulich garstig, alle kleinen Kinder seien garstig, und rief dazwischen mit der größten Ungeduld nach Licht. Dann betrachtete er es von allen Seiten. ›Hm! Nicht übel! Nicht übel! Der Junge ist gar nicht übel! Wirklich gar nicht übel!‹ Wir mußten alle lachen, selbst Linchen, denn keiner hatte mehr Angst...*

Levin Schücking hat lebhaften Anteil genommen an dem Geschehen in Hülshoff und Annette beim Tode ihres kleinen Neffen einen liebevollen Trostbrief geschrieben. Im November 1840 berichtet er der Droste von seiner Abneigung, eine feste Stelle bei Gutzkows Zeitschrift »Der Telegraph für Deutschland« anzunehmen und äußert konservative Ansichten, die Annette gewiß erfreut haben. *Ich bin zu aristokratisch dazu, mich in die sanskülotte Demagogie des Journalismus zu begeben, Sie glauben nicht wie ignobel das Handwerk heut zu Tage geworden ist. Zudem ist der Telegraph ein Organ von allerhand ultraliberalen Ansichten, die ich nicht als Redakteur gutheißen und in die Welt senden mag; verbanne ich die daraus, so bekomme ich ein Wespennest literarischer Feinde auf den Hals, alle frühern Mitarbeiter. Und kurz, ich bin zu gut zum Journalisten und als solcher könnt ich mir nicht mehr denken, wie Sie mein Mütterchen sein könnten,* und er macht Annette den Vorschlag: *Können wir nicht zusammen nach dem Rhein, oder nach Berlin etwa, wo die Grimms hinziehen und Hassenpflug?* Die Droste soll einige Zeit über die Idee, mit Schücking, Adele Schopenhauer, Freiligrath und dessen Frau auf ein Gut von Sibylla Mertens bei Unkel zu ziehen, nachgedacht haben. Zu realisieren ist dieser schöne Traum allerdings nicht, die Verwirklichung kann noch nicht einmal, wenn man sich die gesellschaftliche Lage der Droste vor Augen führt, ernsthaft erwogen werden.

Das Verhältnis zu ihrem *guten Jungen* gestaltet sich immer inniger, Annette schreibt Elise Rüdiger im Juni 1840 äußerst deutlich, daß sie um den Wert der Freundschaft Schückings wisse, wenn sie sich auch oft den Anschein der Gleichgültigkeit gebe: *Sie sehen hieraus, daß Sie mir in Beziehung auf L[evin] Unrecht tun, ich weiß den Wert einer solchen Freundschaft sehr wohl zu schätzen und möchte sie um vieles nicht hingeben, und darum lege ich auch Wert auf jeden der vielleicht noch sehr wenigen Tage, wo ich ihrer in diesem herzlichen und ruhigen laisser aller genießen kann.*

Denn die Zeit der Ruhe wird bald vorbei sein, und die Familie wird nicht einsehen, daß Annette ihren jungen Freund sehen möchte: *Meine Onkel Karl und Werner Haxthausen treffen wahrscheinlich schon gegen das Ende der nächsten Woche hier ein. Meine Schwester gegen die Mitte des nächsten*

Monats. Dann gibt's Kreuz- und Querfahrten nach allen Seiten, wahrscheinlich auch eine mindestens wochenlange Abwesenheit, da wohl ein allgemeiner Zug ins Paderbörner Land, und was daran grenzt, stattfinden wird, so ist mir der Sommer und Herbst, wenn auch einerseits durch das Wiedersehn meiner Nächsten erfreulich, doch in Beziehung auf meine Freunde sehr gestört, und das ist mir immer ein arger Kummer, da die Verwandten uns nahe bleiben, und wohnten sie hundert Meilen weit, weil wir sie jederzeit aufsuchen können. Das findet jeder natürlich und animiert uns dazu, dagegen bedarf es bei Freunden gleichen Geschlechts dringender Gründe, und bei denen eines andern gibt es gar keine. So kann eine Trennung von zehn Meilen leicht eine lebenslängliche werden und wird in der Regel eine jahrelange. Sie fühlen wohl, meine sehr liebe Freundin, daß ich für dieses Mal hauptsächlich in Beziehung auf L[evin] rede, und ich drücke mich so klar und unumwunden aus, weil mir zuweilen scheint, als dächten Sie, ich betrachte diese in der Tat schöne und rührende Anhänglichkeit wie einen Blumenkranz, an dessen Duft und Farben man sich eine Weile erfreut und ihn dann gleichmütig beiseite legt, wenn uns scheint, daß er anfängt zu welken, oder auch nur, wenn wir uns satt daran gesehn haben. Ich denke, Sie glauben das jetzt nicht mehr. L[evin] kann auf mich rechnen als eine Freundin fürs Leben und für jede Lage des Lebens, besonders seit mir die sehr seltne Überzeugung geworden ist, daß sein Gefühl (für Freunde) nicht an der ärgsten aller Freundschaftsklippen scheitert, sondern in völliger Reinheit und Kraft daneben hersegelt.

Die letzte Bemerkung zielt auf Levins und Elises Liebe zueinander, die sie - mit Hilfe der Droste - versuchen, in eine Freundschaft zu verwandeln, weil die Rüdiger verheiratet ist. Annette wird die beiden jungen Leute sehr unterstützt haben, damit die Freundschaft nicht an der Leidenschaftsklippe zerschellte, und es ist nicht anzunehmen, daß Levin von

Anfang an so rein und klar *daneben hergesegelt* ist. Wenn die Droste so großen Wert darauf legt, daß es mit Levin Schücking möglich ist, eine reine Freundschaftsbeziehung zwischen Mann und Frau aufzubauen und zu pflegen, so denkt sie im Sommer 1841 gewiß dabei schon mehr an sich selbst als an Elise Rüdiger. Annette ist ihr Schützling schon recht ans Herz gewachsen, ihre Gefühle für ihn sind stärker geworden, sie hat einen Plan, wie sie mit dem jungen Mann einigermaßen ungestört über einen längeren Zeitraum zusammenleben kann; in dieses Vorhaben weiht sie bezeichnenderweise Elise nicht ein. Auch der Rätin Rüdiger gegenüber gefällt sich Annette in der Rolle des Mütterchens, sie trägt der jungen Frau ihre fürsorgliche Freundschaft an, berichtet ihr von ihren Mühen mit Levin, über das wahre Maß und die Art ihres Interesses teilt sie der jüngeren Frau, die Schückings Liebe zu entsagen versucht, nichts mit. Vielleicht ist sich die Droste über ihre Gefühle noch nicht im klaren, vielleicht mag und kann sie sie sich nicht eingestehen, vielleicht redet sie sich selbst in die unverfängliche Mutterrolle hinein, aber eine unbewußte Eifersucht und eine gewisse Reserve gegen die Rivalin bleiben spürbar.

Besonders vorsichtig muß Annette auch sein, weil ihre Bekanntschaft mit Schücking und seine häufigen Besuche bei ihr nicht verborgen geblieben sind und in Münster der Klatsch blüht, angestachelt von Luise von Bornstedt, die ihrerseits an dem hübschen, jungen Literaten interessiert ist. Was solche Tratschereien für sie bedeuten, welche Katastrophe sie darstellen können, schreibt die Droste, die, was wir nie vergessen sollten, bereits 44 Jahre zählt, rückhaltlos offen und deshalb so erschütternd in demselben Brief: *Ihre Verteidigung der B[ornstedt] mit den besten Vorsätzen des Eingehens in Ihre Ansicht anhören, mehr kann ich nicht versprechen, und das ist auch schon, wie mich dünkt, mehr als halb gewonnenes Spiel für Sie. Ich gestehe Ihnen, daß ich neulich auch innerlich arg gereizt war durch die Aussicht auf einen fatalen Klatsch, bei dem für mich mehr auf dem Spiel stand, als Sie wohl in dem Augenblicke übersahen, nämlich nicht nur das Aufgeben eines mir sehr werten Verhältnisses, sondern auch meine ganze so langsam und mühsam erkämpfte Freiheit (insofern ich die passive Nachsicht der Meinigen mit meiner Weise zu sein und mich zu den Menschen zu stellen so nennen darf), die ich vielleicht nie oder wenigstens erst nach einer hübschen Reihe von Jahren wieder erlangen würde.*

Diese wenigen Sätze gewähren Einblick in die Tragödie und den Kampf dieses Lebens. Welch eine Angst um das bißchen hart errungene Unabhängigkeit, das man kaum Freiheit nennen kann. *Langsam und mühsam* erkämpft sich Annette *die passive Nachsicht* ihrer Familie, wohl hauptsächlich die ihrer Mutter. Diese Nachsicht bezieht sich lediglich auf ihre *Weise zu sein* und sich *zu den Menschen zu stellen*. Also hat es die Droste im Laufe einer langen Zeit durch Zähigkeit und stete Auflehnung geschafft, daß man ihr nicht mehr in ihre Lebensführung hineinredet, sie nicht immer mit guten Ratschlägen und kleinlichen Nörgeleien eingedeckt wird und daß sie über andere Menschen eine eigene Meinung haben darf, die man ihr nicht mehr streitig macht, indem man sie in Ruhe läßt und schweigt. Wie häufig auch diese bescheidenen Erfolge zunichte gemacht werden, zeigen die Briefe nur allzu oft.

Haben die Verwandten sich nicht angemaßt, Annette von Droste-Hülshoff zu drängen, literarisch im Sinne der Familie tätig zu werden, haben sie ihr nicht vorgeworfen, sich durch die Erstveröffentlichung ihrer Gedichte unsterblich blamiert zu haben, hat ihr Bruder nicht immer wieder beleidigt darauf bestanden, daß Annette ihr Alleinsein im Rüschhaus zugunsten des Lärms in Hülshoff aufgibt, weil es sich so gehört, daß sie sich bei Bruder und Schwägerin aufhält? Hat nicht noch zuletzt die Mutter, Therese von Droste-Hülshoff, ihrer Tochter stärkste Vorhaltungen über ihre Art der tätigen Nächstenliebe gemacht und ihr Gleichgültigkeit gegen Jenny, Laßberg und die Kinder vorgeworfen, weil sie aus schwerwiegenden finanziellen Gründen nicht mit nach Meersburg fahren kann?

An all diese Einschränkungen ihrer persönlichen Freiheit und den alltäglichen *Verdruß im Hause* hat sich die Droste gewöhnt, das scheint sie nicht sehr zu tangieren, aber als es ihre Freundschaft mit Levin Schücking trifft, wird sie wieder aktiv aus Angst, erneut auf ihr Wertvolles verzichten zu müssen.

Wenn der Klatsch ihrer Familie zu Ohren kommt, muß sie damit rechnen, daß sie gezwungen wird, ihre Bekanntschaft mit dem jungen Mann abzubrechen. Sie ist ledig und hat auf ihren guten Ruf zu achten; wer weiß, ob die Verwandten sich nicht plötzlich genötigt fühlen, an die Episode mit Straube und Arnswaldt zu erinnern.

Aufgeben kann und will sie die Beziehung zu Levin nicht, sich offen dazu zu stellen, ist ihr verwehrt, die Maske der mütterlichen Fürsorge ist schon sehr hilfreich, aber nun muß sie noch viel, viel vorsichtiger sein und kann nur Elise, die mit ihr fühlt, von ihrer Freundschaft zu Levin berichten. So wird sie einige Monate später auch nur mit Elise vom fernen Schücking reden und zwei Jahre danach dieser Freundin von ihrer Enttäuschung berichten können; in den Briefen an Elise Rüdiger ist ab 1844 von Verstellung nichts mehr zu spüren, um so mehr erschrecken dann die bösartigen Unterstellungen Annettes gegenüber Levin und ihr unverhohlener Haß auf den einst so Geliebten!

Ende 1840 bis zum Sommer 1841 befinden sich die Droste und Schücking noch im Vorfeld ihrer glücklichsten Zeit, wissen aber schon darum, daß sie einander ergänzen und sich sehr viel geben können. Levin schreibt seinem Mütterchen im

Dezember 1840: *Wissen Sie, was mir jetzt Freude macht? Daß ich nicht größer und massiger bin, wie jetzt, was früher mich immer ärgerte, wenn ich gehört hatte, wie ich der Kleine genannt wurde: wenn ich größer wäre, glaub ich, könnt ich nicht so gut Ihr Junge sein; wer weiß auch wozu überhaupt die Ungröße und der Mangel an überragender Körperkraft gut ist; ob sie mich nicht vor allem Eingehen in studentische Roheit geschützt hat? Und doch liegt Abscheu davor tief in meiner Natur wieder, in unserer kann ich wohl sagen, denn es ist doch... wunderbar mit unsrer Ähnlichkeit! ... Ich will's Ihnen übrigens erklären: es ist erstens die westfälische, zweitens vielleicht auch etwas von Dichternatur in mir, wenn Sie wollen drittens aber der lebhafte Wunsch meiner Mutter, eine Tochter zu haben und dabei hat sie wahrscheinlich wohl an Sie gedacht und sich ein Mädchen wie ›Nette Hülshoff‹ (ich hatte lange Zeit gar nicht gewußt, daß Sie Droste heißen) ausgemalt. Das allein erklärt die Sache und zudem etwas weibliches Geduldiges, Anschmiegsames in meiner Natur, was mich unter meinen Freunden immer die philisterhaften Charakter- und Gesinnungsfesten hat aussuchen lassen, die gewöhnlich sehr beschränkt, aber durch Fleiß und markirtes, festes Wesen sich auszeichneten... Sie dagegen haben zu weiblicher Beobachtungsgabe einen männlich klaren, ordnenden Verstand bekommen, einen Geist, der mit dem weiblichen Interesse für das Einzelne, Geringe, die Miscelle, - den männlichen Aufschwung von diesem Einzelnen zum Ganzen, von der Miscelle zum System, möcht' ich sagen, verbindet. Darum ist mein Mütterchen so'n Genie, und ich will mich angeben, auch so klug zu werden.*

Noch übernimmt Annette die Führung, ist nicht nur die Ältere, sondern auch Stärkere, weil Verehrte und Bewunderte, aber die Freundschaft Levins ist ihr bereits unentbehrlich geworden.

Schon am 22. August 1840 erörtert die Droste mit ihrer Schwester den Plan, Levin bei Laßberg für eine gewisse Zeit als Bibliothekar anzustellen, da eine andere Stelle bislang nicht gefunden werden konnte: *Nun zu dem, was Du über Schücking schreibst. Ich habe ihm die mögliche Aussicht auf jene Beschäftigung, die der liebe Laßberg so freundlich für ihn ausgesonnen, mitgeteilt, und er hat mir geantwortet, ›er verstehe das Provenzalische allerdings und habe diesen Zweig der mittelalterlichen Literatur mit Liebe studiert, soviel er davon in Händen bekommen können, doch hätten ihm nie vorzüglich seltne Sachen und Manuskripte zu Gebote gestanden, und so könne er sich wohl für einen ausgeben, der zum Übersetzen et cet. zu gebrauchen wäre, ob er aber zum eigentlichen Forschen Gelehrsamkeit und vor allem die zum Vergleichen und Schließen hinlängliche Belesenheit des in diesem Zweige Vorhandenen besitze, daran zweifle er. Doch habe er sich allerdings in die Sprache sowohl wie den Geist jener Zeit, und namentlich jenes Landes, mit großer Vorliebe hereinstudiert, und es käme darauf an, wieviel man von ihm erwartete. Er sei jung und habe sich selbst mühsam alle kleinen Quellen aufsuchen und eröffnen müssen‹ et cet. Kurz, er sprach sehr bescheiden, wie jemand, der sich scheut, neben viel ältern und erfahrenern Männern laut zu werden, aber doch sich bewußt ist, daß er wohl hierin etwas leisten könnte, wenn man ihn auf den rechten Fleck stellte und ihm die nötigen Quellen zu Gebote ständen... Eine Stelle an einer Bibliothek, wenn auch nur eine untergeordnete, wäre das Wahre für ihn, da könnte er sich nach Herzenslust satt studieren und würde gewiß was Tüchtiges leisten. Auch zum Privatsekretär irgendeiner bedeutend gestellten Person wäre er seiner vielseitigen (auch juristischen) Kenntnisse, seiner Fertigkeit in der französischen und englischen Sprache und seines zuverlässigen Charakters wegen gewiß sehr zu empfehlen. Das ist nicht mein Urteil, sondern das von gescheuten und kenntnisreichen ältern*

Männern, z.B. vom Oberregierungsrat Rüdiger, der für einen ausgezeichneten Mann und Staatsbeamten gilt und ihn sehr schätzt.

Als im Sommer 1841 Schückings Vater mittellos aus Amerika zurückkommt und seine Schwester Pauline keine Arbeit zu finden scheint, werden die Geldsorgen immer größer; Levin muß nun schreiben, um sich und seine Angehörigen zu ernähren. Die Droste schreibt ihrem Onkel August von Haxthausen über Levins mißliche Situation: *Der arme Schelm hat zu viele hungrige Raben, besonders seit der alte recht eigentliche Rabe dazu gekommen ist. Schreiben soll und muß er, Tag für Tag, auf Leben und Tod...*

Annette berichtet August von Haxthausen auch von den fortschreitenden Arbeiten am Westfalenbuch »Bei uns zu Lande auf dem Lande« und ihren plötzlichen Skrupeln, weil die Schilderung der Eltern zu deutlich ausgefallen sei. Da sie befürchten muß, daß *es jedermann geradezu für Porträt nehmen, und jede kleine Schwäche, jede komische Seite, die ich dem Publikum preisgebe, mir als eine scheußliche Impietät anrechnen* werde, will Annette das Geschriebene erst einmal der Mutter vorlegen, um ihre Zustimmung einzuholen. Sollte Therese von Droste-Hülshoff die Arbeit ihrer Tochter ablehnen, will sich diese anderen Themen zuwenden, denn die Droste mag sich - mit Rücksicht auf das Alter der Mutter - nicht damit belasten, etwas gegen deren Willen getan zu haben.

Im Spätsommer 1841 kommt Jenny mit ihren beiden Töchtern Hildegard und Hildegunde nach Westfalen, um ihre Verwandten zu besuchen und ihre Kinder vorzustellen, aber der Aufenthalt zu Hause entwickelt sich für Annettes Schwester ganz anders als erwartet, nämlich so *...daß meine arme Schwester mit dieser Reise, nach der sie sechs Jahre verlangt hat, vom Schicksale arg in den April geschickt worden ist, da* *ihre Kinder schon auf dem Herwege die Steinblattern bekommen haben und noch zur Stunde kaum hergestellt sind, so daß das arme Blut, die ihrem Herzen mal recht was zugute zu tun und alle Verwandte nah und fern zu besuchen gedachte, nun vom ersten bis zum letzten Tage (zwei Tage in Hülshoff, wo sie auch Münster passierte, abgerechnet), hier in Rüschhaus hat sitzen müssen wie angenagelt, und obendrein ein panischer Schrecken wegen der Ansteckung nebst mancherlei andern Zufälligkeiten grade die Liebsten und Nächsten, um derentwillen sie gekommen war, verhindert haben, sie hier aufzusuchen; namentlich hat sie von der ganzen Haxthauser Ver-*

Hildegard (1836-1914) und Hildegunde (1836-1909) von Laßberg

wandtschaft, die mit Kindern und Enkeln über achtzig Köpfe stark ist, nur zwei zu sehn bekommen. Das ist ein trauriges Resultat so lang genährter Hoffnungen! Da die Droste besonders ihre Mutter wieder einmal durch eine lange und schwere Krankheit geängstigt hat, beschließen Therese von Droste-Hülshoff und Jenny von Laßberg, Annette brauche dringend

Westseite der Meersburg

Luftveränderung. Was liegt näher, als sie zusammen mit der Schwester zur Meersburg zu schicken!

Die Droste trennt sich wieder sehr schwer von der Heimat, mag eigentlich gar nicht reisen, glaubt sich von Mutter und Schwester gezwungen und so gehetzt, daß sie kaum noch von den Freunden Abschied nehmen kann, worüber sie sehr klagt.

Annette sieht ein, daß ein Klimawechsel für sie nur von Vorteil sein kann und hofft, ihre Kräfte so zurückzugewinnen, daß sie am Bodensee wieder schreiben kann, wo alles nach ihrem Wunsche für sie eingerichtet sein wird: *Zu arbeiten denke ich auch drüben fleißig, mein angefangenes Buch über Westfalen zu vollenden und die geistlichen Lieder zu feilen und abzuschreiben. Das Nötige dazu steckt schon tief unten im Koffer, und an Zeit und Ruhe wird es mir nicht fehlen, da Jenny mir auf meine Bitte ein ganz abgelegenes Zimmer in ihrem alten, weiten Schlosse, wo sich doch die wenigen Bewohner darin verlieren wie einzelne Fliegen, einräumen will, - ein Raum so abgelegen, daß, wie Jenny einmal hat Fremde darin logieren und abends die Gäste hingeleiten wollen, sie alles in der wüstesten Unordnung und die Mägde weinend in der Küche getroffen hat, die vor Grauen daraus desertiert waren. Ist das nicht ein poetischer Aufenthalt? Wenn ich dort keine Gespenster- und Vorgeschichten schreiben kann, so gelingt mir es nie... Ich wollte, ich säße nur erst an meinem Seeufer und schrieb.* Mit den Gespenstergeschichten, die Annette erwähnt, hat es eine besondere Bewandtnis. Wie schon ihr Vater, der Erzählungen von Prophezeiungen und vom sogenannten Zweiten Gesicht sammelte, fasziniert sie dieses Phänomen, das sie mehrfach literarisch verarbeitet. Aus den Erinnerungen des Kaufmanns Beneke haben wir erfahren, daß auch die Droste sich mit dem Vorgesicht begabt wußte. Auch Schücking berichtet ausführlich davon: *Wie alle Menschen von tieferem Gemüt und von Phantasie hatte sie das ›Organ für das Wunderbare‹; als Dichterin hatte sie es in hohem Grade; ja sie glaubte fest an die Wahrheit mancher geheimnisvollen Erscheinung, die, ohne erklärt werden zu können, sich in die alltägliche nüchtern verlaufende Menschenexistenz schlingt. Sie glaubte an die magnetische Gewalt, die eine energische Individualität über eine andere ausüben könne; an das häufige Vorkommen des ›second sight‹, des Vor-*

geschichtensehens in Westfalen, wie daran denn niemand zweifelt, der einigermaßen mit dem Volke gelebt hat; und an manches andere, von dem man heute zwar nicht mehr sagen kann, daß unsere ›Philosophie‹ sich nichts davon träumen läßt, wohl aber, daß sie nichts davon versteht. Eine Geschichte, deren Fäden hinüberspielen in das Gebiet, über dessen Grenzen niemand zurückkehrt, kann nur der gut erzählen, der, selber gläubig, das Gefühl empfindet, welches er in seinen Zuhörern erwecken will. Annette von Droste aber war eine vortreffliche Erzählerin; obwohl sie vorzog, launige Geschichten im Volksdialekt mitzuteilen, gab sie doch auch im engsten Freundeskreise unnachahmlich gut vorgetragene Gespenstergeschichten zum besten, namentlich jene, welche sich in vortrefflicher dichterischer Behandlung unter den Titeln: ›Der Fundator‹, ›Vorgeschichte‹, ›Der Graue‹, ›Das Fräulein von Rodenschild‹ in ihren Gedichten abgedruckt finden.

Die erste Strophe der »Vorgeschichte (Second sight)«, des im Winter 1840/41 entstandenen Gedichts, schildert die mit Seherfähigkeiten begabten Menschen:

> *Kennst du die Blassen im Heideland,*
> *Mit blonden flächsenen Haaren?*
> *Mit Augen so klar wie an Weihers Rand*
> *Die Blitze der Welle fahren?*
> *O sprich ein Gebet, inbrünstig, echt,*
> *Für die Seher der Nacht, das gequälte Geschlecht.*

Dem *gequälten Geschlecht* hat die Droste einen ganzen Abschnitt in ihren »Westfälischen Schilderungen« gewidmet, einer Abhandlung, die erst 1845 veröffentlicht wird. Dort heißt es: *Der Vorschauer (Vorgucker) im höheren Grade ist auch äußerlich kenntlich an seinem hellblonden Haare, dem geisterhaften Blitze der wasserblauen Augen, und einer blassen oder überzarten Gesichtsfarbe; übrigens ist er meistens gesund, und im gewöhnlichen Leben häufig beschränkt und ohne eine Spur von Überspannung. - Seine Gabe überkommt ihn zu jeder Tageszeit, am häufigsten jedoch in Mondnächten, wo er plötzlich erwacht, und von fieberischer Unruhe ins Freie oder ans Fenster getrieben wird; dieser Drang ist so stark, daß ihm kaum jemand widersteht, obwohl jeder weiß, daß das Übel durch Nachgeben bis zum Unerträglichen, zum völligen Entbehren der Nachtruhe gesteigert wird, wogegen fortgesetzter Widerstand es allmählich abnehmen, und endlich gänzlich verschwinden läßt. - Der Vorschauer sieht Leichenzüge - lange Heereskolonnen und Kämpfe, - er sieht deutlich den Pulverrauch und die Bewegungen der Fechtenden, beschreibt genau ihre fremden Uniformen und Waffen, hört sogar Worte in fremder Sprache, die er verstümmelt wiedergibt, und die vielleicht erst lange nach seinem Tode auf demselben Flecke wirklich gesprochen werden. - Auch unbedeutende Begebenheiten muß der Vorschauer unter gleicher Beängstigung sehen: z.B. einen Erntewagen, der nach vielleicht zwanzig Jahren auf diesem Hofe umfallen wird; er beschreibt genau die Gestalt und Kleidung der jetzt noch ungebornen Dienstboten, die ihn aufzurichten suchen; die Abzeichen des Fohlens oder Kalbes, das erschreckt zur Seite springt, und in eine, jetzt noch nicht vorhandene Lehmgrube fällt etc. ... Ein längst verstorbener Gutsbesitzer hat viele dieser Gesichte verzeichnet, und es ist höchst anziehend, sie mit manchem späteren entsprechenden Begebnisse zu vergleichen. - Der minder Begabte und nicht bis zum Schauen Gesteigerte ›hört‹ - er hört den dumpfen Hammerschlag auf dem Sargdeckel und das Rollen des Leichenwagens, hört den Waffenlärm, das Wirbeln der Trommeln, das Trappeln der Rosse, und den gleichförmigen Tritt der marschierenden Kolonnen. - Er hört das Geschrei der Verunglückten, und an Tür oder Fensterladen das Anpochen desjenigen, der ihn oder seinen Nachfolger zur Hülfe auffordern wird. - Der Nicht-*

begabte steht neben dem Vorschauer und ahndet nichts, während die Pferde im Stall ängstlich schnauben und schlagen, und der Hund, jämmerlich heulend, mit eingeklemmtem Schweife seinem Herrn zwischen die Beine kriecht.

Eine Besonderheit des Vorgesichts, das nächtliche Zusammentreffen mit dem eignen lebendig gewordenen Spiegelbild, das Doppelgängermotiv, hat die Droste in einer ihrer bekanntesten Balladen »Das Fräulein von Rodenschild« gestaltet. Dieses Gedicht soll als ein Beispiel für die Kunst Annettes von Droste-Hülshoff, Grauen und unheimliche Atmosphäre hervorzurufen, angeführt werden.

Sind denn so schwül die Nächt' im April?
Oder ist so siedend jungfräulich Blut?
Sie schließt die Wimper, sie liegt so still,
Und horcht des Herzens pochender Flut.
›O will es denn nimmer und nimmer tagen!
O will denn nicht endlich die Stunde schlagen!
Ich wache, und selbst der Seiger ruht!

Doch horch! es summt, eins, zwei und drei, -
Noch immer fort? - sechs, sieben und acht,
Elf, zwölf, - o Himmel, war das ein Schrei?
Doch nein, Gesang steigt über der Wacht,
Nun wird mir's klar, mit frommem Munde
Begrüßt das Hausgesinde die Stunde,
Anbrach die hochheilige Osternacht.‹

Seitab das Fräulein die Kissen stößt,
Und wie eine Hinde vom Lager setzt,
Sie hat des Mieders Schleifen gelöst,
Ins Häubchen drängt sie die Locken jetzt,
Dann leise das Fenster öffnend, leise,
Horcht sie der mählich schwellenden Weise,
Vom wimmernden Schrei der Eule durchsetzt.

O dunkel die Nacht! und schaurig der Wind!
Die Fahnen wirbeln am knarrenden Tor, -
Da tritt aus der Halle das Hausgesind'
Mit Blendlaternen und einzeln vor.
Der Pförtner dehnet sich, halb schon träumend,
Am Dochte zupfet der Jäger säumend,
Und wie ein Oger gähnet der Mohr.

Was ist? - wie das auseinanderschnellt!
In Reihen ordnen die Männer sich,
Und eine Wacht vor die Dirnen stellt
Die graue Zofe sich ehrbarlich,
›Ward ich gesehn an des Vorhangs Lücke?
Doch nein, zum Balkone starren die Blicke,
Nun langsam wenden die Häupter sich.

O weh meine Augen! bin ich verrückt?
Was gleitet entlang das Treppengeländ?
Hab' ich nicht so aus dem Spiegel geblickt?
Das sind meine Glieder, - welch ein Geblend'!
Nun hebt es die Hände, wie Zwirnes Flocken,
Das ist mein Strich über Stirn und Locken! -
Weh, bin ich toll, oder nahet mein End'!‹

Das Fräulein erbleicht und wieder erglüht,
Das Fräulein wendet die Blicke nicht,
Und leise rührend die Stufen zieht
Am Steingeländer das Nebelgesicht,
In seiner Rechten trägt es die Lampe,
Ihr Flämmchen zittert über der Rampe,
Verdämmernd, blau, wie ein Elfenlicht.

Nun schwebt es unter dem Sternendom,
Nachtwandlern gleich in Traumes Geleit,
Nun durch die Reihen zieht das Phantom,
Und jeder tritt einen Schritt zur Seit'. -
Nun lautlos gleitet's über die Schwelle, -
Nun wieder drinnen erscheint die Helle,
Hinauf sich windend die Stiegen breit.

Das Fräulein hört das Gemurmel nicht,
Sieht nicht die Blicke, stier und verscheucht,
Fest folgt ihr Auge dem bläulichen Licht,
Wie dunstig über die Scheiben es streicht.
- Nun ist's im Saale - nun im Archive -
Nun steht es still an der Nische Tiefe -
Nun matter, matter, - ha! es erbleicht!

›Du sollst mir stehen! ich will dich fahn!‹
Und wie ein Aal die beherzte Maid
Durch Nacht und Krümmen schlüpft ihre Bahn,
Hier droht ein Stoß, dort häkelt das Kleid,
Leis tritt sie, leise, o Geistersinne
Sind scharf! daß nicht das Gesicht entrinne!
Ja, mutig ist sie, bei meinem Eid!

Ein dunkler Rahmen, Archives Tor;
- Ha, Schloß und Riegel! - sie steht gebannt,
Sacht, sacht das Auge und dann das Ohr
Drückt zögernd sie an der Spalte Rand,
Tiefdunkel drinnen - doch einem Rauschen
Der Pergamente glaubt sie zu lauschen,
Und einem Streichen entlang der Wand.

So niederkämpfend des Herzens Schlag.
Hält sie den Odem, sie lauscht, sie neigt -
Was dämmert ihr zur Seite gemach?
Ein Glühwurmleuchten - es schwillt, es steigt,
Und Arm an Arme, auf Schrittes Weite,
Lehnt das Gespenst an der Pforte Breite,
Gleich ihr zur Nachbarspalte gebeugt.

Sie fährt zurück, - das Gebilde auch -
Dann tritt sie näher - so die Gestalt -
Nun stehen die beiden, Auge in Aug,
Und bohren sich an mit Vampyres Gewalt.
Das gleiche Häubchen decket die Locken,
Das gleiche Linnen, wie Schnees Flocken,
Gleich ordnungslos um die Glieder wallt.

Langsam das Fräulein die Rechte streckt,
Und langsam, wie aus der Spiegelwand,
Sich Linie um Linie entgegenreckt
Mit gleichem Rubine die gleiche Hand;
Nun rührt sich's - die Lebendige spüret
Als ob ein Luftzug schneidend sie rühret,
Der Schemen dämmert, - zerrinnt - entschwand.

Und wo im Saale der Reihen fliegt,
Da siehst ein Mädchen du, schön und wild,
- Vor Jahren hat's eine Weile gesiecht -
Das stets in den Handschuh die Rechte hüllt.
Man sagt, kalt sei sie wie Eises Flimmer,
Doch lustig die Maid, sie hieß ja immer:
›Das tolle Fräulein von Rodenschild.‹

Im Zusammenhang mit dieser schauerlichen Ballade teilt Schücking Interessantes aus dem Leben der Droste mit; in seiner Biographie der Annette von Droste-Hülshoff schreibt er: *Das ›Fräulein von Rodenschild‹ hatte als erstes Motiv ein Ereignis, welches Annette von Droste selbst erlebt zu haben glaubte, das sie mit vollster Überzeugung von seiner Wahrheit mitteilte. Auf den Edelhöfen in Westfalen herrschte früher und vielleicht hier und dort auch noch jetzt, die Sitte, daß in der Osternacht, um zwölf, das Gesinde aufsteht und draußen auf dem Hofe im Freien mit einem seiner alten geistlichen Volkslieder die Auferstehung des Herrn feiert. Einst in einer Ostermitternachtsstunde, die Dichterin wohnte dazumal noch auf dem väterlichen Hause, wurde sie von einem solchen Liede geweckt. Sie erhebt sich, um der frommen Versammlung zuzusehen, und stellt sich dazu an ein Fenster, welches den Hof beherrscht. Unten in einer dunklen und leise bewegten Gruppe zusammen erblickt sie die Leute, die Hausdiener, die Ackerknechte, die Mägde. Sie singen eines jener schönen altertümlichen Osterlieder, deren einfache und wie aus längst verflossenen Jahrhunderten herüberklingende Weise etwas so tief Ergreifendes hat. Nach einer Weile aber hört Annette unten im Hofe die Haustüre sich öffnen; sie sieht eine Gestalt daraus hervor auf den Treppenabsatz treten, eine weibliche Gestalt mit reichem blonden Haar, einen Leuchter mit flackerndem Kerzenlicht in der Hand; sie sieht sie die Stufen in den Hof niederschreiten und erkennt sich selbst, ihr eigenes Spiegelbild! Der Gruppe der Dienstleute nähert sich die Doppelgängerin; diese treten, ohne sich in ihrem Gesang unterbrechen zu lassen, auseinander, um ihr Platz zu machen; durch die gebildeten zwei Reihen schreitet die Gestalt; dann wendet sie sich nach rechts, dem Flügel des Gebäudes zu, der in rechtem Winkel vorspringend hier den Hof abschließt. Sie wandelt der in diesen Flügel führenden Türe zu, tritt hinein, und der Schein ihres Lichts dämmert jetzt im Innern des Gebäudes auf und bewegt sich langsam an den Fenstern vorüber, die hier die im Innern hinaufführende Treppe beleuchten. Dann ist alles wieder in Dunkelheit begraben und verschwunden. Aufgeregt sucht Annette von Droste ihr Lager wieder auf; am andern Morgen fragt sie mit dem Anschein unbefangenster Ruhe und desto größerer innerer Spannung den ersten der ihr begegnenden Diener: ›Nun, ihr habt in der vergangenen Nacht wieder den Ostermorgen angesungen?‹ ›Freilich‹, antwortet der Mensch, ›das gnädige Fräulein ist ja selbst zu uns herausgekommen, wir wunderten uns darüber und waren bange, daß Sie sich erkälten möchten!‹ Das gnädige Fräulein setzte betroffen die Unterhaltung nicht weiter fort.*

Und mit Gespenstergeschichten dieser Art glaubt sich die Droste auf der Meersburg in ihrem abgelegenen Zimmer beschäftigen zu können. Sie wird zwar ungemein viel arbeiten in der Zeit am Bodensee, so viel schaffen, wie noch nie zuvor in so wenigen Wochen, aber Schauerballaden werden es nicht sein.

Und meiner Liebessonne dämmernd Scheinen

1841 - 1842

Der Meersburger Winter

Am 26. Oktober 1841, nach einem Monat der Abwesenheit, schreibt Annette den ersten Brief aus Meersburg an ihre Mutter in Rüschhaus. Sie berichtet über Jennys Kinder, über gemeinsame Bekannte aus der Schweiz, über ihren Gesundheitszustand und ihr tägliches Treiben, damit Therese von Droste-Hülshoff informiert ist darüber, womit ihre Tochter den Tag verbringt: *Nun will ich Dir auch sagen, wie es mir geht. Sehr gut. Die Reise hat mich wohl tüchtig abstrapaziert, aber doch nicht ärger wie vor sechs Jahren; nach acht Tagen war ich wieder wie vorher, und seitdem fühl' ich ganz merklich, wie wohl mir die Luft bekömmt. Meine Diarrhoe hat schon sehr nachgelassen, die Schweratmigkeit auch; ich spaziere täglich eine Strecke am See hinunter, was, mit dem Wege hinauf, eine ordentliche Tour für mich ist, und doch wird es mir nicht viel schwerer, als zu Rüschhaus an manchen Tagen die Treppe zu steigen, und ich hoffe wirklich, daß dieser Aufenthalt mir wieder für lange Zeit gut tun soll. Laßberg und Jenny tun beide alles, mir mein Hiersein angenehm zu machen; ich wohne übrigens in Deinem ersten Quartier, wo Alexander gestorben ist, was mir anfangs ein wenig grauserlich war, jetzt aber weiß ich nichts mehr davon und ziehe diese Wohnung der andern weit vor, erstlich weil sie geräumiger und dann weil sie um vieles ruhiger und abgelegener ist. Ich denke dort tüchtig an meinem Buche zu arbeiten, wenn der Koffer mit meinen Papieren erst angekommen und vor allem, wenn es ruhig geworden ist, denn diese drei Wochen durch geht's hier nur wie ein Strom aus und ein, da alles Jenny und mitunter auch mich begrüßen will... Auch Uhland war hier; Gott, was ist das für ein gutes, schüchternes Männchen! ... Du siehst, wie bunt es hier bisher zugegangen ist; dazu die täglichen Partien zum Figel, Frieden, der Krone haben mich bisher noch nicht zur Ruhe kommen lassen, was wohl recht gut sein mag, um meinen ersten Widerwillen gegen das Gehen zu überwinden. Ich denke, fortan wird es aber stiller werden und ich endlich ordentlich an die Arbeit kommen; ich habe eine rechte Gier danach (vielleicht eben weil ich nicht kann) und mache täglich in meinem Kopfe schon allerlei Vorarbeiten.*

So plaudert sie dahin, Seiten mit Anekdotenhaftem und Nebensächlichem füllend, bevor sie den eigentlichen Grund, warum dieser Brief geschrieben wird, ungeschickt, weil auffallend beiläufig anspricht: *Soeben sagt mir Jenny, daß ich Dir schreiben solle, daß Schücking hier ist. Es ist richtig, in ihrem Briefe konnte es noch nicht stehn. Laßberg hat ihn von Darmstadt, wo er sich grade bei Freiligrath aufhielt, verschrieben, um einen Katalog von seiner Bibliothek zu machen; Laßberg ist ganz von selbst auf den Einfall gekommen, da er sich schon längst, nach seiner geheimnisvollen Weise, ganz im stillen, nach einem Menschen umgesehn, der bei den nötigen Kenntnissen keine großen Forderungen mache und ihn nicht im Hause geniere; so habe ich nichts von dem Plane gewußt, bis er zur Ausführung kommen sollte, habe mich aber recht gefreut, Schücking zu sehn, der vor etwa zehn Tagen angekommen und den ganzen Tag so fleißig bei der Arbeit ist, daß Laßberg ihn lobt. Wir sehn ihn selten, außer bei Tische, da er in den freien Stunden (abends bei Licht) an seinen eigenen Schriftstellereien arbeitet...*

Annette lügt miserabel, sie hat darin keine Übung. Therese von Droste-Hülshoff, die doch ihre Tochter ganz genau kennt, wird durch diese übertrieben unwissenden und gleichgültig erscheinenden Zeilen auf den wahren Sachverhalt förmlich gestoßen. Als ob die Droste die Mahnung ihrer Schwester braucht, um von Schückings Anwesenheit zu berichten, als ob sie nicht bestens weiß, wann Levin angekommen ist, statt dessen schreibt sie vage *vor etwa zehn Tagen.* Und dann dieses Hervorheben der Tatsache, daß die Anstellung Levin Schückings zum Katalogisieren der Bibliothek einzig und allein Laßbergs Idee gewesen ist, die auch sie, Annette, überrascht habe. Da kann die Muter doch nur auf den Gedanken verfallen, der ach so glückliche Einfall Laßbergs sei dem alten Schloßherrn geschickt von der Tochter oder vielleicht - nach Absprache - von beiden Töchtern suggeriert worden. Bereits am 22. August 1840 erwähnt Annette in einem Brief an Jenny den Plan, Schücking als Bibliothekar nach Meersburg zu holen und berichtet, sie habe ihm davon erzählt. Und nun - gut 14 Monate später - will sie von der Ankunft des jungen Mannes völlig überrascht worden sein!

Schücking berichtet in seinen Lebenserinnerungen, daß er von der Droste eingeweiht wurde in das Vorhaben, ihr in einigem zeitlichen Abstand an den Bodensee folgen zu können, wenn er es *übernehmen wolle, die reiche und durch ihre Schätze berühmte Bibliothek zu katalogisieren.* Die Akzentverschiebung ist überdeutlich: Levin kommt auf die Meersburg, um mit Annette zusammenzusein, die Arbeit in Laßbergs Bibliothek ist Mittel zum Zweck. Die Droste dagegen versucht, ihrer Mutter weiszumachen, Levin Schücking sei im Schloß, um dem Schwager zur Hand zu gehen, zufällig falle seine Anwesenheit in die Zeit ihres Besuchs. Aber auch noch diese als so akzidentell beschriebene Zusammenkunft muß für Therese von Droste-Hülshoff und die gesamte Familie, die von ihr informiert werden wird, abgeschwächt werden. Schücking ist zwar da, aber man sieht sich kaum, so sehr ist er beschäftigt mit dem Katalogisieren und den eigenen schriftstellerischen Arbeiten. Gegen Ende des Briefes greift Annette diese für die Mutter als beruhigend ausgedachte Information noch einmal auf, nachdem sie von ihren dichterischen Vorhaben berichtet hat: *Da Schücking so wenig Zeit hat, werde ich Jenny abends vorlesen, was fertig ist.*

Bevor wir weiter hören, was die Droste über Schückings Aufenthalt bei Schwester und Schwager als berichtenswert erachtet, soll Levin selbst noch einmal zu Wort kommen, um von Annettes Idee, ihr an den Bodensee zu folgen (Levin weiß nichts von einem ursprünglich Laßbergschen Plan) und von seiner Ankunft zu berichten. In seiner Biographie der Droste schreibt er: *Kurze Zeit nachher kam mir eine Botschaft von ihr zu. Sie machte den Vorschlag, ihr nach dem deutschen Süden zu folgen. Es gab da eine interessante Arbeit, zu der ich herangezogen werden sollte; um seltene, kostbare, in den Augen eines Germanisten ganz unbezahlbare Schätze der Wissenschaft, altdeutsche Manuskripte zu Dutzenden, Inkunabeln usw. handelte es sich, mit einem Worte, um jene berühmte Laßbergsche Sammlung, die zu katalogisieren war. Die Anfertigung eines Katalogs all dieser wichtigen und für die Wissenschaft in der Tat so höchst bedeutsamen literarischen Schätze war seit langem der Wunsch der Familie des Besitzers, der ein bedeutendes Vermögen dahinein gesteckt hatte. Aber der gestrenge alte Herr von der Meersburg, reich an Lebenserfahrungen, der seine kostbare Sammlung wie seinen Augapfel hütete, forderte einen seltenen und schwer zu findenden Verein von Eigenschaften bei dem Manne, dem er die Vollmacht darüber zu schalten und zu walten geben sollte; und da er selbst zu bejahrt war, um eine solche Arbeit mit Hilfe irgendeines Assistenten auszuführen, so blieb dieselbe ruhen, bis er einwilligte - ich weiß nicht, mit welchem Reste von zagender Besorgnis - in meine Hände die großen und mit kunstvoller List gearbeiteten Schlüssel zu diesem geistigen Schatz des Rhampsinit zu legen.*

Levin spricht natürlich auch nicht davon, daß er Annette kaum sieht, sondern berichtet vom ausführlichen täglichen Spaziergang, von ausgedehnten Gesprächen und gemeinsamem Arbeiten und erwähnt die *sich selber nicht ganz klaren Empfindungen, womit* [er] *dort in das große und leuchtende Auge der besten Freundin, die ich im Leben gefunden habe,* blickt. Die gemeinsame Zeit auf der Meersburg ist für beide ein glückliches halbes Jahr, in der sie das Zusammensein - so ungestört wie nie zuvor - genießen können, ein Beisammensein, das Annette weiterhin in ihren Briefen zu rechtfertigen und zu erklären versucht; vor allem die Reaktion der Mutter fürchtet sie.

Am 29. Oktober 1841 schreibt die Droste minutiöse Erklärungen an Elise Rüdiger, die vorher nicht in den Meersburg-Plan Schückings eingeweiht worden ist und Levins Abreise als Flucht (vielleicht vor ihr) wertet: *Schücking ist hier und wird einige Zeit bleiben, um meines Schwagers Bibliothek zu ordnen. Sie denken wohl, der Gedanke sei von mir ausgegangen, aber keineswegs, obschon ich wollte, ich hätte ihn gehabt. Denn es ist ein guter Gedanke, der Schücking in ein Klima bringt, dessen seine Brust sehr benötigt war, ihm für einige Zeit Unterkommen gibt, ihn wieder an regelmäßige Beschäftigung gewöhnt und endlich ihn mit vielen nützlichen Büchern und noch nützlicheren Personen in Berührung bringt. Jetzt muß ich Sie bitten, wenn Sie Junkmann sehn sollten, ihm einzuknüpfen, daß er der Mama ja nicht sagt, daß dieser Plan bereits im Reifen war, als wir Rüschhaus verließen. Die Sache verhält sich so: Laßberg ist ein arger Geheimniskrämer, der selbst seiner Frau erst spät sagt, was er vorhat, die dann verschwiegen sein muß wie das Grab, bis er den Moment zur Veröffentlichung angibt. Dieses ist aber ein bitterer Verdruß für meine Mutter, wenn sie sich zuweilen wochenlang abgesorgt und mit der Jenny überlegt hat und erfährt nun hintennach, daß am ersten Tage, mit Jennys Vorwissen, schon alles geordnet war. Sie verschmerzt dieses immer sehr schwer, und Jenny braucht deshalb viel Vorsicht, dergleichen Verstöße zu vermeiden.*

Annette versucht also, Elise einzureden, die Vorsichtsmaßnahmen gegenüber der Mutter, das Verschweigen des Plans und die Tatsache, daß nun nicht herauskommen darf, daß vorher schon Etliches geregelt worden ist, lägen nur in

Ostseite der Meersburg mit Burgbrücke

Jennys Schwierigkeiten begründet. Je detaillierter die Ausführungen der Droste werden, desto unglaubwürdiger wird sie, eine harmlose Einladung bedarf nicht so vieler Erläuterungen. Elise gegenüber leugnet sie auch, in Laßbergs Pläne eingeweiht gewesen zu sein, obwohl sie seit mehr als einem Jahr Bescheid weiß. *So wußte sie (Jenny) längst, daß Laßberg dem Sch*[ücking], *von dem früher ich und später sie ihm manches Gute geschrieben, diese Beschäftigung aufzutragen wünschte, aber sie sagte mir erst ganz kurz vor unsrer Abreise davon, als grade Junkmann da war, dem ich es ohne Arg erzählte. Kaum war er fort, als sie mir strenge Verschwiegenheit einschärfte und mich dadurch nicht wenig in Verlegen-*

setzte. Nachher habe ich es denn auch keinem weiter gesagt, glaubte aber doch Sch[ücking] *einen Wink geben zu müssen, damit er seine Effekten, namentlich seine Papiere, so ordnete, daß fremde Augen und Hände darüber kommen könnten, falls die Sache zustande käme und er von Darmstadt direkt nach Meersburg müßte... Da Jenny nun in ihrem Briefe nach Hülshoff nicht die Unwahrheit gesagt, aber wohl die Wahrheit umgangen und geschrieben hat, Laßberg habe den Sch*[ücking] *auf Veranlassung des Guten, was sie von ihm gesagt, von Darmstadt kommen lassen (so daß es aussieht, als habe sie in Rüschhaus selbst noch nicht davon gewußt), mich auch bewogen hat, in einem Briefe an Mama meine Ausdrücke auf ähnliche Weise zu stellen, z.B. zu sagen, ich habe nichts von der Sache erfahren, bis sie zur Ausführung bereit gewesen (was allerdings wahr ist), so wäre es höchst fatal, wenn Mama hintennach erführe, daß selbst Junkmann darum gewußt und sie nicht. Ich bitte Sie also, dieses zu verhüten. Sie können Thereschen Schlüter nur den Auftrag geben und ihr den Grund gradezu sagen. Hätte Jenny gewußt, daß ich ihr Geheimnis so schlecht bewahrt, sie würde ein kleines Pikiertsein nicht gescheut und Mama ganz offen geschrieben haben.*

Nun aber erfuhr ich vom Briefe erst, als er längst fort war, und dieses fortgesetzte Heimlichtun könnte Mama mit Recht beleidigen.

Jenny hätte natürlich nicht die Wahrheit schreiben können, denn dann wäre Therese von Droste-Hülshoff erst recht die Absprache ihrer beiden Töchter vor Augen getreten, und zu Hause, vor Annettes Abreise, konnte man der Mutter unmöglich erzählen, daß Levin Schücking wohl zur Meersburg käme - das hätte sie nie erlaubt, wie ihre Reaktion auf die Nachricht zeigen wird. Denn alle Vorsichtsmaßnahmen nützen gar nichts, in Hülshoff und im Rüschhaus weiß man schon längst Bescheid, der Klatsch ist nicht mehr aufzuhalten. Annette teilt

Elise Rüdiger am 14. Dezember 1841 mit, sie habe einen Brief von zu Hause erhalten: *Mama schreibt: ›Daß Sch*[ücking] *bei Euch ist, wußte ich schon durch die Hülshofer, denen es die Bornst*[edt]*, die gleich nach Annas Tode auf acht Tage hingefahren war, erzählt hatte. Wie mag diese Sache wohl ansehn? Ich fürchte, wie ein verabredetes Rendezvous; das wäre doch sehr traurig.‹ Ich kann dieses nur wie eine sehr milde Art mir beizubringen, was die B*[ornstedt]*wirklich gesagt hat, ansehn, und zugleich diese Milde nur meiner Abwesenheit und der Furcht, meine Genesung durch Ärger rückgängig zu machen, zuschreiben, wär' ich gesund und in Rüschhaus, so hätte es gewiß sehr harte Szenen gesetzt, deren Resultat unfehlbar unerfreulich und trennend gewesen wär, und noch weiß ich nicht, ob nicht ernste Ermahnungen und Beschränkungen meiner warten, wenn ich zurückkomme.*

Die Bornstedt, für die das Treffen Schückings und der Droste auf der Meersburg nur eine Interpretation erlaubt, hat erreicht, daß Therese von Droste-Hülshoff auch nur einer möglichen Deutung anhängt, der Brief Annettes muß sie bestärkt haben. Nur die große räumliche Entfernung von zu Hause ermöglicht Annette ein kurzes Glück, das einzig und allein im Zusammensein mit einem geliebten Menschen und in dem Bewußtsein, verstanden zu werden, besteht. Der Brief an Elise wimmelt denn auch nur so von dem, was Schücking sagt, was Schücking denkt und Schücking tut. Beim nochmaligen Lesen muß der Droste dies aufgefallen sein, denn ängstlich bittet sie Elise, den Brief nicht vorzulesen: *...aber ich denke, dieser Brief darf nicht von sich reden machen, er wäre durch die ewige Erwähnung Sch*[ückings] *ganz dazu geeignet, dem dummen Klatsch erst recht Hände und Füße zu geben...* Auf den Brief der Mutter reagiert Annette erneut mit dem Pochen auf ihre Unwissenheit und der Behauptung, Levin kaum zu sehen. Doch ihr Ton ist fester, sie schreibt nicht mehr so übertrieben detailliert, rechtfertigt sich nicht länger krampfhaft. Nachdem sie gut drei Monate Levin Schücking täglich sehen kann, weiß sie, was ihr wichtiger ist als aller Tratsch: *Mit Schücking geht es sehr gut hier, er hält sich sehr still, hat gar keine Bekanntschaft in der Stadt und kömmt den ganzen Tag nicht von seinen Büchern fort, außer gleich nach Tische, wo er den Weg zum Frieden einmal auf- und abläuft, um sich Bewegung zu machen. Seine Gesundheit hat sich gottlob sehr gebessert, woran außer dem Klima auch wohl die gute Kost und Sorgenfreiheit großen Anteil haben. Laßberg scheint ihn lieb zu haben und unterhält sich bei Tische fast ausschließlich mit ihm, scheint aber auf seine Gedichte und sonstigen belletristischen Arbeiten keinen großen Wert zu legen.*

Jenny hat ihn auch gern, weil er fleißig ist und gar keine Last im Hause macht. Kurz, ich muß es doch für ein Glück rechnen, daß er hieher gekommen ist, obwohl ich selbst sehr wenig von ihm habe und mir auch gleichwohl eingefallen ist, ob die Bornstedt, die verdrehte Person, nicht darüber räsonieren würde. Indessen, ich habe die Sache nicht gemacht, habe auch nichts daran ändern können, würde es auch auf keinen Fall getan haben, sondern wäre eher selbst zu Hause geblieben, als daß ich den armen Schelm um diese vielleicht einzige gute Zeit in seinem Leben gebracht hätte, wo er auch noch Bekanntschaften macht, die ihm vielleicht voranhelfen können.

Bei den täglichen gemeinsamen Spaziergängen am Seeufer versucht Levin, Annette davon zu überzeugen, daß ihre eigentliche Begabung auf dem Gebiet der Lyrik liege. Die Droste geht zunächst nicht darauf ein, weil sie sich keine Vorschriften machen lassen will; als jedoch Schücking davon spricht, daß sie gewiß eine lange Zeit für Gedichte benötigen werde, *weil eben die lyrischen Stimmungen und Empfindungen nicht alle Tage kommen und eine neue Blüte treiben, sondern nur von Zeit zu Zeit, wenn einmal irgendein Sturm oder eine Strömung unser Leben ergreift und den schlummernden Meeresspiegel des Gemüts ins Wogen und Wellenschlagen bringt,* wird sie aktiv. Denn ihr Gemüt ist aufgewühlt, sie erfährt mit Levin nicht mehr die einschläfernde, passiv machende Ruhe ihres sonstigen täglichen Lebens, Annette benötigt keine Zeit mehr, sie hat lange genug gewartet. *Sie meinte deshalb mit großer Zuversicht, einen reputierlichen Band lyrischer Gedichte werde sie mit Gottes Hilfe, wenn sie gesund bleibe, in den nächsten Wochen leicht schreiben können. Als ich widersprach, bot sie mir nur eine Wette an und stieg dann gleich in ihren Turm hinauf, um sofort ans Werk zu gehen. Triumphierend las sie am Nachmittag bereits das erste Gedicht ihrer Schwester und mir vor, am folgenden Tage entstanden gar zwei, glaub' ich... So entstand in weniger Monate Verlauf, in jenem Winter 1841 bis 1842, die weitaus größte Zahl der lyrischen Poesien, welche den Band ihrer ›Gedichte‹ füllen.*

Annettes Arbeitszimmer auf der Meersburg

Unter den Gedichten, die im Winter 1841/42 entstehen, finden sich auch drei, die Levin gewidmet sind: »Die Schenke am See«, »Kein Wort...«, »O frage nicht...«. Im Gedicht »Die Schenke am See« erscheint Annette als die Alternde *(Schon fühl' ich an des Herbstes reichem Tisch / Den kargen Winter nahn auf leisen Socken)*, die sich an der Jugend Levins erfreut *(Und ich, ich will an deiner lieben Seite / Froh schlürfen meiner Neige letztes Gut)*, zu einem Bild verdichtet ist der Altersunterschied dann in der vorletzten Strophe:

Sieh drunten auf dem See im Abendrot
Die Taucherente hin und wieder schlüpfend;
Nun sinkt sie nieder wie des Netzes Lot,
Nun wieder aufwärts mit den Wellen hüpfend;
Seltsames Spiel, recht wie ein Lebenslauf!
Wir beide schaun gespannten Blickes nieder;
Du flüsterst lächelnd: immer kömmt sie auf -
Und ich, ich denke, immer sinkt sie wieder!

Stadt und Burg Meersburg

Andere Unterschiede zwischen den beiden, Gegensätze in ihren Überzeugungen, mögliche Streitpunkte werden in dem Gedicht angesprochen, das mit den Versen *Kein Wort, und wär' es scharf wie Stahles Klinge / Soll trennen, was in tausend Fäden eins* beginnt. Doch die Gewißheit der Ähnlichkeit der gemeinsamen Zuneigung und die Hoffnung auf eine Partnerschaft überwinden die Angst vor der Trennung.

> *Blick in mein Auge - ist es nicht das deine,*
> *Ist nicht mein Zürnen selber deinem gleich?*
> *Du lächelst - und dein Lächeln ist das meine,*
> *An gleicher Lust und gleichem Sinnen reich;*
> *Worüber alle Lippen freundlich scherzen,*
> *Wir fühlen heil'ger es im eignen Herzen.*
>
> *Pollux und Kastor, - wechselnd Glühn und Bleichen,*
> *Des einen Licht geraubt dem andern nur,*
> *Und doch der allerfrömmsten Treue Zeichen. -*
> *So reiche mir die Hand, mein Dioskur!*
> *Und mag erneuern sich die holde Mythe,*
> *Wo überm Helm die Zwillingsflamme glühte.*

Das dritte der Gedichte, die sich an Levin Schücking wenden (»O frage nicht...«), wirkt dagegen voller Resignation, das Wissen um das Verschwinden des Glücks, der Kindheit und der Liebe erwächst aus der Gegenüberstellung der alternden Dichterin, deren Liebessonne nur noch dämmernd scheint, und ihres jungen Freundes.

> *O frage nicht was mich so tief bewegt,*
> *Seh ich dein junges Blut so freudig wallen,*
> *Warum, an deine klare Stirn gelegt,*
> *Mir schwere Tropfen aus den Wimpern fallen.*

Mir träumte einst, ich sei ein albern Kind,
Sich emsig mühend an des Tisches Borden;
Wie übermächtig die Vokabeln sind,
Die wieder Hieroglyphen mir geworden!

Und als ich dann erwacht, da weint' ich heiß,
Daß mir so klar und nüchtern jetzt zu Mute,
Daß ich so schrankenlos und überweis',
So ohne Furcht vor Schelten und vor Rute.

So, wenn ich schaue in dein Antlitz mild,
Wo tausend frische Lebenskeime walten,
Da ist es mir, als ob Natur mein Bild
Mir aus dem Zauberspiegel vorgehalten;

Und all mein Hoffen, meiner Seele Brand,
Und meiner Liebessonne dämmernd Scheinen,
Was noch entschwinden wird und was entschwand,
Das muß ich alles dann in dir beweinen.

Wenn Annette von Droste-Hülshoff auch sicherlich nie daran denkt, Levin Schücking für immer bei sich zu behalten, nicht daran denken darf, mit ihm zu leben, wenn sie auch um die Vergänglichkeit ihrer Beziehung weiß, so ist sie doch tief erschüttert, als Levin im April 1842 die Meersburg verläßt, um eine Stelle als Erzieher bei den Söhnen des Fürsten Wrede anzutreten. Freiligrath hat seinem Freund dies vermittelt, nicht zuletzt um Schücking von der Droste zu entfernen: *Übrigens mag es gut sein, daß Ihr beide durch mich und den Fürsten Wrede getrennt wurdet. Ihr triebt Idolatrie mit einander und hattet, glaub' ich keine Kritik mehr Eins fürs Andere. Nun steht jedes wieder auf eigenen Füßen, und wird freier und selbständiger dadurch.*

Adele Schopenhauer hat im Mai 1840 Levin und Annette als zwei Kinder gesehen, die einen davonschwebenden Stern fangen wollen, und sie so gezeichnet. Der Stern ist ihnen ein halbes Jahr nahe gewesen, vielleicht hat zumindest Annette zeitweise geglaubt, ihn erhaschen zu können, indem sie sich die Anbetung Levins gefallen läßt und ihm mit Liebe begegnet. Schückings Gefühle sind wohl nie so tief gewesen wie die der Droste, seine Briefe nach der Trennung, seine merkwürdig trockenen Antworten auf ihre glühenden Bekenntnisse legen diesen Gedanken nahe. Er mag die Meersburg auch nicht ungern verlassen haben, denn beider Situation dort ist nicht klar und nicht immer angenehm, weil sie zu Verstellungen gezwungen sind. Levin darf Annette nur duzen, wenn sie allein sind, ihr vertrautes Verhältnis muß im Zusammensein mit anderen den gesellschaftlichen Umgangsformen weichen, die vorschreiben, wie sich das adlige Fräulein und der bürgerliche Literat zu begegnen haben. Diese Heuchelei kann zur Belastung werden. Und wenn Schücking aus Angst, daß sich seine unklaren Gefühle für die 17 Jahre ältere Frau als Liebe erweisen könnten, aus Furcht vor der Zuneigung, die Annette ihm zeigt, Furcht vor dem, was sich daraus entwickeln kann, und Angst vor dem schier Unmöglichen in der sie beide umgebenden Gesellschaft die Meersburger Idylle verläßt, ist seine Reaktion verständlich.

Das Zusammenleben im Winter 1841/42 kann für beide nicht wiederholbar sein, diese sechs Monate sind ein nie wiederkehrendes Geschenk, denn Annette und Levin können sich nicht für immer am Bodensee einrichten, arbeiten und einander anbeten. Die Droste, fest eingebunden in ihre Familie, kann den jungen Mann, der noch keine Stellung, kaum Erfahrungen gesammelt und Lebenshunger hat, nicht auf Dauer an sich fesseln.

Als Levin fort ist, merkt Annette so recht, was sie an seiner Gegenwart besessen hat, sie leidet unter der Einsamkeit und verzehrt sich vor Sehnsucht nach dem guten Jungen, an den sie fortwährend denken muß.

*Annette von Droste-Hülshoff
Blick von der Meersburg auf den Bodensee
Zeichnung von 1846*

Hör zu! In den ersten acht Tagen war ich todbetrübt und hätte keine Zeile schreiben können, wenn es um den Hals gegangen wäre; ich lag wie ein Igel auf meinem Kanapee und fürchtete mich vor den alten Wegen am See wie vor dem Tode, schreibt sie im ersten Brief an Levin, nach seiner Abreise, am 4. Mai 1842. Die Gegenwart Levins hat ihr die Meersburg und die Umgebung so lieb und wert gemacht, daß sie nun gar nicht nach Hause fahren möchte, obwohl sie bei Beginn der Reise sicher war, großes Heimweh nach Rüschhaus zu verspüren. *Ob ich mich freue nach Haus zu kommen? Nein, Levin, nein. Was mir diese Umgebungen vor sechs Wochen noch so traurig machte, macht sie mir jetzt so lieb, daß ich mich nur mit schwerem Herzen von ihnen trennen kann. Hör, Kind! Ich gehe jeden Tag den Weg nach Haltenau, setze mich auf die erste Treppe, wo ich Dich zu erwarten pflegte, und sehe ohne Lorgnette nach dem Wege bei Vogels Garten hinüber. Kömmt dann jemand, was jeden Tag ein paarmal passiert, so kann ich mir bei meiner Blindheit lange einbilden, Du wärst es, und Du glaubst nicht, wieviel mir das ist. Auch dein Zimmer habe ich hier, wo ich mich stundenlang in Deinen Sessel setzen kann, ohne daß mich jemand stört; und den Weg zum Turm, den ich so oft abends gegangen bin; und mein eignes Zimmer mit dem Kanapee und Stuhl am Ofen - ach Gott, überall! Kurz, es wird mir sehr schwer, von hier zu gehn, obendrein noch 200 Stunden weiter als wir jetzt schon getrennt sind. Solltest Du es wohl recht wissen, wie lieb ich Dich habe? Ich glaube kaum.*

Annette hofft bereits in diesen ersten Zeilen nach der Trennung auf ein Wiedersehen in Münster vielleicht in zwei Jahren, und mit der Instruktion, vorsichtig zu schreiben und in den Briefen das Du zu vermeiden, wird dann endgültig klar, daß die glückliche Zeit vorüber ist: *Levin, wenn Du kannst, wenn Du immer kannst, bleib bei Deinem Plane, in zwei Jahren nach Münster zu kommen; meine Gesundheit ist jetzt nicht so übel, ich werde dann noch wohl am Leben sein. Hörst*

Du? Denke, daß ich alle Tage zähle... Wenigstens einmal wirst Du mir doch noch hieher schreiben? Es muß aber wieder auf dem alten Fuße sein; Laßberg bekömmt alle Briefe zuerst in die Hände und ist viel zu begierig nach Nachrichten von Dir, als daß ich ihn mit trocknem Munde könnte abziehn lassen; aber verkürze den offiziellen Bericht und laß dieses dem privaten zugute kommen. Schreib mir aber nicht eher nach Rüschhaus, bis ich Dir von dort meine Ankunft gemeldet, eine so weite Reise kann 100 Zufällen und Verzögerungen unterworfen sein, und Du weißt, daß ich meiner Mama keine vollständige briefliche Enthaltsamkeit zutraue.

Am 5. Mai schreibt Annette Levin von ihren Schwierigkeiten beim Schreiben, seit er nicht mehr bei ihr ist, doch sie will sich zur Arbeit zwingen, nicht zuletzt, um für ihn, durch den sie ihr Talent angestachelt fühlt, interessant zu bleiben, wenn sie schon nicht immer angenehm ist: *Guten Morgen, Levin! Ich habe schon zwei Stunden wachend gelegen und in einem fort an Dich gedacht; ach, ich denke immer an Dich, immer. Doch punctum davon, ich darf und will Dich nicht weich stimmen, muß mir auch selbst Courage machen und fühle wohl, daß ich mit dem ewigen Tränenweidensäuseln sowohl meine Bestimmung verfehlen als auch Deine Teilnahme am Ende verlieren würde; denn Du bist ein hochmütiges Tier und hast einen doch nur lieb, wenn man was Tüchtiges ist und leistet. Schreib mir nur oft, mein Talent steigt und stirbt mit Deiner Liebe; was ich werde, werde ich durch Dich und um Deinetwillen; sonst wäre es mir viel lieber und bequemer, mir innerlich allein etwas vorzudichten... Mich dünkt, könnte ich Dich alle Tage nur zwei Minuten sehn - o Gott, nur einen Augenblick! - dann würde ich jetzt singen, daß die Lachse aus dem Bodensee sprängen und die Möwen sich mir auf die Schulter setzten! Wir haben doch ein Götterleben hier geführt, trotz Deiner periodischen Brummigkeit! Ob ich Dir bös bin? Ach Du gut Kind, was habe ich schon für bittere Tränen*

*Annette von Droste-Hülshoff
Zeichnung von Adele Schopenhauer*

darüber geweint, daß ich Dir noch zuletzt so harte Dinge gesagt hatte! Und doch war viel Wahres darin. Aber mich vergißt Du doch nicht, was die Zeit auch daran ändern mag; wenn der eine Haken bricht, so hält der andre; Dein Mütterchen bleibe ich doch, und wenn ich auch noch vierzig Jahre lebe; nicht wahr, mein Junge? mein Schulte, mein kleines Pferdchen! Die Geständnisse ihrer Glücksabhängigkeit von Levin werden immer deutlicher und offener: Sie klagt, einen schönen Tag ohne den geliebten Freund erlebt zu haben: *Ich habe immer, immer an Dich gedacht, und je schöner es war, je betrübter wurde ich, daß Du nicht neben mir standest und ich Deine gute Hand fassen konnte und zeigen Dir - hierhin - dorthin! Levin, Levin, Du bist ein Schlingel und hast mir meine Seele gestohlen; Gott gebe, daß Du sie gut bewahrst.*

Die Liebe zu Schücking hat in der Droste noch einmal alle zärtlichen Gefühle geweckt, mit denen sie begabt ist; ihre Empfindungen für den so viel Jüngeren lösen in ihr manche Verkrampfung, so unverhohlen und ehrlich wie in den Briefen an Levin hat sie sich seit Jahrzehnten nicht mehr geäußert. Ihr Vertrauen zu Schücking muß sehr groß sein, wenn sie sich ihm so rückhaltlos in ihrer Liebe offenbart. Levin zeigt sich auch in den Briefen, in denen er keine Rücksicht auf eventuelle Mitleser nehmen muß, viel distanzierter, und er schreibt nicht oft. Sein formelhaftes *Gott segne Sie, liebes gnädiges Fräulein, mit seinem besten Schutze und aller Liebe, die Sie verdienen. Könnten die tausend herzlichen Grüße, die ich Ihnen zurufe, so warm an Ihr Ohr klingen, wie sie mir aus dem Herzen kommen!* - welch ein Gegensatz zu Annettes sehnsüchtigen, werbenden Worten!

Bald wird auch wieder in Annettes Briefen mehr vom Alltäglichen und vom Geschäftlichen die Rede sein, die Ausgabe ihrer Werke ist geplant, und Schücking hat Cotta vorgeschlagen, doch da sie auch andere Freunde hört, kann sich die Droste wieder einmal schlecht entscheiden. Das »Morgenblatt« Cottas hat - auch auf Levins Vermittlung hin - ihre »Judenbuche« in 16 Teilen vom 22. April bis zum 10. Mai 1842 abgedruckt, was sie mit einiger Zufriedenheit konstatiert.

Auch Levins ungesicherte Stellung kommt wieder häufiger zur Sprache, die mütterlichen Ermahnungen treten neben die Liebesgeständnisse, obwohl Annette zuweilen fürchtet, ihren Schützling mit den Ratschlägen zu erzürnen. Im letzten

Brief aus Meersburg, geschrieben unter großen Gesichtsschmerzen, steht als abschließender Satz: *Liebes Herz, wundere Dich nicht, wenn ich Dich fortan Sie nenne und Dich um ein gleiches bitte; die gefährliche Zeit unserer Korrespondenz fängt jetzt an, und es ist mir zu empfindlich, alle Deine lieben Briefe des Dus wegen verbrennen zu müssen.*

Annette befindet sich wieder im Einflußbereich ihrer Mutter, der sie aus Rüschhaus kurz nach der Rückkehr einen langen Brief schreibt und von ihrer Reise erzählt, die sie wieder einmal auch über Bonn geführt hat, wo sie die Ausgrabungen eines römischen Bades im Garten ihrer Schwägerin zum Teil miterlebt und Sibylla Mertens-Schaaffhausen besucht, deren Mann am Tage der Abreise Annettes stirbt. Annette berichtet Jenny am 5. September 1842 ausführlicher über ihr Zusammentreffen mit der alten Bekannten und über den Todesfall, von dem sie erst erfährt, als sie sich bereits auf dem Dampfer befindet.

Kaum ist sie wieder im Rüschhaus, muß sich Annette vor etlichen Bittstellern förmlich verstecken, um nicht ihr letztes, stets knapp bemessenes Geld hergeben zu müssen: *Ach Gott! was ist es doch für ein Elend, so viele Abnehmer zu haben, denen man nur mit Louisdoren kommen darf und doch nichts Reelles nutzt!*, und die Familie in Hülshoff besuchen, um den Kindern die mitgebrachten Geschenke zu bringen. Von all dem, auch von ihrer Ahnung, die Schwägerin Karoline sei schon wieder schwanger, berichtet Annette Jenny, auch von den Sorgen um Schückings Auskommen, denn die Erzieherstelle beim Fürsten Wrede kann er unmöglich über einen längeren Zeitraum ausfüllen: *In Schückings Briefe steht manches, was mich fürchten läßt, daß er endlich ehrenshalber nicht wird bleiben können. Der Fürst scheint ein Mensch von der schamlosesten Sittenlosigkeit. Z.B. die letzte Reise, wo Sch*[ücking] *und die Kinder auch mit waren, haben sie in*

Gesellschaft der Mätresse und ihrer Schwester gemacht, während die Fürstin in Ellingen auf dem Todbette liegt. An einer andern Stelle schreibt er: ›Die arme gute Fürstin hat nur noch wenige Wochen zu leben, der Fürst kann es kaum abwarten, um in seine Löwenhöhle (nach Mondsee) zurückzukehren. Ich hoffe, er wird dann wenigstens die Delikatesse haben, mich mit den Kindern hier zu lassen. Aber ich fürchte! ich fürchte! nach dem Tode der Fürstin stehn uns große Veränderungen bevor!‹... Was sagst Du dazu? Wenn der Fürst die Person heuratet, so ist das noch nicht das schlimmste, und Sch[ücking] *kann noch mit Ehren im Hause bleiben, um die armen Kinder vor dem Verderben zu retten.*

Wenn er sie aber bloß zu einer skandalösen Wirtschaft ins Haus holt mit ihren Kindern, sie dort die regierende Frau vorstellt und Sch[ücking] *ihr augendienern und die Hand küssen soll, so dürfte ich doch kein Wort dagegen sagen, wenn Sch*[ücking] *alles im Stiche ließ und abzög, obwohl er bis jetzt noch nicht darauf hindeutet. Beim Fürsten scheint das gemeine Blut doch gewaltig durchzuschlagen! So roh und taktlos würde sich kein Mensch von guter Herkunft betragen!*

An Elise Rüdiger schreibt Annette noch ausführlicher und sorgenvoller über Schückings mißliche Lage in ihrem Brief vom 10. September 1842, und die Droste bekräftigt ihre mütterliche Freundschaft zu Levin: *...wie Sie mir überhaupt wohl glauben, daß ich ihn jetzt weniger wie je aus den Augen lassen und durch Sorge und Herzlichkeit in einem fortwährenden Vertrauen und Offenheit zu erhalten suchen werde. Gott weiß, wie er mir am Herzen liegt! Ich habe wieder recht gefühlt, daß er mir mit allen seinen Schwächen doch wirklich lieb ist wie ein eignes Kind, und mein Brief an ihn wird sehr lang, sehr offen und so herzlich sein, als hätte er, statt mir einen heimlichen Kommissionsbrief zu schreiben, neben seinem Mütterchen auf dem Kanapee gesessen und ihr sein ganzes Herz eröffnet.*

Die Bedenklichkeiten Annettes und ihre Furcht, die Familie könne von der Intensität ihrer Beziehung zu Schücking erfahren, sind - kaum befindet sie sich zu Hause - schon wieder erheblich angewachsen, sie wünscht ihre Briefe zurück, weil darin wohl zu häufig von Liebe die Rede ist - die Zeit des ungetrübten Glücks ist endgültig vorbei. *Mein Porträt werde ich ihm lassen, Sie haben ganz recht. Es kann im Grunde ja nichts schaden und ist ihm eine tägliche Mahnung. Auch meine Briefe könnte ich ihm allenfalls lassen, trotz des schlimmen kleinen Wörtchens, was bei poetischen Personen so verschiedenen Alters doch nicht grade unerhört ist und höchstens lächerlich gemacht werden könnte, wenn nicht soviel von einer andern Sache darin stände. Nun aber muß ich sie wieder haben, denn ich kann mich auf eine Auswahl und teilweise Verbrennung durch ihn durchaus nicht verlassen. Es ist ihm nicht möglich, einen alten Brief mit Aufmerksamkeit wieder zu lesen, geschweige so viele. Deshalb nutzen sie ihm auch ferner gar nicht mehr, sonst wäre es mir sehr erwünscht, wenn er manchen davon behielt.*

Schücking erhält noch einmal für alle künftigen Briefe nach Rüschhaus genaueste Anweisungen, damit wenigstens der schriftliche Verkehr ohne Schwierigkeiten erhalten bleiben kann; Annette schreibt ihm am 11. September 1842: *Von der Mitte dieses Monats bin ich nicht mehr allein (also schon in der Woche, die heute beginnt). Daß Briefe an mich erbrochen würden, ist fortan gar keine Gefahr mehr vorhanden, selbst wenn ich grade abwesend sein sollte; aber ich wünsche dennoch dringend sie allein zu bekommen, um nicht genötigt zu sein, sie vorzulesen, wo man dann, noch unvertraut mit dem Inhalte, beim Übergehen so leicht ungeschickt stockt, was allerlei Fatalitäten nach sich ziehn könnte. Lassen Sie uns also, wenn es Ihrerseits möglich ist, einen regelmäßigen Briefwechsel verabreden, wo es mir dann leicht wird den Moment abzupassen...*

Weil Luise von Bornstedt tüchtig für Klatschereien in Münster gesorgt hat, will Annette besonders vorsichtig sein. Die Gerüchte kreisen zwar hauptsächlich um Elise Rüdigers Beziehung zu Levin, aber auch der Name der Droste ist gefallen. Annette kann Schücking dahingehend beruhigen, daß die Gefühle Elises für ihn nun endgültig rein freundschaftlicher Natur sind und daß die beiden Frauen sich oft unverfänglich über ihn unterhalten. Aber ein gemeinsames Reden über den Geliebten mit Elise reicht Annette nicht, sie möchte Schücking nicht teilen, nicht jeden Brief, den er schreibt, der jungen Frau Rüdiger vorlesen, sie ist immer noch ein wenig eifersüchtig auf diese: *Richte Deine Briefe von jetzt an doch so ein, daß ich sie, wenigstens zuweilen, E*[lise] *zeigen kann; es wird Dir nicht schwer werden, denn da sie einerseits Dein volles Vertrauen besitzt und anderseits wohl weiß, wie lieb Du mich hast, so kannst Du Dich ja fast ganz gehn lassen, und willst Du mir ein Extrablatt einlegen, nun, so leugne ich nicht, daß dies mir um so lieber ist und ich es wohl eher lesen werde als alles übrige.* Annette sehnt sich nach Levin: *Mein altes Kind! mein liebes, liebstes Herz! Ich denke in meiner Einsamkeit alle Tage wohl zehnmal an Dich und wette, Du Schlingel denkst alle zehn Tage kaum einmal an mich; darum mag ich es Dir auch gar nicht sagen, wie lieb ich Dich habe, denn ›Spiegelberg, ich kenne Dir!‹... Guten Morgen, Levin, es regnet draußen, in mir aber ist heller Sonnenschein, weil ich bei Dir bin und Dein gutes Affengesicht mir so recht vor Augen tritt. N.B. Dein Porträt ist mir doch jetzt von großem Werte, und ich gäbe es um vieles nicht hin, obwohl Du mich ansturst wie ein grimmiger Leu, daß ich immer sagen möchte: friß mich nicht, kleines Pferd!*

Mit Levin diskutiert Annette immer noch die Frage, für welchen Verleger sie sich entscheiden soll, ob für Velhagen oder für Cotta, ihr literarischer Ruf ist ihr nun nicht mehr gleichgültig, und stolz kann sie über die Wirkung der »Judenbuche« berichten: *Ruf oder, wie Du es lieber nennst, Ruhm bekomme ich doch, dessen bin ich jetzt sicher; denn ich habe ihn schon zum Teil, dank dem von mir so verachteten ›Morgenblatt‹, und es ist mir seit Deiner Abreise in dieser Hinsicht viel Angenehmes passiert.* Dank der Initiative Levins, der den Abdruck ihrer Erzählung vermittelt hat, erlebt die Droste eine Resonanz, die ihr Selbstbewußtsein stärkt. Sie kann immerhin jetzt ihre Cousine Sophie von Haxthausen, die ihr beim Erscheinen ihrer Gedichte 1838 arg zugesetzt und sie gedemütigt hat, bitten, August von Haxthausen von ihrem Erfolg zu berichten, und über die Nichtbeachtung im Münsterland vermag Annette nun zu spötteln: *Sage ihm, ich arbeite fleißig an meinem Buche über Westfalen und hätte außerdem einen dicken Band Gedichte zum Druck fertig. Im Auslande ginge es mir sehr gut, ich hätte jetzt acht gute Rezensionen bekommen, und drei Verleger hätten sich mir angeboten. Hierzulande spielte ich aber noch immer die Rolle des begossenen Hundes.*

Am äußeren Leben der Droste ändert sich allerdings gar nichts: *Was soll ich Ihnen von meiner Lebensweise sagen? Sie ist so einförmig, wie Sie sie kennen und sie mir grade zusagt: Rüschhaus in seiner bekannten melancholischen Freundlichkeit, im Garten die letzten Rosen, die mich immer rühren, wenn ich denke, wie ich sie Ihnen vor nun schon zwei Jahren beim Abschiede gab, als Sie Ihr Schultenamt niederlegten und ich nach Hülshoff zog, um den einen kleinen Ferdinand sterben und den andern geboren werden zu sehn,* schreibt sie an Schücking, um diese Einsamkeit und Gleichförmigkeit traurig mit den schönen gemeinsamen Zeiten zu vergleichen: *Lieber Levin, unser Zusammenleben in Rüschhaus war die poetischeste und das in Meersburg gewiß die heimischeste und herzlichste Zeit unseres beiderseitigen Lebens, und die Welt kömmt mir seitdem gewaltig nüchtern vor.* Aber sie schreibt und überarbeitet bereits Fertiges, ihr Schaffen hat nicht mehr die Ausmaße wie auf der Meersburg, doch sie wird etwas vorweisen können.

Die Verlegerfrage ist immer noch nicht entschieden, aber als auch Adele Schopenhauer zu Cotta rät, scheint die Droste geneigt zu sein, diesem ihre Werke zu überlassen, auch um Geld zu verdienen - ein ganz neuer Aspekt für Annette. Aber es hat sich sehr vieles geändert seit Veröffentlichung der »Judenbuche«; Annette kann Schücking triumphierend erzählen, daß nun doch selbst in Münster und innerhalb der Familie Anerkennung ihres Talents laut wird: *Im Morgenblatte sind noch zwei meiner Gedichte erschienen; ›Die Taxuswand‹ und ›Junge Liebe‹. Die ›Judenbuche‹ hat endlich auch hier das Eis gebrochen und meine sämtlichen Gegner zum Übertritt bewogen, so daß ich des Andrängens fast keinen Rat weiß und meine Mama anfängt ganz stolz auf mich zu werden. O tempora, o mores! Bin ich denn wirklich jetzt besser oder klüger wie vorher?*

In der Erzählung, die sie berühmt gemacht hat und die sich auch heute noch für ein breiteres Publikum mit ihrem Namen verbindet, ereignet sich das Geschehen im westfälischen Raum, stellt aber alles andere als Heimatdichtung dar. Annette schildert darin den Mord an einem Juden. Die Geschichte geht auf eine wahre Begebenheit zurück, die der Droste bekannt war. Ihr ist es wichtig, die verbrecherische Tat und ihre Folgen als soziologische Studie des Mörders zu gestalten. Doch die Erklärbarkeit des Verbrechens wird immer wieder durch verwirrende Ereignisse in Frage gestellt: Ein Doppelgänger Friedrich Mergels, des Mörders, taucht auf, ein dem Teufel ähnlicher Onkel des Deliquenten spielt eine wichtige Rolle, Verschleierungen des Geschehens, die es manchmal fraglich erscheinen lassen, ob Mergel wirklich den Juden erschlug, geben dem Leser Rätsel auf, auch die geheimnisvolle und dämonische Natur greift in das Geschehen ein; die Frage nach Schuld und Recht ist stets gegenwärtig. Die Entwicklung eines Menschen über 50 Jahre - vom scheuen Kind zum draufgängerischen jungen Mann, vom jähzornigen Mörder zum geistesverwirrten Selbstmörder - wird auf knappem Raum anhand von wenigen charakteristischen und prägenden Ereignissen seines Lebens behandelt; ein »Sittengemälde aus dem gebirgichten Westfalen« nennt die Droste ihre Erzählung. Diese Bezeichnung und das Eingangsgedicht

> *Wo ist die Hand so zart, daß ohne Irren*
> *Sie sondern mag beschränkten Hirnes Wirren,*
> *So fest, daß ohne Zittern sie den Stein*
> *Mag schleudern auf ein arm verkümmert Sein?*
> *Wer wagt es, eitlen Blutes Drang zu messen,*
> *Zu wägen jedes Wort, das unvergessen*
> *In junge Brust die zähen Wurzeln trieb,*
> *Des Vorurteils geheimen Seelendieb?*
> *Du Glücklicher, geboren und gehegt*
> *Im lichten Raum, von frommer Hand gepflegt,*
> *Leg hin die Waagschal', nimmer dir erlaubt!*
> *Laß ruhn den Stein - er trifft dein eignes Haupt!*

weisen deutlich darauf hin, daß Annette mit der Geschichte von Friedrich Mergel nicht bloß einen spannenden Kriminalfall aus früherer Zeit erzählt hat, sondern daß sie den Akzent auf die moralische und religiöse Aussage des Beschriebenen legt. Damit spricht die Droste eine Aufgabe des Dichters an, die sie in dem wiederum im Winter 1841/42 entstandenen Gedicht »Mein Beruf« ausführlich beschreibt. Sie ist sicher, ihre Begabung von Gott verliehen bekommen zu haben, um den Menschen durch die Kunst mahnend und helfend an die Seite zu treten; diese Aufgabe muß ihr Tun auch in den Augen derjenigen rechtfertigen, die ihr vorwerfen, sich als Frau zu weit in die Öffentlichkeit gewagt zu haben.

›Was meinem Kreise mich enttrieb,
Der Kammer friedlichem Gelasse?‹
Das fragt ihr mich als sei, ein Dieb,
Ich eingebrochen am Parnasse.
So hört denn, hört, weil ihr gefragt:
Bei der Geburt bin ich geladen,
Mein Recht soweit der Himmel tagt,
Und meine Macht von Gottes Gnaden.

...

Tritt näher, wo die Sinnenlust
Als Liebe gibt ihr wüstes Ringen,
Und durch der eignen Mutter Brust
Den Pfeil zum Ziele möchte bringen,
Wo selbst die Schande flattert auf,
Ein lustiges Panier zum Siege,
Da rüttle hart: ›Wach auf, wach auf,
Unsel'ger, denk an deine Wiege!

Denk an das Aug', das überwacht
Noch eine Freude dir bereitet,
Denk an die Hand, die manche Nacht
Dein Schmerzenslager dir gebreitet,
Des Herzens denk, das einzig wund
Und einzig selig deinetwegen,
Und dann knie nieder auf den Grund
Und fleh um deiner Mutter Segen!‹

Und wo sich träumen wie in Haft
Zwei einst so glüh ersehnte Wesen,
Als hab' ein Priesterwort die Kraft
Der Banne seligsten zu lösen,
Da flüstre leise: ›Wacht, o wacht!
Schaut in das Auge euch, das trübe,

Wo dämmernd sich Erinnrung facht‹,
Und dann: ›Wach auf, o heil'ge Liebe!‹

...

So rief die Zeit, so ward mein Amt
Von Gottes Gnaden mir gegeben,
So mein Beruf mir angestammt,
Im frischen Mut, im warmen Leben;
Ich frage nicht ob ihr mich nennt,
Nicht frönen mag ich kurzem Ruhme...

In ihren Briefen an Levin erwähnt die Droste auch scherzend seine Korrespondenz mit zwei Autorinnen, u.a. mit Louise von Gall: *Aber was brauchen Sie sich mit allen Schriftstelle-*

Louise Schücking, geb. von Gall (1815-1855)

rinnen anzulegen? Mein kleines Pferd schlägt mir über die Stränge! Die Michels noch in vollem Flor, und nun gar die Gall dazu! E[lise] hat Ihnen gleich eine der beiden als Frau zugedacht; meinetwegen, ich gebe meinen edelmütigen Konsens. Die Michels soll wohlhabend sein und viel interessanter, wie man sie uns anfangs geschildert; von der Gall wissen wir nichts, können sie uns also so reizend denken wie wir wollen; wer weiß, ob sie nicht ein gebratener Engel ist! Der *gebratene Engel* wird zum äußeren Anlaß der Entfremdung zwischen Levin und Annette werden. Eine leise Ahnung scheint die Droste von Anfang an gehabt zu haben, denn bereits Ende 1842, einige Wochen nach dem Brief an Levin, vergleicht sie in einem Brief an Elise die Gall maliziös mit der verabscheuten Bornstedt - nur aufgrund einer Erzählung Louises von Gall, die sie gelesen hat - und befürchtet, die junge Schriftstellerin könne Schücking ebenso gefährlich werden wie die *schwarze Katze: Hierbei fällt mir das ›Morgenblatt‹ und die Gall ein, jene Ähnlichkeit muß wohl wirklich da sein, denn sie hat mir unter dem Lesen (gegen meinen Willen, ich hätte die Gall gern gerettet) immer deutlicher vor Augen geschwebt. Klüger ist die Gall, auch feiner, aber ihre Erzählung rollt doch auch zumeist um Herrn, die sich ihr zu Gefallen fast auf den Kopf stellen... Ist sie einigermaßen hübsch und angenehm, so könnte sie L[evin] sehr gefährlich werden; ob es zu wünschen wäre? Vielleicht! Unter zwei Übeln das kleinste!*

Im nächsten Brief an Levin vom 27. Dezember 1842 wird ausführlich von der geplanten Rückkehr der Bornstedt nach Münster und dem allgemeinen Entsetzen wegen dieser Nachricht erzählt. Obwohl sie allen Grund hat, der Bornstedt nichts Gutes zu tun, verfällt Annette wiederum aus Mitleid auf den Plan, einem Verleger Geld zu geben, damit dieser Gedichte der verarmten Schriftstellerin abdrucken und ihr ein Honorar auszahlen möge. Doch teilt Annette Levin auch mit, sie habe noch nichts von Louise von Gall gelesen, was die Wahrheit sein kann, denn der Brief an Elise mit der Parallelisierung Bornstedt-Gall ist nicht genau datierbar. Es kann aber auch ebensogut angehen, daß Annette es für diplomatischer hält, Schücking noch nichts von ihrer Abneigung mitzuteilen, weil sie weiß, daß er auf ihre mütterlichen Ermahnungen oft gereizt reagiert, und statt dessen Interesse zu heucheln: *Von der Gall habe ich noch nichts gelesen; schreibt sie gut? Auch hübsche Briefe? Und ist's dieselbe Dame, von der Ihnen Freiligrath mal schrieb? Schreiben Sie mir doch etwas Genaueres über sie; wie sind Sie mit ihr bekannt geworden?*

Gerade bei weiblichen Autoren ist Annette von Droste-Hülshoff besonders kritisch. Sie hat die zum Teil dilettantischen, seichten Schreibereien ihrer Zeitgenossinnen *(Verse, zart wie Seidenwolle, / süß wie Jungfernhonigseime)* und auch wohl die münsterische *Heckenschriftstellergesellschaft (Wo in zarten Händen hörbar / Blanke Nadelstäbe knittern, / Und die Herren stramm und ehrbar / Breiten ihrer Weisheit Flittern)* in ihrem Gedicht »Der Teetisch« verspottet. Aber auch revolutionäre, emanzipatorische Schriften von Frauen sind nicht nach ihrem Geschmack, wie das Gedicht »An die Schriftstellerinnen in Deutschland und Frankreich« zeigt.

Sie selbst befaßt sich mit ganz anderen, unzeitgemäßen Themen; im Brief vom 27. Dezember 1842 schreibt sie an Schücking: *Ich habe soeben ein größeres Gedicht beendigt (von ohngefähr 600-700 Versen), ›Der Spiritus familiaris des Roßtäuschers‹, sieben Abteilungen, eine Grimmsche Sage zum Grunde; sie gefällt sehr.* Diese Ballade ist voll von Aberglauben, Magie und reuevoller Frömmigkeit, die Geschichte eines Mannes, der aus Gewinnstreben einen Pakt mit dem Teufel schließt und erst durch seine tiefe Reue und die Gnade Gottes erlöst wird, ein Gedicht voll religiöser Hoffnung am Ende eines der wichtigsten Lebensjahre der Annette von Droste-Hülshoff.

Denn bis zum April 1842 hat Annette eine für ihre Verhältnisse relative Freiheit und eine glückliche Zeit genießen können, ihre Anpassung an die Vorschriften der Gesellschaft und der Familie ist noch nie so gering, ihr Ungehorsam noch nie so weitreichend gewesen. Für ein halbes Jahr mit dem geliebten Schücking hat Annette nach langer Zeit wieder einmal gekämpft, zäh und listig ihre Pläne betrieben und ihren Willen durchgesetzt. Möglich ist Annette das in der Rückschau als Idylle erscheinende Zusammensein mit Levin nur in räumlicher Entfernung von Münster und auch bloß für einen sehr begrenzten Zeitraum. Doch in diesen wenigen Monaten der Vertrautheit, des täglichen Umgangs, der Stunden ohne Maske schreibt Annette großartige Gedichte, so schnell und so gut wie nie zuvor. Alles was bis Ende 1842 entsteht, ist noch als Ausläufer dieser glücklichen Periode anzusehen. Ihre Gesundheit festigt sich in dieser Zeit, kaum ist Levin fort, beginnen auch wieder Beschwerden. Und es ist ja nicht zuletzt ihre Kränklichkeit, die ihr die Familie und deren einengende Nähe auch so nötig macht. Wenn Schücking durch seine Anwesenheit, seine kritische Aufmerksamkeit, seinen Zuspruch und sein Verständnis während etlicher Wochen eine solche Flut von gelungenen Werken hervorrufen kann, und man dagegen das so stockende, oft unterbrochene Schaffen Annettes vor 1842 und in den nächsten Jahren hält, ahnt man, was noch alles möglich gewesen wäre, wenn die Beziehung zwischen Levin Schücking und Annette von Droste-Hülshoff länger gedauert und aus dem Stadium der gegenseitigen Bewunderung, Begeisterung und Anbetung in das einer echten Partnerschaft übergegangen wäre.

Meine Lieder werden leben

1842 - 1845

Erfolg und Erschöpfung

Das Jahr 1843 beginnt für Annette von Droste-Hülshoff wieder einmal mit Krankheit; am 15. Februar schreibt sie an Levin Schücking: *Ich denke mir, mein gutes Kind ist besorgt über mein langes Schweigen, und auch mit Recht; denn ich bin wirklich sechs Wochen lang wieder recht miserabel daran gewesen, habe mich halb tot gehustet, mitunter Fieber gehabt und sogar die Leute dahin erschreckt, daß sie einige Nächte bei mir gewacht haben... Die Fatalität kam recht mal à propos, mitten in der Arbeit, und ich habe sechs Wochen meines Lebens gleichsam in den Brunnen werfen müssen... Ich darf mich nicht bücken, das ist das Elend, sonst hätte ich weit eher geschrieben; denn eigentlich krank bin ich nur acht Tage lang gewesen, und das Übrige, Husten, Andrang zum Kopfe et cet., sind nur Kongestionen aus Mangel an Bewegung, da dieser ohnegleichen warme, dreckige Winter leider meine schwachen Spazierentschlüsse überwunden hat.* Ihre Wetterfühligkeit verschlimmert die Leiden Annettes nur noch, denn einen Tag später meldet sie Levin: *Guten Morgen, mein alter Levin, ich habe soeben das gestern Geschriebene nachgelesen, und es kömmt mir sehr abgerissen und dürre vor; ich war aber auch gestern hundskrank und ungefähr in der angenehmen Lage eines Halberdrosselten. Jetzt weiß ich, daß es in der Luft lag; denn in dieser Nacht ist eine dicke Schneedecke gefallen, und wir sind mit einem Male mitten im Winter. Die Blumen und gelben Schmetterlinge (denken Sie, deren gab es schon!) müssen alle erfrieren; das ist ein perfider Streich von unserm Herrgott!*

Obwohl es ihr gesundheitlich noch nicht gut geht und sie sich geschwächt fühlt, glaubt sich Annette verpflichtet, Levin Ratschläge für sein Benehmen im Haus des Fürsten Wrede geben zu müssen, da sie sich voll mütterlicher Sorge mit seiner Stellung dort befaßt und bereits wieder bemüht ist, Schücking einen neuen Posten zu verschaffen; sie macht sich ernste Gedanken über Levins Haltung den ihm anvertrauten Kindern gegenüber: *Lieber Levin, mein liebstes Herz, Sie haben noch immer alles freundlich aufgenommen, was Ihr Mütterchen Ihnen gesagt hat; Sie wissen wohl, daß es aus einem treuen, für Sie unablässig sinnenden und sorgenden Herzen kömmt. Nicht wahr, mein lieb Kind, Du wirst mir nicht tückisch? Wenn ich anfing, meine Sermone einzupacken, dann könnten Sie nur denken, daß es auch anfing mit der Liebe schlecht zu stehn; denn es ist immer hart, Ihnen dergleichen zu schreiben, und ich würde es schwerlich um jemand anderes tun; aber Du bist mein einzig lieb Kind, und ich will Dir lieber mal lästig und langweilig erscheinen, als mich durch Schweigen an der Treue zu versündigen. Noch eins muß ich Dir sagen, und zwar wieder als Dein Mütterchen: wie ist's, daß Du so wenig Liebe zu den Kindern hast? Rühren Dich diese armen Geschöpfe nicht, deren einziger Halt und einziger moralischer Leitstern in dieser Kloake Du bist? Es kömmt mir vor, als sähst Du die Pflicht, ihre Unschuld zu überwachen und ihren Geist zu entwickeln, fast als eine unbillig aufgebürdete Last an, und doch bist Du deshalb da, und grade dies ist dasjenige, was Deine Stellung adelt und sie in allen honetten Augen ehrwürdig und schön macht. Mich dünkt, ich in Deiner Lage würde die Kinder schon aus Mitleid liebhaben, und wenn sie Kretins wären... Unterricht geben ist zwar, wie ich aus Erfahrung weiß, eine höchst unangenehme Sache, besonders wenn man andre Arbeiten vor der Hand hat; aber Du hast es doch einmal übernommen, und die Kinder dürfen nicht dabei zu kurz kommen, daß Du lieber schriftstellerst.*

Die Situation als Prinzenerzieher beim Fürsten Wrede wird für Levin Schücking immer unerträglicher, und als er sich die allerkleinste Hoffnung auf eine neue Stelle machen kann, zieht er die Konsequenzen aus seiner mißlichen Lage. Am 1. Mai 1843 kann er der Droste mit Freude berichten: *Mit dem Fürsten bin ich ins Reine. Ich scheide freundlich von ihm. Ich hab' ihm gesagt, unter den hier bestehenden Verhältnissen müßten die Kinder aus dem Haus; er hat mir durch ein langes Geschwätz geantwortet, das auf meine einfachen Gründe paßte wie die Faust auf's Auge, und das Ende war, daß ich ihm sagte, er möge mir einen Nachfolger geben... Ich gehe mit großer Freude von hier fort; ich bin sehr angegriffen, es ist wunderbar, wie Melancholie so heftig auf meine Nerven wirkt - ich habe im letzten Briefe darüber geschrieben, glaub' ich, und bin immer noch nicht viel besser. Ich glaube, ich bin in dem einen Winter ein anderer Mensch geworden - so düster und ernst.*

Fürs erste geh ich nach St. Goar, um im Juni und Juli dort Rheinbäder zu nehmen. Ende Mai denk' ich von hier abzureisen und werde danach - raten Sie einmal, was? - vielleicht Redakteur der Augsburger Allgemeinen Zeitung. Wenigstens hat mir Dr. Kolb, der erste Redakteur, dahin gehende Eröffnungen gemacht und mich um ein Rendezvous gebeten. Ich habe ihm dies auf den 29sten in München, wohin er von Augsburg kommen will, zugesagt, und ich will Ihnen dann gleich schreiben, was das Resultat war. Levin kann Annette in diesem Brief auch von seinen schriftstellerischen Fortschritten erzählen, von einem fertigen Roman und der Arbeit an einer Novelle; ein wenig zu burschikos gibt er dann zu verstehen, daß er sich durch sein Schreiben auch eine Frau zu erobern hofft: *Vive la plume! Auch 'ne Frau werd' ich am Ende ihr verdanken - bloß meiner Feder!*, und das Postskriptum lautet: *Am Pfingstmorgen werde ich die Gall in Frankfurt a.M. sehen - Priez pour moi.*

Louise von Gall, mit der Levin seit einiger Zeit korrespondiert und in die er sich - allein aufgrund ihrer Briefe - verliebt hat, wird für die nächsten Jahre ein großes Thema des Briefwechsels zwischen der Droste und Schücking darstellen. Schon früh hat Annette geahnt, daß diese Frau ihrem geliebten, guten Jungen gefährlich werden könnte. Im Oktober 1842 schreibt sie Levin noch voller Angst wegen der unsittlichen

Zustände am Hof des Fürsten Wrede, von denen sie eine schlechte Beeinflussung Levins befürchtet, daß sie wünsche, ihn *unter diesen Umständen von einer honetten Neigung befangen zu sehen, aber nur von einer recht honetten.* Damals nur kann Annette eine Liebesgeschichte Levins mit einem anständigen Mädchen als Schutz vor der ihn täglich umgebenden Unmoral und so als das kleinere Übel vorgekommen sein. Nun ist Levin aber der Mätressenwirtschaft entronnen, und die so romantisch-verspielte, etwas mutwillig - durch Freiligraths Zureden - begonnene briefliche Liebesaffäre nimmt ernstere Formen an, die der Droste gar nicht behagen. Unter dem Mantel der überfürsorglichen Mutter, die für ihren Sohn nur das Beste will und auf ihre größere Lebenserfahrung pocht, versucht sie, die Herzensangelegenheiten Schückings zu behindern und zu stören. Ihre Einwände und Sorgen vermag sie in den Briefen an Levin immer recht geschickt in Lob für Louise von Gall zu verpacken. Am 16. Februar 1843 fleht Annette Schücking um äußerste Vorsicht an: *Nun zu der Gall; ob sie zu meiner Schwiegertochter paßt? Das könnte ganz wohl sein; schön und geistreich scheint sie wenigstens unwidersprechlich, und ich wäre sehr begierig, sie zu sehn; wo steckt sie denn jetzt?... Es ist mir äußerst erfreulich, Levin, daß Sie in Ihrer jetzigen Verlassenheit einen geistigen Anhalt und Trost in ihr gefunden haben, und wenn es Gottes Wille ist, kann sie Ihnen allerdings dareinst vielleicht noch mehr werden. Dennoch muß ich Dich bitten, liebstes Kind, sei vorsichtig mit der Feder und hüte Dich vor jedem Worte, was Dich binden könnte; die Liebe wird weder durch Schönheit noch Talent noch selbst Achtbarkeit bedingt, sondern liegt einzig in den eignen Augen und eignem Herzen, und wo diese nicht das gewisse Unbeschreibliche finden, was sie grade anspricht, da hilft alle Engelhaftigkeit nichts... Übrigens ist mir Dein Verhältnis zu ihr sehr lieb, da sie schlimmstenfalls doch immer eine wertvolle Freundin bleiben muß. Aber mehr laß sie Dir um Gottes willen vorläufig äußerlich nicht werden.*

Aber die Mahnungen Annettes verhallen ungehört, am 11. Mai 1843 weist sie Levin auch noch ausdrücklich auf die Schwierigkeiten hin, die sich ergeben könnten, weil Louise von Gall evangelisch ist, und bittet erneut eindringlich: ...*verlobe Dich, wann Du willst, heute - morgen - aber heurate nicht ohne recht festen Grund unter den Füßen, nicht auf einige hundert Gulden, die bei sparsamer Wirtschaft allenfalls für zweie ausreichen. Gott kann Dir elf Kinder geben wie meinem Bruder, und es ist nichts schrecklicher, wie Frau und Kinder darben zu sehn oder, in Schulden versunken, alle Tage erwarten ausgepfändet zu werden; und hast Du einmal leichtsinnig angefangen, so mußt Du, wohl oder übel, allen bittern Ernst mit durchhalten.* Bereits am 24. Juni muß die Droste dann auf Levins Mitteilung von seiner Verlobung reagieren, man merkt ihr den Ärger an, daß Schücking sich, kaum hat er Louise gesehen, bindet, doch sie beschränkt sich darauf, ihm Glück zu wünschen und noch einmal zu betonen, worum sie ihn bittet: ...*heurate nicht so leichtsinnig, wie Du Dich verlobt hast!* Erneut versucht sie, ihm klar zu machen, daß er ohne finanzielle Grundlage nicht daran denken könne, eine Familie zu gründen, wendet sich sogar indirekt an Louise, hoffend, bei ihr, die der Droste einige ehrerbietige Zeilen geschrieben hat, mehr Verständnis zu finden: *Ich bitte Dich mit gefalteten Händen: suche festen Grund, ehe Du Dein Haus baust; vergegenwärtige Dir nur einmal recht lebhaft Deine frühere Lage, und doch hattest Du da für keine Familie zu sorgen. Ich mag nicht mehr darüber sagen, mein letzter Brief enthält alles, was sich darüber sagen läßt, und diesen hast Du wahrscheinlich schon verworfen oder mindestens gewiß vergessen, und so wird es diesem auch gehn, und ich finde mehr Trost in dem von Dir gerühmten praktischen Sinne Deiner lieben Braut, die von selbst meine Ansichten teilen muß, als daß ich hoffte, großen Eindruck auf Dich zu machen.*

Wenn man den Brief liest, in dem Levin Schücking der Droste seine Verlobung mit Louise von Gall mitteilt, und sich vor Augen hält, wie es auf Annette gewirkt haben muß, wenn sie die kindisch verliebten Lobpreisungen Levins auf sein *Hühnchen* sieht, kann man ihr Antwortschreiben nur bewundern. Da Levin wissen muß, wie Annette zu ihm steht, denn er hat ihre glühenden Bekenntnisse vor nicht allzu langer Zeit gelesen, sind seine Ausführungen, seine Hymne auf Louise eine große Taktlosigkeit: *Denken Sie sie sich aber nicht als ein schüchternes Backfischchen, sie ist schon siebenundzwanzig Jahre alt. Was für ein Staatsmädel sie aber ist, davon haben Sie aber gar keinen Begriff, aber auch gar keinen Begriff... Nach ein paar Stunden war ich aber rein weg, durchaus verschossen in mein Hühnchen, das nebenbei auch meine Königin ist - und das ist heilsam, denn Sie wissen, ich habe Anlage zum Tyrannen, es ist gut, wenn man mir zu imponieren versteht.*

Aber im Ernst, meine Louise ist eine ganz außerordentliche Erscheinung, sie ist etwas größer als ich, stark und doch sehr schlank, höchst lebhaft und überhaupt zum Glänzen geboren. Sie zeichnet sehr hübsch, schreibt, wie Sie bereits gedruckt gelesen haben, und singt, - ja außer Ihnen habe ich Niemand so singen hören, ganz wundervoll, und bei alledem ist sie so gut, so kindlich, so lieb, so mein treues, süßes Lieb, daß ich's gar nicht begreife - in einigen Dingen habe ich doch rasendes Glück... Glauben Sie nicht, ich sei exaltirt: Sie wissen, das kann ich eigentlich gar nicht werden, ich weiß mit dem kältesten kritischen Bewußtsein, daß Niemand wie Louise zu mir paßt, - da diese Mischung von äußerem Glanz der Erscheinung und tiefem dichterischen Gefühl, vereint mit vernünftigem, ruhigem Wesen, was mir Hauptsache ist, immerdar mein Ideal sein wird. Annette muß nach dieser Beschreibung das Gefühl haben, daß Louise mit ihrer attraktiven Erscheinung und einem weltläufig-damenhaften Wesen Schücking verzaubert habe; bei ihrer Abneigung gegen alles Äußerliche, Brillante und rein gesellschaftlich Bedeutsame kann der Droste Levins Braut, so wie sie ihr geschildert wird, nicht sympathisch sein. Es ist allerdings zweifelhaft, ob überhaupt irgendeine Frau, die beabsichtigt, Levin Schücking zu heiraten, Gnade vor den Augen Annettes gefunden hätte.

Ihre beherrschte und bemüht liebevolle Antwort auf die Verlobungsmitteilung wird Levin nicht zufriedengestellt haben, seine Heirat vom 7. Oktober 1843 teilt er der älteren

Levin Schücking

Freundin erst am 2. November als eine Neuigkeit unter vielen mit, so als sei diese Tatsache für Annette nur von untergeordnetem Interesse: *...und so entschlossen wir uns, an dies provisorische Verweilen in Darmstadt, wo ich zu nichts kam, ein Ende zu machen, zu heiraten und abzureisen. Meine nötigen Papiere dazu kamen an, und so ließen wir uns denn am 7ten Oktober Mittags um ein Uhr trauen, in der katholischen Kirche durch den Oberschulrath Lüft, der eine treffliche Rede dabei hielt.* Erst am 14. Dezember antwortet Annette von Droste-Hülshoff aus Meersburg, wo sie sich seit Oktober wieder aufhält, und entschuldigt ihr langes Schweigen mit *zwei Reisen, zwei Krankheiten* und allerlei Geschäften. Da die Droste häufig mehrere Wochen nicht schreiben kann, weil sie sich elend fühlt, gibt es keinen Grund an der Wahrheit der von ihr angegebenen Gründe zu zweifeln; wieweit die Nachrichten von Schücking ihre Kränklichkeit noch verstärkt haben mögen, das kann nur erahnt werden. Sie findet aber herzliche, ja warme Worte für das junge Ehepaar und deutet auch an, daß sie weiß, nun keinen Einfluß mehr zu haben: *Sie können vermuten, daß ich mir alle Mühe gegeben, über Ihre Lage klar zu werden, und der Erfolg hat meinen wärmsten Wünschen entsprochen; ich bin über Louisens Fähigkeiten, mein liebstes Kind glücklich zu machen, durch unparteiische Zeugnisse völlig beruhigt, und dazu gehört nicht wenig für das Herz einer Mutter. Sagen Sie der lieben Frau, daß ich ihr für jede frohe Stunde, die sie Ihnen macht, tief dankbar bin und unsrer persönlichen Bekanntschaft mit freudiger Spannung entgegensehe... Für Ehleute gibt's nur einen Himmel und eine Hölle im eignen Hause, alles andre ist fortan nur Zugabe - selbst die bestgemeinte Liebe anderer -; das ist die Ehe in ihrer vollen Heiligkeit, und wer nur um ein Haar daran ändern möchte, kennt sie nicht oder hat nicht nachgedacht.* In demselben Brief weist die Droste Levin darauf hin, daß sie nun ein Jahr nicht in Meersburg gewesen sei, daß in diesem Jahr doch so *viele*

Veränderungen stattgefunden hätten und daß sie die *alten Wege am Seeufer, zwar mutterseelenallein, aber doch vergnügt, weil mich nichts stört* entlangspaziere - ein letztes wehmütiges Erinnern an die glückliche, gemeinsam verlebte Zeit.

Das Jahr 1843 ist für Annette von Droste-Hülshoff kein sehr frohes und gutes Jahr gewesen, sie hat Levin verloren, nicht sehr viel arbeiten können und einige Krankheiten durchgemacht. Bereits im April schreibt sie Schücking, daß sie *jeden Tag zu sterben* glaube, berichtet von ihrer großen Schwäche und Kraftlosigkeit, von zwei Monaten *unausgesetzten Leidens ohne Nachtruhe und fast ohne Nahrung.* Im Mai fährt sie nach Münster zu Elise Rüdiger, wacht mit dieser gemeinsam am Sterbelager ihrer Tante und tröstet die Freundin nach dem Tod der Verwandten, was - obwohl sie das Gegenteil behauptet - nicht das Rechte für ihre angegriffenen Nerven gewesen sein kann. Ärger und Kummer über Sibylla Mertens führen dann zu einem erheblichen Rückfall, bescheren Annette aber auch den vierwöchigen Besuch dieser exzentrischen Freundin. Schücking erzählt die Droste die neue Sibylla-Episode in einiger Ausführlichkeit:

Die Mertens war allerdings vier Wochen lang in Münster; hören Sie die Veranlassung, und Sie haben ihren Charakter von der besten und schlimmsten Seite! Ich hatte ihr in Bonn griechische Münzen versprochen, die ich nicht alle für echt halte, aber doch einige darunter, hatte sie ihr auch geschickt und den dankbarsten Brief erhalten, worin sie zugleich mein Urteil über Echtheit und Nichtechtheit bestätigte. Hierauf verhinderte mich meine Krankheit zu antworten, und nun erhielt ich den allerimpertinentesten Brief; sie schickte mir die Münzen zurück: sei seien alle unecht und nichts wert... Ich ärgerte mich so schmählich, daß ich Fieber bekam wie ein

Pferd, und antwortete ihr, so krank ich war, mit ein paar Zeilen, wie elend ich sei, daß ich deshalb nicht geschrieben et cet. Am fünften Tage war sie in Rüschhaus, in Tränen zerfließend, mit Geschenken bepackt, hatte sich gleich nach Empfang meines Briefs aufs Dampfboot gesetzt, Tag und Nacht durchgefahren, noch keine Stunde geschlafen; bei Nölken hatte sie Quartier bestellt und fuhr von dort jeden Tag zu mir heraus mit dem besten Willen, wenn auch nicht sonderlichen Geschick, mich zu pflegen. Trotz des unangenehmen Anlasses und der dramatischen Begleitumstände, hat der Besuch Sibyllas für Annette eine erfreuliche Abwechslung im Einerlei des täglichen Lebens im Rüschhaus bedeutet. Nach der Abreise der Bonner Freundin, die einen längeren Aufenthalt in Italien plant, leidet die Droste wieder an ihren gewohnten Nervenübeln. Sie klagt über die Langeweile ihres Daseins; die Mutlosigkeit, die sie durch den Umgang mit der Mertens bekämpft sah, kehrt wieder.

Auch der Sommeraufenthalt in Abbenburg kräftigt Annettes Gesundheit nicht, sie scheint immer mehr zu verfallen. Im Juli schreibt sie einen Brief - mit mehrtägigen Unterbrechungen - an Sibylla Mertens, in dem sie von ihrem erneuten Leiden berichtet, auch von ihrer Abkapselung und Einsamkeit, obwohl sie sich auf dem Gut von Verwandten aufhält. Eine große Müdigkeit spricht aus den selbstironisch gemeinten Zeilen: *Ich werde leider täglich mehr zur Fledermaus, zwischen Licht und Dämmerung, das ist meine rechte Zeit, und übrigens - allein oder zu zweien, was darüber, ist vom Übel, und ich möchte immer, wie ein travestierter Hamlet, sagen: ›Träumen, träumen! Vielleicht auch schlafen!‹* Als sie im September für kurze Zeit nach Rüschhaus zurückkehrt, bevor sie sich auf den Weg an den Bodensee begibt, berichtet sie Elise Rüdiger von Tätigkeiten, die vermuten lassen, daß sie mit einem baldigen Ende ihres Lebens rechnet *(Ich genieße jedes Abendrot, jede Blume im Garten wie eine Sterbende)*:

Annette sichtet ihre alten Papiere und Briefe und verbrennt das meiste, beim Lesen erinnert sie sich der Schreiber, von denen so manche tot sind, und ihre melancholische Stimmung vertieft sich bei dieser Beschäftigung noch. Ihr Leben im Rüschhaus ist auch nicht dazu geeignet, sie auf andere und frohere Gedanken zu bringen, gelegentliche Besucher finden es dort *schauderhaft einsam*. Gegen Ende des Jahres bringt die Reise zu Schwester und Schwager, um dem winterlichen Klima des Münsterlandes zu entfliehen, Zerstreuung, aber auch neue Kränklichkeit, weil sich Annette unterwegs eine starke Erkältung zugezogen hat. Doch auf der Meersburg kann sie einige Zeit mit Elise Rüdiger verleben, und die Freundin hilft ihr auch, die Erinnerung an die gemeinsame Zeit mit Schücking zu verdrängen. Die Droste schreibt ihr am 18. November: *Ich bin indessen noch keinen Tag von Ihnen getrennt gewesen, alle Nachmittage um drei (außer vorgestern, wo es hart regnete) habe ich an unserem Strande gesessen, der mir durch Sie so lieb geworden ist, daß keine andere Erinnerung neben Ihrem lieben Gesichtchen dort ein Haar breit Raum findet.* Vor noch nicht allzu ferner Zeit hat Annette bei Spaziergängen am Seeufer stets an Levin gedacht!

Die Droste erzählt Elise Rüdiger voller Stolz als erster von ihrem Erwerb des *Fürstenhäuschens*, dem Ereignis, das das so durchweg düstere Jahr kurz vor seinem Ende noch heiter erscheinen läßt: *Jetzt muß ich Ihnen auch sagen, daß ich seit acht Tagen eine grandiose Grundbesitzerin bin. Ich habe das blanke Fürstenhäuschen, was neben dem Wege liegt... nun das habe ich in einer Steigerung nebst dem dazu gehörenden Weinberge erstanden, und wofür? Für 400 Reichstaler. Dafür habe ich ein kleines, aber massiv aus gehauenen Steinen und geschmackvoll aufgeführtes Haus, was vier Zimmer, eine Küche, großen Keller und Bodenraum enthält, und 5000*

Das »Fürstenhäuschen«

Weinstöcke, die in guten Jahren schon über zwanzig Ohm Wein gebracht haben. Es ist unerhört! ... Gottlob ist's kein armer Schelm, dem ich es abgekauft, sondern der reiche Großherzog von Baden, dem dies vereinzelte Stückchen Domäne lästig war. Früher gehörte es den Bischöfen von Konstanz, und der letztverstorbene ließ dies artige Gartenhaus bauen, wo er manchen Tag soll gespeist haben. Annette schwärmt von der großartigen Fernsicht, die sich ihr aus den Fenstern des Häuschens bietet, lobt die Qualität der Rebstökke, die sie mit ersteigert hat, und beschreibt detailliert das Innere des Hauses, das sie sich zu einem kleinen *Paradies* gestalten möchte. Wagen kann die Droste den Kauf nur im Hinblick auf das Honorar, das Cotta ihr wohl im nächsten Jahr für ihre zweite Werkausgabe zahlen wird. In dem Brief, der von ihrer Freude über das Häuschen handelt, berichtet sie noch vom Abschreiben der Gedichte, das allerdings kurz vor dem Abschluß stehe.

Unter recht fadenscheinigen Vorwänden will sie Levin im Dezember vom Lesen ihres Manuskripts, bevor es zu Cotta geht, abbringen. Vielleicht möchte sie ihm nichts zu danken haben oder ihre Beziehung immer lockerer gestalten; vielleicht fürchtet sie aber auch seine Änderungsvorschläge; es ist auf jeden Fall erstaunlich, daß sie Schücking mitteilt, ihr Schwager Laßberg werde die Gedichte durchsehen und dann auch mit Cotta verhandeln, obwohl sie genau weiß, daß der alte Herr ihre Gedichte nicht zu schätzen weiß und sie nicht versteht. Kurz bevor sie Levin auffordert, er solle sich um ihre Arbeiten nicht kümmern, hat Annette noch die Verständnislosigkeit ihrer Umgebung für die Dichtkunst beklagt: *Sie sehn, die Natur tut alles, mir an Poesie von außen zu ersetzen, was mir in den Mauern fehlt; denn in dieser Beziehung stehe ich hier allein, wie Sie am besten wissen.* Und nur wenige Wochen später klagt sie bei Elise über Laßbergs Unfähigkeit, ihre Gedichte in der rechten Art zu lesen, und seine unnützen, belastenden Ratschläge, die nur alle Ausdruck seiner Inkompetenz sind.

Ungefähr zur gleichen Zeit, als Annette über die Hilfe ihres Schwagers schier verzweifelt, läßt Cotta der Droste ein Geschenk übermitteln und einen Brief, den sie für ihre Freundin in Münster abschreibt: *Ew. Hochwohlg. haben uns früher zuweilen mit Beiträgen beehrt, für welche wir Ihnen zum größten Danke verpflichtet sind. Die Erzählung ›Die Judenbuche‹ hat in ihrer Eigentümlichkeit auf die besten unserer Leser den größten Eindruck gemacht, und die Gedichte ›Der Knabe im Moor‹, ›Die Taxuswand‹, ›Am Turme‹ u.s.w. werden von den Kennern und Freunden der Poesie sehr hoch gestellt. Aber seit längerer Zeit haben wir uns keiner Mitteilung von Ihrer Hand mehr zu erfreuen. Der Umstand, daß die früheren Beiträge, soviel wir uns erinnern, sämtlich in die Zeit des Aufenthalts des H. Levin Schücking auf Schloß Meersburg fallen und uns durch denselben zugekommen sind, läßt uns vermuten, daß wir Ihre Mitwirkung nur der Fürsprache dieses Freundes verdankt hatten... Wir haben nun H. L. Schücking dringend gebeten, seinen Einfluß auch in der Entfernung zu unsern Gunsten geltend zu machen.*

Nach diesen Ausführungen kann Annette Levin nicht mehr umgehen; sie schickt ihm sofort noch einige Gedichte für Cottas »Morgenblatt für gebildete Stände« und schreibt ihm am 8. Januar 1844: *Ernstlich, Levin, ich erkenne Ihre Güte herzlich an, und sie ist mir gottlob nichts Neues, bin auch jetzt selbst der Ansicht, daß es für alle Parteien am besten sein möchte, wenn meine Unterhandlungen mit Cotta durch Sie gehen.* Aber sie gibt Levin zu verstehen, daß sie nur mit Cotta abschließen will, um ihm, Schücking, einen Gefallen zu erweisen, da er auf eine feste Anstellung bei diesem hoffe. Um Verleger sei sie *gar nicht verlegen*, schreibt sie, möchte eigentlich dem Meistbietenden ihr Manuskript übergeben, werde aber, damit Schücking Cotta in guter Erinnerung bleibe, dem Stuttgarter Verlag ihre Werke überlassen.

Es kann nicht entschieden werden, wieweit Annettes Begründungen für ihr Verhalten ehrlich sind; aber so ganz aufrichtig erscheinen sie nicht. Nach der Enttäuschung über Laßbergs Mitarbeit und dem Erhalt des Cottaschen Briefes muß ihr deutlich geworden sein, daß sie auf Levin Schücking angewiesen sein wird, und um die Angebote der anderen Verlage hat sie sich schon eine ganze Weile nicht mehr gekümmert. Doch stellt sie es so hin, als erwiese sie lediglich dem jungen Freund einen Gefallen, und drum fordert Annette auch von ihm ein Entgegenkommen in einer ihr überaus

207

wichtigen Frage: *...nun geben Sie mir dagegen aber auch ein Versprechen, und zwar ein ernstes, unverbrüchliches, Ihr Ehrenwort, wie Sie es einem Manne geben und halten würden, daß sie an meinen Gedichten auch nicht eine Silbe willkürlich ändern wollen. Ich bin in diesem Punkte unendlich empfindlicher, als Sie es noch wissen, und würde grade jetzt, nachdem ich Sie so dringend gewarnt, höchstens mich äußerlich zu fassen suchen, aber es Ihnen nie vergeben und einer innern Erkältung nicht vorbeugen können.*

Schücking hat darüber berichtet, mit wie großer Zurückhaltung Annette von Droste-Hülshoff etwaigen Änderungsvorschlägen begegnete. Sie ist sich ihrer Eigenart als Dichterin immer stärker bewußt geworden und reagiert besonders auf Vorstellungen, wie ihre Sprache zu glätten sei, oft heftig, da sie sich dann nicht verstanden weiß. Besonders Levin tritt sie mit wachsender Souveränität gegenüber; bei der gemeinschaftlichen Arbeit zum »Romantischen und malerischen Westfalen« hat sie noch *über manches weggesehen* - das stellt allerdings auch nicht eines ihrer Werke dar, und sie hat Levin nur unterstützen wollen. Im Jahre 1844 jedoch besteht sie auf ihrer Art zu schreiben, sie sagt Levin sehr deutliche und unnachgiebige Worte: *Es mag mir mitunter schaden, daß ich so starr meinen Weg gehe und nicht die kleinste Pfauenfeder in meinem Krähenpelz leide; aber dennoch wünschte ich, dies würde anerkannt.* Jeden Verbesserungsvorschlag Levins, jede mögliche andere Lesart diskutiert sie später ausführlichst und wird sehr verstimmt, als sie erfährt, daß Louise Schücking ihren Mann zu eigenmächtigen Änderungen ermutigen will, damit die Arbeit schneller gehe. Dagegen redet sie Levin nur gezwungenermaßen in seine geschäftlichen Verhandlungen mit Cotta hinein, weil ihre Verwandten empört der Meinung sind, sie müsse ein höheres Honorar verlangen. Und wie froh ist sie, als sie alles wieder getrost in Schückings Hände legen kann, nachdem sich bei ihrer Familie wieder die Vernunft durchgesetzt hat; Annette will sich keine Kenntnisse und Forderungen anmaßen, die ihr nicht zustehen: *...denn so eigensinnig ich in Dingen sein mag, die ich zu verstehn glaube, so wenig fällt's mir ein, mitsprechen zu wollen, wo ich mich als Ignorantin fühle.*

Als die Last der Abschrift und Korrektur der Gedichte von ihr genommen ist, will Annette mit frischem Mut erneut an ihre westfälischen Geschichten gehen, die sie jetzt wieder - nach einer Unterbrechung von zwei Jahren - zu vollenden hofft, aber sie findet nicht genügend Zeit und Ruhe dazu. Es geht ihr zwar gesundheitlich recht gut, doch das Frühjahr bringt viele Besucher auf die Meersburg, unter anderem auch *Miß Philippa Persal, Tochter eines englischen Baronets, der sich im Kanton St. Gallen angekauft hat, ein höchst geniales, liebenswürdiges Mädchen von 20 Jahren, in der eine tüchtige Malerin und Gesangkomponistin steckt*, mit der sich Annette anfreundet. Ausflüge werden unternommen, ganze Tage verplaudert, dann stellen sich auch wieder die alten Unpäßlichkeiten ein, und die Droste muß gezwungenermaßen *ohne Gnade meinen Tag zwischen Spazieren und Ausruhen verteilen, um über solche halbe Anfälle wegzukommen.*

Annette von Droste-Hülshoff hat nur in der kurzen Zeit ihres gemeinsamen Aufenthalts mit Levin Schücking auf der Meersburg im Winter 1841/42 kontinuierlich geschrieben. Sonst kennt sie keine länger anhaltenden Schaffensperioden, die Zeit zum Schreiben erscheint bei der Droste oft wie gestohlen: wenige Tage zwischen Verwandtenbesuchen und Familienpflichten, einige Wochen nach einer alten und vor einer neuen Kränklichkeit, nur ein paar Stunden in der Dämmerung, wenn man ihr die Ruhe läßt im Kreise der Verwandten oder wenn sie sich wieder für eine mehr oder minder kurze Dauer allein im Rüschhaus aufhält. Manches Mittelmäßige ihres Werkes läßt sich aus den Bedingungen erklären, unter denen Annettes Schaffen steht, die Kenntnis dieser Bedingungen erhöht aber auch die Hochachtung vor dem, was sie erreicht hat.

Im Februar 1844 erwartet Annette den Besuch Levin Schückings und seiner Frau Louise am Bodensee; dieses geplante Treffen erfüllt sie mit Spannung und Vorfreude. Einige Aufregung gibt es nochmal Ende März, als auch Elise Rüdiger mit ihrer Tante für etwa acht Tage zur Meersburg kommen will; und ein Zusammentreffen von Levin und Elise, die sich einst geliebt haben, muß unter allen Umständen vermieden werden. Nach einigem Hin und Her und betont harmlosen Briefen, die nur davon handeln, daß zu viele Aufregung durch mehrere gleichzeitige Besuche mit Rücksicht auf das Alter Laßbergs vermieden werden sollen, ist auch die letzte Schwierigkeit beseitigt: Schückings kommen im Mai, Elise soll es einrichten, im Juni da zu sein.

Je näher der Besuch Levins und Louises rückt, desto fataler ist der Droste zumute; ihre alte Eifersucht erwacht wieder, aus ihren Zeilen ist zu spüren, daß sie vor der Begegnung Angst hat und sich Louise schon vorher recht negativ vorstellt, um sich selbst zu schützen. Ihr Schreiben an Elise Rüdiger vom 1. April 1844 steckt voller Argwohn und auch Gehässigkeit: *Ach, mein Lies, ich kann Ihnen nicht sagen, wie ich mich auf Ihr gutes Gesichtchen freue! Es muß mich vielleicht für sehr peinliche Tage entschädigen, denn wenn die Sch*[ücking]*, die ich mir noch immer à la Bornstedt denke, mir mißfällt, so stehe Gott mir einmal bei, weil ich sie ihrem Manne anloben und herzlich tun muß, und wenn sie Laßbergen fatal und lästig werden sollte, dann mag er mir doppelt und dreifach beistehn! Jetzt freut sich hier noch alles auf den Mann und hofft provisorisch von der Frau das Beste. Ich habe seit drei Monaten viele Briefe von Sch*[ücking] *erhalten - oder von* *seiner Frau, wenn sie wollen; denn sie schreibt immer die Hälfte davon und diktiert noch einen Teil des Übrigen, wo es immer um die dritte Zeile heißt, ›meine Frau sagt‹ oder ›meine Louise will, daß ich Ihnen schreibe et cet.‹ Es ist auch offenbar, daß sie alle an ihn kommenden Briefe liest, wahrscheinlich sogar auf seinen Wunsch in seiner Abwesenheit erbricht. So richte ich denn die meinigen für beide ein, rede sogar abwechselnd beide an, um ihr nicht extra schreiben zu müssen. Indessen traue ich ihr nicht recht, ihre Worte gegen mich sind lauter Liebe, sogar Demut, aber dennoch fühle ich etwas Gezwungenes und versteckt Pikiertes zuweilen heraus, namentlich wenn ich etwas von Sch[ücking] nicht übermäßig gelobt habe.*

Begreiflich erscheint das Mißtrauen Annettes gegen Levins Frau erst, wenn man weiß, daß sie in demselben Brief von Louises Versuch berichtet, Schücking dazu zu bringen, in die Gedichte der Droste frischweg hineinzukorrigieren; das muß für Annette eine starke Beleidigung darstellen und wirkt auf sie verständlicherweise *echt Bornstedtisch*. Annette bittet Elise zwar um Stillschweigen, will auf keinen Fall, daß ihre verfrühte Charakteristik Louises bekannt wird, weil sie sich ja irren könnte, doch der in ihr wachgewordene Argwohn läßt ein unbefangenes Beurteilen der jungen Frau dann bei der persönlichen Begegnung kaum mehr zu. Die Droste sucht förmlich nach schwachen Stellen und Ansatzpunkten für ihre Kritiker, glaubt - Elise gegenüber -, Schückings finanzielle Lage als kritisch ansehen zu müssen, wirft dem Ehepaar Verschwendungssucht vor, Louise einen Hang zum Flirten mit anderen Männern, mäkelt an Levins schriftstellerischen Arbeiten herum und behauptet sogar, Louise habe ihr, Annette, einmal in einem Brief geklagt, daß Levin es ihr manchmal schwer mache, *an seine Liebe zu glauben*. Es ist nicht vorstellbar, daß Schückings Frau dies der Droste geschrieben haben soll, es kann sich nur um ein verzerrt wiedergegebenes

Wort Louises handeln; vielleicht bezieht sich Annette auf die doch recht formelhafte Wendung, die sich in den eingeschobenen Zeilen Louises im Verlobungsbrief findet. Dort schreibt die junge Frau, die sich am Anfang einer lebenslangen Bindung sieht, an die ältere Freundin, die Levin schon so lange kennt, in mehr gespieltem als ernsthaftem Zweifel: *Sie kennen meinen Levin so gut und sind ihm eine so treuliebende Freundin, daß Sie gewiß die bangen Zweifel beseitigen würden, die mich oft bestürmen, ob ich sein Herz auch für immer zu fesseln vermag. Ich würde Ihnen eine aufmerksame und gelehrige Schülerin sein...* Annette mögen ihre Zeilen an Elise Rüdiger, die so voller ungerechtfertigter Verdächtigungen und unhaltbarer Behauptungen stecken, beim nochmaligen Überlesen wohl auch nicht mehr korrekt erschienen sein, denn im Postskriptum bittet sie ihre Freundin, den Brief, der *so heillos drauflosgeschrieben* sei, zu verbrennen. Aber auf die Unaufrichtigkeit hat sich die Droste in ihrer Beziehung zu Levin nun einmal eingelassen, von der alten, oft schonungslosen Offenheit der früheren Zeiten vermag man nichts mehr zu spüren. So lobt sie im letzten Brief an Levin vor seinem Besuch sein Drama »Günther« zwar nicht, das sie im Schreiben an Elise förmlich verrissen hat, sie vermag sich aber auch nicht zu einer ehrlichen Kritik aufschwingen: *Aber Gott im Himmel, das Papier ist zu Ende, Postschluß vor der Tür, und ich habe Ihnen noch nichts über Ihren ›Günther‹ gesagt. Mit ein paar Worten geht das jetzt nicht mehr; denn er hat keine fehlerhaften Stellen, ist überhaupt unvergleichlich besser als Ihre früheren Proben in diesem Fache, und doch möchte ich, daß Sie ihm noch im ganzen etwas nachhülfen. Das läßt sich aber eigentlich nur mündlich, das Buch zur Hand, bereden, wenn Sie erst hier sind.*

Sehr fraglich ist es, ob sich Annettes Wunsch nach gewohnt vertrautem, gemeinsamem Arbeiten und Diskutieren mit Levin, der nicht alleine kommt, erfüllen kann.

Annette von Droste-Hülshoff
Gemälde von Gottfried von Thüngen, 1978,
nach einer Daguerreotypie von 1846

Schücking berichtet in seinen Lebenserinnerungen davon, daß ihm die Droste im Frühsommer 1844 *leider sehr verändert* vorkommt: *Ihre Gesundheit war - vielleicht hatte ich es früher bei stetem Zusammenleben nicht so wahrgenommen - doch ein gewaltig schwächliches und gebrechliches Ding; sie erfüllte mich mit tiefer Sorge.* Aber auch abgesehen von dem körperlichen Verfall und dem gealterten Aussehen, auf das sie selbst häufig in ihren Briefen anspielt, hat sich die Droste geändert, sie tritt Levin nicht mehr unbefangen und fröhlich entgegen, geschweige denn voller Liebe und Anbetung, sondern ängstlich, mißtrauisch und eifersüchtig. Die brieflichen Äußerungen über den achttägigen Besuch des Ehepaares Schücking am Bodensee sind sehr spärlich, Levin behandelt seinen Aufenthalt bei Annette im Mai 1844 in den Lebenserinnerungen äußerst knapp; nur aus kleinen Bemerkungen kann man schließen, daß nicht nur keine tiefe Herzlichkeit aufgekommen ist, daß wohl vielmehr eine verkrampfte und unangenehme Atmosphäre vorgeherrscht hat, etwa wenn Annette, als sie von ihrer großen Freude über die Abschiedsgeschenke Levins und Louises berichtet, pikiert bemerkt: *Ihr gutes Volk, ich habe mich recht tüchtig darüber gefreut; kindisch, würde Louise vielleicht sagen, aber das schadet nicht, die Freude bleibt mir doch.* Und sie kann sich auch nicht enthalten, nachdem sie von ihrer Begeisterung für kleine Kupferstiche erzählt hat, zu bemerken: *Louisen wird dies vielleicht ein bißchen töricht scheinen...*

Das Wiedersehen mit Levin und das Kennenlernen seiner Frau hat Annette von Droste-Hülshoff traurig gestimmt, sie fürchtet auch, sie könne Schücking nie mehr in ihrem Leben sehen. Was sie von Jenny berichtet, läßt sich ohne weiteres auf sie selbst beziehen: *Jenny war ganz angegriffen nach Eurer Abreise; sie hält große Stücke auf Levin und ist auch schon in dem Alter, wo man weiß, wie unsicher und jedenfalls wie ganz unähnlich dem früheren jedes spätere Zusammenleben ist.* Louise mag die versteckten Hiebe, die in diesem Satz stecken, gespürt haben, und für diese sind sie bestimmt. Zum Abschied hat die Droste für Levin und Louise Schücking ein Gedicht geschrieben, in dem sie das Resümee dieses Besuchs und ihres Verhältnisses zu dem jungen Freund gezogen hat.

Lebt wohl, es kann nicht anders sein!
Spannt flatternd eure Segel aus,
Laßt mich in meinem Schloß allein,
Im öden geisterhaften Haus.

Lebt wohl und nehmt mein Herz mit euch
Und meinen letzten Sonnenstrahl,
Er scheide, scheide nur sogleich,
Denn scheiden muß er doch einmal.

Laßt mich an meines Sees Bord
Mich schaukelnd mit der Wellen Strich,
Allein mit meinem Zauberwort
Dem Alpengeist und meinem Ich.

Verlassen, aber einsam nicht,
Erschüttert, aber nicht zerdrückt,
Solange noch das heil'ge Licht
Auf mich mit Liebesaugen blickt,

Solange mir der frische Wald
Aus jedem Blatt Gesänge rauscht,
Aus jeder Klippe, jedem Spalt
Befreundet mir der Elfe lauscht,

Solange noch der Arm sich frei
Und waltend mir zum Äther streckt,
Und jedes wilden Geiers Schrei
In mir die wilde Muse weckt.

Über die Resignation und das Gefühl der Verlassenheit, das Annette beim Abschied der beiden jungen Leute befallen hat, siegt das Bewußtsein ihrer Begabung und gibt ihr neues Selbstvertrauen: Im September 1844 hat Annette Levin und Louise durch Jenny bitten lassen, das Gedicht »Lebt wohl« doch nicht zum Druck zu befördern, es erscheine ihr *fast zu persönlich*, aber es ist bereits am 28. August 1844 in Nummer 207 des »Morgenblattes« zu lesen.

Ein zweites Gedicht, das viel komplexer ist, sich zum Teil aber auch auf den Besuch Schückings und die wachsende Entfremdung bezieht, hat die neutrale Widmung »An einen Freund«. In diesen Versen verteidigt die Dichterin vehement ihre Eigenart als Persönlichkeit und Künstlerin; sie klagt den Freund wegen seiner Unfähigkeit, treu zu ihr zu stehen und sie zu begreifen, scharf an. Die besonders harte vorletzte Strophe hat Annette jedoch gestrichen.

> *Zum zweiten Male will ein Wort*
> *Sich zwischen unsre Herzen drängen,*
> *Den felsbewachten Erzeshort*
> *Will eines Knaben Mine sprengen.*
> *Sieh mir ins Auge, hefte nicht*
> *Das deine an des Fensters Borden,*
> *Ist denn so fremd dir mein Gesicht,*
> *Denn meine Sprache dir geworden?*

> *Sieh freundlich mir ins Auge, schuf*
> *Natur es gleich im Eigensinne*
> *Nach harter Form, muß ihrem Ruf*
> *Antworten ich mit scharfer Stimme;*
> *Der Vogel singt, wie sie gebeut,*
> *Libelle zieht die farb'gen Ringe,*
> *Und keine Seele hat bis heut*
> *Sie noch gezürnt zum Schmetterlinge.*

Still ließ an meiner Jahre Rand
Die Parze ihre Spindel schlüpfen,
Zu strecken meint' ich nur die Hand,
Um alte Fäden anzuknüpfen,
Allein den deinen fand ich reich,
Ich fand ihn vielbewegt verschlungen,
Darf es dich wundern, wenn nicht gleich
So Ungewohntes mir gelungen?

Daß manches schroff in mir und steil,
Wer könnte, ach, wie ich es wissen!
Es ward, zu meiner Seele Heil,
Mein zweites zarteres Gewissen,
Es hat den Übermut gedämpft,
Der mich Giganten gleich bezwungen,
Hat glühend, wie die Reue kämpft,
Mit dem Dämone oft gerungen.

Doch du, das tief versenkte Blut
In meinem Herzen, durftest denken,
So wolle ich mein eignes Gut,
So meine eigne Krone kränken?
O, sorglos floß mein Wort und bunt,
Im Glauben, daß es dich ergötze,
Daß nicht geschaffen dieser Mund
Zu einem Hauch, der dich verletze.

Du zweifelst an der Sympathie
Zu einem Wesen dir zu eigen?
So sag' ich nur, du konntest nie
Zum Gletscher ernster Treue steigen,
Sonst wüßtest du, daß auf den Höhn
Das schnöde Unkraut schrumpft zusammen
Und daß wir dort den Phönix sehn,
Wo unsre liebsten Zedern flammen.

Sieh her, nicht eine Hand dir nur,
Ich reiche beide dir entgegen,
Zum Leiten auf verlorne Spur,
Zum Liebespenden und zum Segen,
Nur ehre ihn, der angefacht
Das Lebenslicht an meiner Wiege,
Nimm mich, wie Gott mich hat gemacht,
Und leih mir keine fremden Züge!

Im Alter muß sie dem früheren einzigen, verständnisvollen Freund gegenüber ebenso auf ihrem Recht auf Eigenheit bestehen, wie sie in ihrer Jugend gezwungen war, sich gegen die Bevormundung durch ihre Familie aufzulehnen.

Im Briefwechsel mit Levin Schücking nehmen die geschäftlichen Angelegenheit mit Cotta und die Fragen der Redaktion der Gedichte im Laufe des Jahres einen immer größeren Raum ein, Persönliches tritt immer mehr in den Hintergrund. Nur am 20. Dezember 1844, als Schücking stolz und freudig die Geburt eines Sohnes meldet, kommt noch einmal der alte herzliche Ton auf: *Sollten Sie denken, liebes Mütterchen, daß ich in einer Kinderstube sitze und diesen Brief unter dem Geschrei eines Prachtstücks von einem Buben anfange? Gestern Abend sieben Uhr ist Louise niedergekommen; hauptsächlich seit ein Uhr - obwohl schon um drei Uhr in der Nacht zur Hebamme geschickt war - litt Louise gewaltig, denn die Geburt war eine schwere, doch ganz regelmäßige. Der Bube wurde mit 'ner Haube geboren, an Louisens Glückstag, dem 19ten, und hatte die Discretion, sich erst durch die Wehen grade in dem Augenblicke anzukündigen, als das Mädchen die letzte Hand an die Herrichtung der Wochenstube legte. Er ist auffallend groß und stark und fett, und lange Hände, Füße und Ohren kündigen an, daß er in die Familie der baumlangen Galls schlagen will. Tant mieux! Auch sein Gesichtchen gleicht Louise, und eine Stimme zum Criölen hat er - ich sage Ihnen, wie'n Alter! Sie können sich meine Freude denken! Gott erhalte ihn nur und laß ihn mir recht gesund werden! Und Sie - Mütterchen, Sie müssen ihn lieb haben und ihn segnen, das wird ihm gut tun, wissen Sie, und da Sie nun doch sein Großmütterchen sind, so müssen Sie ihm ein Gedicht in seine Wiege legen als Talisman!*

Annette amüsiert sich über die Begeisterung Levins für seinen Sohn und ist gerne bereit, die Patentante des kleinen Carl Lothar Levin Schücking zu werden. Doch es erscheint verwunderlich, wenn die Droste erst am 5. März 1845 antwortet und Levin gegenüber behauptet, sie habe seinen Brief erst am 4. März durch widrige Umstände erhalten, ihrer Schwester Jenny aber bereits am 26. Dezember 1844 über Schückings *triumphierenden, strahlenden Brief* berichtet und ihr mitteilt: *Kurz, er steht beinahe auf dem Kopfe vor Freude.* Zwar trifft Annette Ende September krank und elend in Rüschhaus ein, muß dann auch gleich die während ihrer Abwesenheit sehr schwach und kindisch gewordene Amme pflegen, aber das hätte sie doch ohne weiteres Schücking mitteilen und ihm trotz allem einen kurzen Gratulationsbrief schreiben können. Ihr unhöfliches, Levin in Aufregung versetzendes Schweigen muß tiefere Gründe haben. Neid, Eifersucht, die Gewißheit, daß Schücking ihr nun noch mehr entgleiten wird, könnten eine Rolle gespielt haben. Vielleicht spielt aber auch die Beschämung noch immer mit, von der die Droste im Oktober 1844 befallen wird, als ihr erster Verleger Hüffer in Münster sie - aufgrund der Cotta-Ausgabe - zwingt, die Restauflage der »Gedichte von Annette Elisabeth v. D... H...« aus dem Jahre 1838 aufzukaufen. Sie fühlt sich vor Levin blamiert, da Hüffer ihr oder auch ihrem Bruder Werner mehrmals bestätigt hat, nur noch etwa 18 Exemplare seien übrig, nun aber hinter ihrem Rücken Cotta die Wahrheit mitgeteilt hat: Nur 74 Exemplare sind verkauft worden.

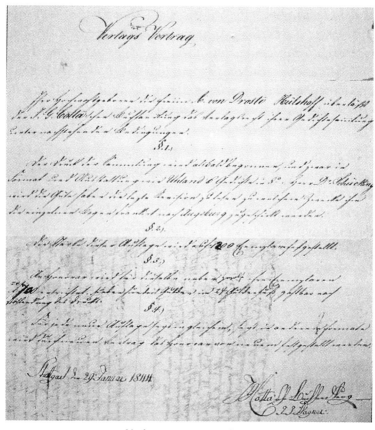

Verlagsvertrag mit Cotta

Da in der Cottaschen Ausgabe, von der Annette die Aschendorffsche Buchhandlung Hüffers nicht unterrichtet hat, auch die Gedichte der ersten Ausgabe noch einmal abgedruckt sind, verlangt der Verleger aus Münster die Abnahme seiner Restauflage durch Annette. Daß er ihr dann schließlich nur den Preis für 172 Exemplare in Rechnung stellt, bedeutet nicht, wie Annette später annehmen wird, daß Hüffer 328 Bücher abgesetzt hat. Er kommt ihr soweit entgegen, die Freiexemplare nicht zu berechnen, den Erlös für die 74 verkauften Ausgaben mit zu veranschlagen und Annette von Droste-Hülshoff nur noch den ausstehenden Rest der

Druckkosten anzulasten, weil die Dichterin 1838 kein Honorar verlangt hat. Aber der Droste ist es nun peinlich, daß sie durch eine frühere Bemerkung Schücking gegenüber, Hüffer hätte ihr, falls sie ein Honorar verlangt hätte, fünfhundert Taler gegeben, den Preis bei Cotta in die Höhe getrieben hat. Und wie steht sie nun da? *Ach, Levin, ich bin ganz betrübt, daß alles zusammenkömmt, um mich in jedermanns - wahrhaftig fast in meinen eignen - Augen als eine Renommistin erscheinen zu lassen, während doch bei allem Hochmut die Furcht, meine Verleger durch die geringe Popularität meiner Werke in Schaden zu bringen, mich nie verlassen hat. Was Hüffer eigentlich damals gesagt hat, weiß ich nicht und mag es auch jetzt nicht wissen; dem freiwilligen Unterhändler schien es eine Zusage, d.h. kein Antrag, sondern eine Äußerung seiner entschiedenen Geneigtheit, mir fünfhundert Taler zu geben, wenn ihm die Gelegenheit geboten würde. Alles wohl nur Wind vor der Hoftür! Trösten Sie mich ein wenig, mein gutes Kind, ich gehöre jetzt zu den leider von mir oft so verlachten ›verkannten Seelen‹. Punktum, es ist mehr zum Hängen wie zum Lachen. Wollen Sie mich trösten, so schreiben Sie mir einen recht langen, lieben Brief, einen rechten Kleinejungensbrief an sein Mütterchen.* Es kann sein, daß die Droste auf Levins Brief vom 20. Dezember 1844 nicht sofort antwortet, weil Schücking vor lauter Freude über die Geburt seines Sohnes auf die mißliche Lage Annettes nicht eingeht und die Hüffersche Angelegenheit mit keinem Wort erwähnt, aber zu erkennen gibt, daß er ihre Klagen gelesen hat, denn mit Bezug auf seinen Sohn schreibt Levin der Droste: *Sie haben mir geschrieben, ich sollte Ihnen einen kleinen Jungensbrief schikken - und sehen Sie, da haben Sie einen im eigentlichsten Sinne der Rede; ich könnte Ihnen den ganzen Brief vollschreiben von allen seinen Künsten, Manieren und Eigenschaften.* Erst am 14. Februar 1845, als er besorgt anfragt, warum Annette noch nicht auf seinen Dezemberbrief reagiert habe, findet sich in

Schückings Mitteilungen, die sich wiederum fast nur mit seinem Sohn befassen, der Satz: *Welches Abkommen haben Sie nun mit Hüffer getroffen?* - auch das zeugt nicht von übermäßigem Interesse.

Annette wird das Verhalten Schückings als Gleichgültigkeit gegenüber ihren Kümmernissen gewertet und als Beleidigung empfunden haben, vor wenigen Jahren hätte sie ihm ihre Verstimmung mitgeteilt, ihn kräftig ausgezankt und sich anschließend für ihre harten Worte entschuldigt, ohne aber auch nur eins davon zurückzunehmen. Einem Freund wäre sie auch noch trotz der räumlichen Entfernung und des nur brieflichen Kontakts weiterhin offen begegnet. Ihr wachsendes Mißtrauen und ihr verbittertes Schweigen, das sich in ihrem Verhältnis zu Levin Schücking immer klarer zeigt und von Jahr zu Jahr stärker wird, beweist, daß Annette von Droste-Hülshoff mehr als Freundschaft oder mütterliche Liebe für den jungen Mann empfunden hat. Wenn man sie als enttäuschte Liebende betrachtet, wirken alle Reaktionen der Droste auf Levin, seine Briefe, die Nachrichten von ihm und seiner Familie nicht mehr erstaunlich, sondern zwingend. Bedenkt man dann noch die zunehmende Einsamkeit und die sich wieder häufenden Krankheiten der letzten Lebensjahre der Dichterin, so läßt sich auch manch Ungerechtes und Gehässiges ihrer Worte gegen Levin besser werten und richtiger einschätzen. Ab 1844 etwa nimmt Annettes Widerstand gegen ihre Umgebung, ihre Auflehnung gegen sie einschränkende gesellschaftliche und familiäre Normen ab, krank, müde und enttäuscht, wie sie ist; geht die Droste immer mehr den Weg der Anpassung, wohl unbewußt voraussetzend, daß Ungehorsam sich nicht länger lohne, daß die Ruhe ihr nun das Wichtigste sein müsse. Doch auch wenn man all diese Gegebenheiten berücksichtigt, ist es erschreckend, daß Annette am 15. November 1844 an Sophie von Haxthausen geschrieben hat: *Ach! es ist doch nirgends besser, als so recht mitten unter den Verwandten!* Nur ihre große Einsamkeit im Rüschhaus kann ein solches Bedürfnis nach menschlicher Nähe erklären helfen.

Außer Elise Rüdiger, die aber in den Wintermonaten nicht häufig kommen kann, hat Annette keine näheren Bekannten mehr; dieser treuen und ihr so lieben Freundin schreibt die Droste am 12. Dezember 1844, als zu befürchten ist, daß der Mann Elises versetzt werden soll: *Geschähe es indessen, so wären wir beide allerdings übel daran. Ich noch mehr wie Sie, denn in Ihrem Alter schließt man sich noch leichter an, und Sie kämen jedenfalls in Verhältnisse, die Ihnen neue Bekanntschaften aufnötigten, wo sich dann auch wohl Gutes fände. Aber ich wäre in der Tat recht sehr verlassen. Schlüters kommen so gar nicht mehr und haben soviel Neues angeknüpft, schreiben auch nicht mehr. Ich kann leider nur noch wenig von ihnen erwarten. So sind Sie, mein Lies, unter allen Selbstgewählten mir als das Liebste und Letzte geblieben, und ich müßte ohne Sie gleichsam von meinem eigenen Blute zehren! Nein, Lies, so schlimm schickt es mir der liebe Gott nicht. Ich will und muß das Beste hoffen. Kommen Sie denn wirklich nicht mehr in diesem Jahre? Aber doch gewiß zu Anfang des nächsten? Ich habe Sie jetzt schon solange entbehrt und hätte oft viel um eine Stunde Beisammensein gegeben.*

Der Winter 1844/45 gestaltet sich für Annette noch besonders hart durch die Krankheit ihrer Amme, die sie rührend pflegt; als die gute Alte am 23. Februar begraben ist, muß die Droste sofort nach Hülshoff geschickt werden, um sich dort verwöhnen und kurieren zu lassen, denn das Wachen bei der sterbenden Frau hat sie sehr angestrengt, wie Annette Schücking am 5. März 1845 berichtet. Doch nun hat sie sich erholt und interessiert sich um so mehr für den Erfolg ihrer Werkausgabe bei Cotta, da die unangenehmen Geschäfte mit Hüffer von ihrem Bruder Werner endgültig erledigt worden sind und sie sich beiden Verlegern gegenüber unbelastet fühlen kann. Annette erzählt Levin, daß ihre Gedichte in Münster *sehr stark gelesen* werden, fürchtet aber, daß die meisten Leute sich das Buch aus Sparsamkeit nur leihen, was für Cotta nicht erfreulich sein kann; die guten Rezensionen, die sie bis dahin

Maria Katharina Plettendorf (1763-1845)
Die Amme der Droste

bekommen hat, machen ihr Freude. Auf Anregung Elise Rüdigers hat sie, wohl auch, um sich nicht wieder nur dem Cottaschen »Morgenblatt« und somit Schücking verpflichtet zu fühlen, Gedichte an die »Kölnische Zeitung« geschickt und Franziska Tabouillot, trotz ihrer Abneigung gegen diese Frau, aus Gutmütigkeit einige Verse für ihr Taschenbuch zur Verfügung gestellt.

Sie hat also trotz der Melancholie und Kränklichkeit der Herbst- und Wintermonate noch einiges schaffen können, u.a. die Gedichte »Die Golems«, »Grüße« und »Im Grase«, die alle in der »Kölnischen Zeitung« abgedruckt werden, ebenso wie der im März und April 1845 entstandene Zyklus »Volksglauben in den Pyrenäen«. Während »Grüße« das Heimweh der in Meersburg weilenden Dichterin nach Hülshoff, Rüschhaus und ihrer Amme besingt und der »Volksglauben« sich konkret mit Formen des Aberglaubens auseinandersetzt, malt das Gedicht »Im Grase« eine Stimmung, ist rein atmosphärisch, fängt undeutlich-verschwommene sinnliche Wahrnehmungen in einer dichten, expressionistisch anmutenden Sprache ein, die den Leser in ihren Bann zieht. Die beiden ersten Strophen sollen zur Verdeutlichung der Faszination, die von diesem Gedicht ausgeht, angeführt werden.

Süße Ruh', süßer Taumel im Gras,
Von des Krautes Arom' umhaucht,
Tiefe Flut, tief, tief trunkne Flut,
Wenn die Wolke am Azure verraucht,
Wenn aufs müde schwimmende Haupt
Süßes Lachen gaukelt herab,
Liebe Stimme säuselt und träuft
Wie die Lindenblüt' auf ein Grab.

Wenn im Busen die Toten dann,
Jede Leiche sich streckt und regt,
Leise, leise den Odem zieht,
Die geschloßne Wimper bewegt,
Tote Lieb', tote Lust, tote Zeit,
All die Schätze, im Schutt verwühlt,
Sich berühren mit schüchternem Klang
Gleich den Glöckchen, vom Winde umspielt.

Mit Elise Rüdiger korrespondiert Annette ausführlich über ihre Beiträge, die sie für die »Kölnische Zeitung« liefert, korrigiert mit ihr zusammen die zur Veröffentlichung bestimmten Novellen von Elises Mutter - doch dies reicht an Intensität und Ernsthaftigkeit nicht an das gemeinsame Arbeiten mit Schücking in früherer Zeit heran. Die Droste ist allerdings überzeugt und teilt dies auch der Rüdiger mit, Schücking vernachlässige sie, schreibe ihr nie mehr ohne äußere Veranlassung, wolle nichts mehr mit ihr zu tun haben. Etwaige Einwände der Freundin entkräftet sie bereits im voraus: *Sie halten mich gewiß für sehr undankbar und mißtrauisch, aber Sie haben keine Gelegenheit gehabt, den Unterschied zwischen Dichtung und Wahrheit so zu empfinden wie ich in Meersburg* - also liegt der Grund für die endgültige Entfremdung der beiden einst so eng Verbundenen letztlich im Besuch Levins mit seiner Frau am Bodensee im Mai 1844. Der Unterschied zwischen der von der Droste als poetisch empfundenen Zeit des Winters 1841/42 und dem Wiedersehen im Frühsommer 1844 muß schmerzlich groß gewesen sein für Annette von Droste-Hülshoff.

Auch ihren aristokratischen Hochmut, den Schücking gerügt hat, kehrt sie nun wieder gegen ihn heraus, wenn sie im Brief an Elise behauptet, daß Levin sie nur zur Patin seines Sohnes gemacht habe, weil er keinen adligen Verwandten besitze, den *er dem Oberjägermeister von Gall et cet. et cet.*

hätte gegenüberstellen mögen. Am 23. April 1845 äußert sich die Droste zum ersten Mal über den Eindruck, den Louise von Gall in Meersburg auf sie gemacht hat; sie teilt Sophie von Haxthausen ihre Abneigung gegen Schückings Frau nur kurz und knapp, ohne weitere Erläuterungen mit: *Seine Frau habe ich in Meersburg kennengelernt; sie ist sehr schön, sehr talentvoll, hat aber auch die Gnade von Gott, dies zu wissen, weshalb sie mir doch nicht recht zu Gemüte wollte -* à la Bornstedt ist sie ihr demnach vorgekommen, wie erwartet.

Im Verlauf des Frühjahrs 1845 ändert sich im Leben der Droste nichts, gleichförmig wie immer vergehen die Tage im Rüschhaus, seit dem Tod der Amme fühlt sich Annette nur noch mehr allein. Sie erhält kaum Besuch, nur Elise kommt gelegentlich, ihr *alter Kreis* ist *gänzlich gesprengt,* doch schreibt sie recht frohgemut an Johanna Hassenpflug im April, sie fühle den Mangel an Gesellschaft nicht, da sie *immer über und über in Arbeiten* stecke. Einiges muß noch erledigt werden, bevor sie Ende Mai mit der Mutter für den Sommer nach Abbenburg zieht, um sich dort wohl auch um den alten Onkel Fritz von Haxthausen zu kümmern, der an Magenkrebs erkrankt ist. Annette fürchtet sich vor den sie erwartenden Strapazen, schreibt aber anfangs noch muntere Briefe an Elise Rüdiger, die jedoch dazu dienen sollen, der Freundin und ihr selbst über den Schmerz hinwegzuhelfen: die anstehende Versetzung von Elises Mann nach Minden und die daraus resultierende Trennung.

Eine Reiseepisode, die Annette Elise beschreibt, soll als Beispiel einer humorvollen Schilderung und leichter Selbstironie zitiert werden, um nicht nur stets die tief melancholische, kranke oder bittere Droste zu Wort kommen zu lassen: *Ich rollte mit meinem Settchen in süßer Einsamkeit weiter und legte mich quer auf die Sitzbank, aber nur eine halbe Stunde, dann stiegen zwei Männer ein. Der eine, ein sehr ruhiges*

Subjekt, gab sich als Lederfabrikanten aus Paderborn zu erkennen und ward dann mäuschenstill, der andere, ein ältlicher Mann, in halb geistlicher (wahrscheinlich Schulmeister-) Tracht, verriet sich mit den ersten Worten als Münsterländer und stellte sich auf meine Nachfrage als geborener Dülmenser und seit zwanzig Jahren Bewohner von Rietberg heraus; das gab gleich große Freundschaft. Ich kannte die halbe Stadt, Wirtsleute, Krämer, Pastoren, gab ihm von allen Nachricht; sagte, ich sei auch aus der Gegend von Dülmen, vom Lande her, kurz, tat ganz wie eine Schulzenfrau oder dergleichen Gutes, wobei meine Toilette mich vortrefflich unterstützte und Settchen, die den Spaß merkte, mich durch nichts verriet. Mein altes Männchen wurde vollkommen getäuscht und gab, als es in Neuhaus ausstieg, mir Grüße an alle Schuster und Schneider mit; ein Erfolg, auf den ich nicht wenig stolz war und schon überlegte, ob ich nicht am besten tue, aufs Theater zu gehn, aber - sic transit gloria mundi! - als ich eben vor Hochmut bersten wollte, fing mein Lederfabrikant an lebendig zu werden: ›Mit Erlaubnis, bleiben Sie die Nacht in Paderborn?‹ - ›Nein, ich fahre noch bis Brakel.‹ - ›Mit Erlaubnis, Sie wollen wohl noch nach der Hinnenburg?‹ - Ich (sehr verwundert): ›Nach Hinnenburg? Nein, nach Brakel und morgen weiter.‹ - ›Mit Erlaubnis, ich habe doch die Ehre, mit Fräulein von Droste zu sprechen?‹ - (Hier fiel mir vor Verwunderung ein Stück Butterbrot zum Wagen hinaus.) ›Kennen Sie mich?‹ - ›Nein, aber ich habe [mir gleich vom ersten Augen]*blicke an vorgestellt, daß Sie Fräulein von Droste sein müßten...‹.*

Der Sommer in Abbenburg gestaltet sich so, wie Annette es erwartet hat; sie kommt zu nichts, alle Arbeiten, ob Kompositionen, Schriftstellerisches oder Handarbeiten, bleiben angefangen liegen, selbst zum Lesen kommt sie kaum. Entweder strömen die Verwandtenbesuche nur so auf das Gut, oder aber der kranke Onkel beansprucht zuviel Aufmerksamkeit. Da die Droste den ganzen Tag damit rechnet, von ihm gerufen zu werden, befindet sie sich in einer steten Anspannung, die es ihr unmöglich macht, sich anhaltend zu konzentrieren. Auch fühlt sie sich durch vielerlei Unruhe in Abbenburg gestört, da sie durch die Stille des Rüschhauses verwöhnt ist. Gerade die erzwungene Untätigkeit läßt in der Droste die Idee wachsen, sie verpasse günstige Momente zum Schreiben: *Aber ich meine mich ganz besonders zum Produzieren aufgelegt und träume à la Tantalus von dicken Bänden voll Erzählungen, Gedichten et cet., die mir alle wie Wasser aus der Feder fließen würden.*

Aber sie schreibt nichts, denn abgesehen von den mannigfachen Störungen ihres gewohnten gleichförmigen Tagesablaufs, greift sie das Leben in Abbenburg und die Sorge um Fritz von Haxthausen so sehr an, daß sie wieder einmal krank wird. Im Gegensatz zu ihrer Mutter, die *so kregel wie ein Bienchen* wird durch die ständige Betriebsamkeit, leiden Annettes Nerven so sehr, daß sie, wie sie Schücking am 25. August 1845 gesteht, *jeden Abend bitterlich weinen* könnte vor Erschöpfung. Trotzdem kann sie ihm noch einige Gedichte schicken, die letzten, die sie für ihn gemacht hat, von denen sie aber nicht viel hält: *Ich habe die Gedichte abends im Bette machen müssen, wenn ich todmüde war; es ist deshalb auch nicht viel Warmes daran, und ich schicke sie eigentlich nur, um zu zeigen, daß ich für Sie, liebster Levin, gern tue, was ich irgend kann.* Schücking hatte sie am 21. Juli des Jahres um Beiträge gebeten, weil er kurzfristig *die Redaktion einer Fortsetzung des rheinischen Jahrbuchs* übernommen hat. Obwohl Annette sich noch kurz zuvor bei Elise über Levins Gleichgültigkeit, sein Desinteresse an ihren Arbeiten und seinen Egoismus beschwert, stellt sie ein paar Gedichte zur Verfügung und verspricht ihm für die späteren Jahrgänge noch Aufsätze, *westfälische Sittenschilderungen, entweder in Erzählungen oder Genrebildern.*

Schücking teilt sie in demselben Brief auch mit, sie werde im nächsten Frühjahr wieder zu Jenny nach Meersburg fahren, ihrer Gesundheit zuliebe, um sich dort zu erholen und die Ruhe zu genießen, denn der Aufenthalt in Abbenburg gestaltet sich für Annette immer mehr zur Plage: *Sie glauben nicht, wie konfus mich diese Lebensweise macht; ich bin so schwindlig wie eine Eule - nicht metaphorisch, sondern wirklich, körperlich; es klingelt mir seit lange fortwährend in den Ohren, und*

Jenny von Laßberg

ich sehe alles doppelt. Als sie am 27. Oktober 1845 wieder aus Rüschhaus an Pauline von Droste-Hülshoff nach Bonn schreibt, bezeichnet sie das vergangene Jahr als ein für sie miserables: *...vom Anfange bis zum Ende krank und dabei einen Kranken pflegend. Da vergeht einem Lust und Mut, so daß man kaum einen Fuß vor den andern setzen mag.* Erst als ein Arzt erklärt, Annette müsse dringend von Abbenburg fort, und sie sich im Rüschhaus erneut einer homöopathischen Kur unterzieht, kommt sie wieder langsam zu Kräften.

Sie verlebt einen einsamen Winter mit gelegentlichen Besuchen in Hülshoff, denn Schwägerin Line hat ein Mädchen geboren, das Annettes Patenkind wird. Der abgebrochene Kontakt zu Schlüter belebt sich wieder, zu Anfang noch recht steif und krampfhaft. Elise Rüdiger ist nach Münster abgereist, Schücking nach Köln umgezogen, weil er Redakteur des Feuilletons der »Kölnischen Zeitung« geworden ist. In ihren Briefen an Elise wird Levin stets erwähnt, nie besonders lobend, aber doch noch im ganzen freundlich; im Januar 1846 aber reagiert die Droste empört auf Schückings neue Gedichte, die sie als demagogisch empfindet, und ordnet ihn sodann den *neueren Schreiern* zu. Das Entsetzen der konservativen Aristokratin über Verse, die Presse- und Völkerfreiheit besingen, kann gewiß als verständlich passieren, aber die kurz darauf folgenden Unterstellungen Annettes sind durch nichts zu rechtfertigen und zeigen nur noch einmal deutlich die breite Kluft, die sich zwischen der Droste und ihrem früheren *guten Jungen* aufgetan hat.

Am 22. November 1845 hat Levin Annette einen besorgten Brief geschrieben, weil er von ihr so lange nichts gehört hat. Die ersten, nur verstümmelt überlieferten Zeilen, denn aus dem Brief ist ein Stück herausgerissen worden, lauten: *Liebes Mütterchen, sind Sie noch immer so angegriffen, daß Sie keine Silbe hören lassen, wie es Ihnen jetzt geht - ich bin recht besorgt um Sie, diesen Winter... lassen Sie uns zusammen ein... am Rhein kaufen, jeder gibt an... Thlr dazu und dafür haben wir die schönste Villa hier und bringen beide den Rest unserer Tage darauf zu. Aber Sie werden Meersburg und Ihren Weinberg nicht fahren lassen wollen....* Was glaubt Annette aus diesen aufmunternd und doch kaum ernst gemeinten Zeilen an versteckter Perfidie herauslesen zu müssen, angestachelt von Therese von Droste-Hülshoff, die Levin natürlich nichts Gutes zutraut? Annette schreibt Elise: *Nachdem Sch*[ücking] *mir nämlich die bevorstehende zweite Niederkunft seiner Louise und seinen dadurch erweiterten Hausstand annonciert, sucht er mich zu bereden, mein Vermögen zum mit ihm gemeinschaftlichen Ankaufe eines kleinen Gutes am Rhein zu verwenden und dort mit ihnen zu leben. Mama wurde ganz blaß und sagte sehr scharf:* ›*Glaub nur, das ist ihm ganz und gar kein Spaß.*‹ *Und bald nachher:* ›*Wenn er es nicht ausgedacht hat, dann hat's Louise ausgedacht, und er ist doch darauf eingegangen. Was wollten sie mit einem Gute anfangen, das sie nachher wieder verkaufen müßten? Aber du bist ja sein Mütterchen und Patin zu seinem Kinde!*‹ *Großer Gott! wär's möglich, daß dieser Mensch, dem ich soviel Gutes getan habe, schon auf meinen Tod spekulierte, weil er denkt, ich mache es nicht lange mehr! Darüber könnte ich doch noch weinen!* Wie tief muß der Argwohn Annettes gegen Levin sein, wenn sie sich die gehässigen Unterstellungen ihrer Mutter sofort zu eigen macht; wieviel Verbitterung zeigt sich in ihrem schrecklichen Verdacht!

In ihrem letzten Brief an Schücking vom 7. und 11. Februar 1846 geht Annette auf seinen Vorschlag nicht ein, lobt seine - von ihr so verabscheuten - Gedichte höflich und distanziert, ohne jede Teilnahme. Bis auf wenige Zeilen, die von dem kleinen Lothar, ihrem Patenjungen, handeln und zur Geburt der Tochter Gerhardine gratulieren, wirkt der ganze Brief sehr kühl, manchmal gezwungen herzlich, so daß selbst der abrupte Schluß nicht aufrichtig klingt: *Da kömmt Besuch von Hülshoff! Also in schnellster Eile adieu, lieber Levin! Der Brief muß heute fort, morgen und übermorgen ist keine Gelegenheit. Tausend Liebes an Louisen von Ihrem treuen Mütterchen.* Zwar leugnet Annette nicht, von Schücking *einen wirklich herzlichen Brief* bekommen zu haben, wie sie Elise Rüdiger mitteilt, und vielleich hätte sie Levin auch noch einmal freundlicher geschrieben, wenn sie im Frühjahr 1846 nicht seinen Roman »Die Ritterbürtigen« zu Gesicht bekommen hätte, der die ehemalige Freundschaft zwischen Annette von Droste-Hülshoff und Levin Schücking endgültig zerschlägt. Bereits am 15. Juni 1845 kündigt Levin der Droste dieses Werk an und tut sehr geheimnisvoll: *...ferner einen Roman geschrieben, der im Herbst bei Brockhaus erscheint und ›Die Ritterbürtigen‹ heißt; er hat drei Bände, war also ein hübsch Stück Arbeit. Er spielt in Westphalen; eine ehrgeizige, politische Dame steht im Vordergrunde; der Roman ist überhaupt halb politischer Roman, halb Intriguenstück. Na, Sie werden sehen.*

Annette sieht, und die Augen gehen ihr über bei der Lektüre von Schückings *scheußlichem Buch,* das man ihr zugespielt hat, weil sie im Verdacht steht, Levin Informationen über den westfälischen Adel geliefert zu haben, die dieser in seinem Roman indiskret benutzt. Annette empfindet Schückings Verhalten als abscheulichen Verrat an ihrer Freundschaft, dem ihr dagegen so *treu, vertrauensvoll* erscheinenden Schlüter breitet sie ihr ganzes Elend aus: *Schücking hat an mir gehandelt wie mein grausamster Todfeind und, was unglaublich scheint, ist sich dessen ohne Zweifel gar nicht bewußt. Gottlob darf ich mir keine Indiskretionen vorwerfen, aber mein Adoptivsohn! jahrelanger Hausfreund! O Gott, wer kann sich vor einem Hausdiebe hüten! Er hat mich über manches, was mir Nahestehende betraf, befragt, über Intentionen, Handlungen, die einen Schatten auf sie zu werfen schienen, und meine warme Verteidigung benutzt, um kleine Umstände daraus zu stehlen, die den von nächster Hand Unterrichteten bezeichnen, und sie dann nicht nur mit alle den Flecken, von denen ich sie mit Recht zu reinigen suchte, sondern auch mit allen Zutaten einer des Juif errant würdigen Phantasie an den Pranger gestellt. Dies ist mein direktester Anteil an seiner Schuld, mein indirekterer, aber noch schädlicherer ist, daß ich ihn in mehrere Familien und bei so manchem einzelnen Freunde, den ich für sein Fortkommen zu interessieren wünschte, eingeführt, mich für seinen Charakter verbürgt und ihm dadurch Gelegenheit gegeben habe, sich die pikantesten für einen Roman brauchbarsten Persönlichkeiten zu merken und zu diesem Zwecke anderwärts sie betreffende Partikularitäten aufzulesen, natürlich je krasser und unwahrscheinlicher, desto mehr Hoffnung auf literarischen Erfolg! Schlüter! ich bin wie zerschlagen. O Gott, wieweit kann Schriftstellereitelkeit und die Sucht, Effekt in der Welt zu machen, führen! selbst einen sonst so gutmütigen Menschen - denn das bleibt Sch[ücking] - die Gerechtigkeit nötigt mich, dies selbst in diesem schweren Moment anzuerkennen... Er liebt mich, er liebt Sie, er liebt Westfalen überhaupt und hat bei seinem Buche an nichts gedacht, als dem Eugène Sue den Rang abzulaufen; aber er ist verloren, denn er hat die einzige Stütze fahren lassen, an der wir uns von unsern Fehlern und Schwächen aufrichten können. Man hat Ihnen die Wahrheit gesagt, er schlägt vor der Kirche die Zunge aus, und hier findet keine Entschuldigung statt, höchsten eine: ›Herr, vergib ihm, er weiß nicht, was er tut.‹ Lassen Sie uns für ihn beten. Christi Blut ist auch für ihn geflossen, und Gott hat tausend Wege, die Verirrten zu sich zurückzuführen, oft durch Not und Kummer, und die sehe ich, bei Sch[ückings] Lust am Glanze und der Unhaltbarkeit seines Talents in nicht zu weiter Ferne voraus. Ich bin sehr bewegt und mag für jetzt nicht weiterschreiben.*

Neben der Empörung über Schückings Verrat enthalten Annettes Zeilen an Schlüter auch unverhohlene Angst, Angst vor übler Nachrede und Beschuldigungen, weil sie Levin Interna der westfälischen Adelsfamilien hat zukommen lassen. Ihre so pointierte Betonung der Tatsache, sie sei stets bemüht gewesen, alle erwähnten Personen als positive Charaktere hinzustellen, sie habe jeden immer verteidigt und alle verwerflichen Seiten *mit Recht zu reinigen* versucht, zeigt, wie sehr die Droste befürchtet, daß man ihr nicht nur die im Roman enthaltenen Informationen, sondern auch die ausgesprochene Kritik anlasten wird. In ihrer Verzweiflung schreibt sie an Schlüter, und mit ihm gemeinsam will sie für den vom katholischen Glauben abgefallenen Schücking beten; ihre Trauer und ihr Schmerz wegen Levins Verhalten sind heftig, Annette bedarf auch religiöser Tröstung. Die Indiskretion Schückings bringt sie in eine äußerst mißliche Lage, und sie weiß nicht so recht, wie sie sich verhalten soll, da sie in der Familie und bei Bekannten mit tiefster Beleidigung rechnen muß. Am 15. Februar 1843 hat die Droste Schücking den Abdruck einiger Aufsätze zu westfälischen Themen, an denen sie mitgewirkt hat, untersagt, nachdem sich die Veröffentlichung der Skizzen in einem Geschichtshandbuch nicht realisieren läßt. Sehr energisch verbietet sie Levin, das Manuskript an eine Zeitung zu geben, die womöglich auch im Münsterland gelesen werden könnte. Die geplante Veröffentlichung erscheint ihr *als eine taktlose Impertinenz*, über die möglichen Folgen ist sie sich durchaus im klaren, ihre Befürchtungen haben sich dann drei Jahre später als wahr herausgestellt. Annette von Droste-Hülshoff weiß, daß ihr die Aufsätze *wenigstens tausend Feinde und Verdruß zuziehn* werden, *da, selbst wenn Sie den Sündenbock machen wollten, meine Mitwirkung hierzulande gar nicht bezweifelt werden könnte, der vielen Anekdoten wegen, die grade nur mir und den Meinigen passiert sind.*

Annette mag, aufgelockert durch die so glücklich stimmende Beziehung zu ihm, Levin auch einiges von ihrem Verdruß mit Bekannten und Verwandten erzählt und wohl manchmal gelästert haben, wie sie es zuweilen in ihren Briefen kann. Auf der Furcht, vielleicht zu viel von ihrem Ärger über einige Adlige ihrer Bekanntschaft und ihrer Abneigung gegen manches Mitglied der weitläufigen Familie ausgeplaudert zu haben, beruht Annettes übertrieben deutliches Hinweisen im Brief an Christoph Bernhard Schlüter auf die Tatsache, sie habe sich stets bemüht, Levins Kritik zu mildern und Verständnis für alle noch so seltsamen Personen zu wecken.

Als die Droste am nächsten Tag ihren Brief fortsetzt, nachdem sie sich mit ihrem Bruder Werner beredet hat, wirkt sie bereits ruhiger, aber auch bereit, alles zu tun, was Werner von ihr verlangt, damit Schande von der Familie abgewendet werden kann. Halb getröstet berichtet Annette dem Professor in Münster, Werner glaube, daß das *Krasse und Unwahr*e des Buches nur abstoßen und in seiner Übertriebenheit niemandem schaden könne, und selbst wenn ein Leser merke, welche harmlosen Informationen von ihr stammen müssen, käme gewiß niemand auf den Gedanken, auch die *entstellten und ehrenrührigen* Passagen gingen auf Annettes Konto. Ganz so zuversichtlich mag die Droste die Angelegenheit nicht betrachten, sieht aber nach dem Gespräch mit Werner auch nicht mehr die große Katastrophe auf sich zukommen. Um üble Nachrede zu vermeiden und sich nicht in eine Lage zu begeben, *der ein Frauenzimmer sich nie aussetzen dürfe*, wird Annette den Instruktionen des Bruders folgen. *Wo man nicht von dem Buche rede, solle ich auch nicht davon anfangen, wo ich aber darnach gefragt werde, mein Urteil als Christin und Westfälingerin frei und streng aussprechen und im übrigen jedes Verhältnis zu Schücking so schnell und vollständig als möglich, aber nicht gewaltsam auflösen. Ich werde sonach* *unsre ohnedies fast entschlafene Korrespondenz völlig liegen lassen, keine Beiträge mehr ins Feuilleton schicken und bei unsrer Reise nach Meersburg ein Dampfboot wählen, was in Köln nicht anhält, so ist die Auflösung von selbst da, und die Verjährung folgt ihr auf der Ferse. So muß ich Sie auch bitten, liebster Freund, den Inhalt dieses Briefes niemandem mitzuteilen... Ich habe eine 75jährige Mutter zu schonen und bin deshalb entschlossen, jedem Anlasse zu Klatschereien (und der liegt in jedem Hin- und Herreden) möglichst aus dem Wege zu gehn.* Annette bricht den Kontakt mit Schücking ab, ist froh, bei ihrem letzten Aufenthalt in Bonn im Oktober 1846 nicht mit ihm zusammenzutreffen und versucht, den Druck der Charakteristik, die Levin über sie für das »Rheinische Jahrbuch« geschrieben hat, zu verhindern. Schücking berichtet Adele Schopenhauer dann im Juni 1847, daß Annette ihm seit der Veröffentlichung seines Romans »Die Ritterbürtigen« nicht mehr geschrieben habe, und er glaubt, die Ursache ihres Schweigens zu kennen: *Du lieber Gott! Sie kennen ja die Onkelschaft!* Doch Levin wird Annette von Droste-Hülshoff ein ehrendes Andenken bewahren und noch nach ihrem Tode für sie tätig sein, indem er 1860 unveröffentlichte Gedichte von ihr, die »Letzten Gaben«, und 1878 bis 1879 ihre »Gesammelten Schriften« bei Cotta herausgibt.

Obwohl Annette sich dem Freund in Münster gegenüber als beruhigt und getröstet gibt, setzt ihr der Ärger über Levins Buch sehr zu, ihre Umgebung schont sie allerdings auch nicht, noch im Mai 1846 lautet das Postskriptum eines Briefes an Schlüter: *Jedermann redet mir von dem bewußten fatalen Buch, ich weiß mich mit meinen Antworten kaum durchzuschlagen.* Die Aufregung und Nervosität wegen dieser leidigen Geschichte und die Anstrengung mehrerer längerer Besuche tragen erheblich zur Verschlechterung ihres Gesundheitszustands bei. Annette, die sich im Frühjahr 1846 noch leidlich wohl befunden hat, erkrankt im Frühsommer so schwer, daß

Therese von Droste-Hülshoff am 1. Juli allein nach Meersburg abreisen muß, weil die Tochter zu schwach für die Fahrt ist. Annette klagt über Erstickungsanfälle, Blutandrang zum Kopf, und jeder noch so kurze Spaziergang beschert ihr einen Fieberanfall. Wenn sie sich besser fühlt, will sie nach Hülshoff, um ihrem ebenfalls erkrankten Bruder Gesellschaft zu leisten und ihn aufzuheitern, was sie völlig überfordern muß, aber sie fügt sich: *Es ist nun einmal mein Schicksal, daß ich von einem Kranken zum andern muß, ich tue es auch gern, und es schadet mir auch nicht.* Annette hofft zwar erneut auf die homöopathische Kur, die ihr mehrmals geholfen hat, rechnet aber mehr damit, *meine Unbequemlichkeit bis an mein Grab zu tragen.*

Wie sank die Sonne glüh und schwer

1846 - 1848

Die letzten Jahre auf der Meersburg

Obwohl Annette Schlüter noch Gedichte versprochen hat, entstehen keine neuen Arbeiten mehr, sie ist *schändlich krank und muß ein ganzes Jahr voll Kummer, Sorge und Ärger* mit körperlichen Qualen bezahlen. Völlig alleingelassen, den ganzen Tag auf sich gestellt, verbringt sie den Sommer, meist im Bett liegend, im Rüschhaus; den Besuch in Hülshoff schiebt sie täglich auf. Am 30. Juli 1846 beschreibt sie Elise Rüdiger ihr Einsiedlerleben: *Sie können sich die Tiefe meiner Verschollenheit gar nicht denken! Kein Brief (der von Mama der einzige), kein neues Buch, keine Zeitung, kein Besuch, auch keine mündliche Nachrichten, da ich die Bückersche nirgends hinschicke und, was Hülshoff anbelangt, so habe ich Werner noch zuletzt meiner Mutter leise sagen hören: ›Man muß ihr mal ganz ihren Willen lassen - die allertiefste Einsamkeit - das ist eine fixe Idee - da läßt sich nichts dagegen machen, sie wird es schon bald müde werden und zu uns kommen!‹ Da hat er freilich nebenhergeschossen, meine Einsamkeit ist mir täglich lieber; aber Wort gehalten hat er, Hülshoff ist für mich wie gar nicht vorhanden, und leitete ich mir nicht durch Nebenquellen Nachrichten von seinem und der Seinigen Befinden zu, so könnten dort Mirakel geschehen, ohne daß ich es gewahr würde.*

Im August berichtet Annette der Schwester Jenny von leichter Besserung ihres Zustandes, die homöopathischen Pulver und die anhaltende Ruhe haben ihr den Appetit und den Schlaf zurückgebracht. Bei all ihren Erkrankungen leidet die Droste an quälender, die Nerven anspannende Schlaflosigkeit, die die Schwäche ihres Körpers und ihre Hinfälligkeit nur noch verstärkt. In einem ihrer letzten großen Gedichte, geschrieben im Frühjahr 1845, beschreibt Annette eine solche »Durchwachte Nacht« von zehn Uhr abends bis zum anderen Morgen um vier. Die durch die fehlende Ruhe Gepeinigte erfährt alle Sinneswahrnehmungen besonders intensiv, mit zunehmender Stille und Dunkelheit nimmt das Unheimliche der Atmosphäre zu, das halluzinative Schauen eines wunderschönen Kindes bildet den Höhepunkt, mit Geräuschen der erwachenden Tiere und dem Beginn der Arbeit auf dem Hof verschwindet das Geheimnisvolle, die aufgehende Sonne besiegt die Dunkelheit.

Wie sank die Sonne glüh und schwer!
Und aus versengter Welle dann
Wie wirbelte der Nebel Heer,
Die sternenlose Nacht heran!
- Ich höre ferne Schritte gehn, -
Die Uhr schlägt zehn.

Noch ist nicht alles Leben eingenickt,
Der Schlafgemächer letzte Türen knarren,
Vorsichtig in der Rinne Bauch gedrückt
Schlüpft noch der Iltis an des Giebels Sparren,
Die schlummertrunkne Färse murrend nickt,
Und fern im Stalle dröhnt des Rosses Scharren,
Sein müdes Schnauben, bis, vom Mohn getränkt,
Es schlaff die regungslose Flanke senkt.

Betäubend gleitet Fliederhauch
Durch meines Fensters offnen Spalt,
Und an der Scheibe grauem Rauch
Der Zweige wimmelnd Neigen wallt.
Matt bin ich, matt wie die Natur! -
Elf schlägt die Uhr.

O wunderliches Schlummerwachen, bist
Der zartren Nerve Fluch du oder Segen? -
's ist eine Nacht vom Taue wach geküßt,
Das Dunkel fühl' ich kühl wie feinen Regen
An meine Wange gleiten, das Gerüst
Des Vorhangs, scheint sich schaukelnd zu bewegen,
Und dort das Wappen an der Decke Gips,
Schwimmt sachte mit dem Schlängeln des Polyps.

Wie mir das Blut im Hirne zuckt!
Am Söller geht Geknister um,
Im Pulte raschelt es und ruckt
Als drehe sich der Schlüssel um,
Und - horch! der Seiger hat gewacht,
's ist Mitternacht.

War das ein Geisterlaut? so schwach und leicht
Wie kaum berührten Glases schwirrend Klingen,
Und wieder, wie verhaltnes Weinen, steigt
Ein langer Klageton aus den Syringen,
Gedämpfter, süßer nun, wie tränenfeucht
Und selig kämpft verschämter Liebe Ringen;
O Nachtigall, das ist kein wacher Sang,
Ist nur im Traum gelöster Seele Drang.

Da kollert's nieder vom Gestein!
Des Turmes morsche Trümmer fällt,
Das Käuzlein knackt und hustet drein.
Ein jäher Windesodem schwellt
Gezweig und Kronenschmuck des Hains;
- Die Uhr schlägt eins -

Und drunten das Gewölke rollt und klimmt;
Gleich einer Lampe aus dem Hünenmale
Hervor des Mondes Silbergondel schwimmt,
Verzitternd auf der Gasse blauem Stahle,
An jedem Fliederblatt ein Fünkchen glimmt,
Und hell gezeichnet von dem blassen Strahle
Legt auf mein Lager sich des Fensters Bild,
Vom schwanken Laubgewimmel überhüllt.

Jetzt möcht' ich schlafen, schlafen gleich,
Entschlafen unterm Mondeshauch,
Umspielt vom flüsternden Gezweig,
Im Blute Funken, Funk' im Strauch,
Und mir im Ohre Melodei;
- Die Uhr schlägt zwei. -

Und immer heller wird der süße Klang,
Das liebe Lachen, es beginnt zu ziehen,
Gleich Bildern von Daguerre, die Deck' entlang,
Die aufwärts steigen mit des Pfeiles Fliehen;
Mir ist als seh ich lichter Locken Hang,
Gleich Feuerwürmern seh ich Augen glühen,
Dann werden feucht sie, werden blau und lind,
Und mir zu Füßen sitzt ein schönes Kind.

Es sieht empor, so froh gespannt,
Die Seele strömend aus dem Blick,
Nun hebt es gaukelnd seine Hand,
Nun zieht es lachend sie zurück,
Und - horch! des Hahnes erster Schrei!
- Die Uhr schlägt drei. -

Wie bin ich aufgeschreckt - o süßes Bild
Du bist dahin, zerflossen mit dem Dunkel!
Die unerfreulich graue Dämmrung quillt,
Verloschen ist des Flieders Taugefunkel,
Verrostet steht des Mondes Silberschild,
Im Walde gleitet ängstliches Gemunkel,
Und meine Schwalbe an des Frieses Saum
Zirpt leise, leise auf im schweren Traum.

Der Tauben Schwärme kreisen scheu,
Wie trunken, in des Hofes Rund,
Und wieder gellt des Hahnes Schrei,
Auf seiner Streue rückt der Hund,
Und langsam knarrt des Stalles Tür,
- Die Uhr schlägt vier -

Da flammt's im Osten auf - o Morgenglut!
Sie steigt, sie steigt, und mit dem ersten Strahle
Strömt Wald und Heide vor Gesangesflut,
Das Leben quillt aus schäumendem Pokale,
Es klirrt die Sense, flattert Falkenbrut,
Im nahen Forste schmettern Jagdsignale,
Und wie ein Gletscher, sinkt der Träume Land
Zerrinnend in des Horizontes Brand.

Ende August fährt die Droste dann doch zu ihrem Bruder nach Hülshoff, denn *so verführerisch* und *betäubend lieblich* ihr die Einsamkeit auch erscheint, sie sieht ein, daß die Abgeschlossenheit im Rüschhaus nicht dazu geeignet ist, *jemanden, der sehr an den Nerven und noch mehr an Apprehensionen leidet, wieder zurechtzuhelfen*, außerdem muß sich jemand um sie kümmern. Im Rüschhaus sind alle bei der Ernte, und Annette liegt von eins bis sieben verlassen im Bett, oft *fiebernd und würgend*. Bereits am 5. September läßt Annette Schlüter eine kurze Nachricht zukommen, die zeigt, daß auch das Leben mit Werner und seiner Familie für sie keine Erholung bringen kann: *Ich bin in Hülshoff und recht krank, an allerlei, am plagendsten an meinem nervösen Kopfweh, das seit sechs Tagen völlig überhandgenommen hat.* Line und Werner, die zuerst spöttisch meinen, die Langeweile habe Annette nach Hülshoff getrieben, sind sehr bedrückt, als sie ihren elenden Zustand erkennen. Zu allem Überfluß erkrankt die Droste noch zusätzlich an Blutruhr und bedarf wochenlanger Pflege. Doch kaum ist sie soweit hergestellt, daß sie für eine halbe Stunde täglich das Bett verlassen darf, will sie unbedingt nach Meersburg reisen. Sie drängt so sehr, daß Werner schließlich nachgibt und ihr seinen ältesten Sohn Heinrich bis Bonn als Begleitung mitgibt. Der Bruder hofft, Annette werde am Rhein bei Pauline von Droste-Hülshoff bleiben, denn *dort sei auch schon Bergluft und sehr geschickte Ärzte.*

Die Fahrt bis Bonn wird zur Strapaze, Annette schreibt an Elise Rüdiger: *Hätte ich den Heinrich nicht bei mir gehabt, der mich fortwährend im Arme hielt und überhaupt pflegte wie eine Wartfrau, ich wäre im ersten besten Dorfe liegengeblieben.* Nach vierzehn Tagen Aufenthalt in Bonn, bei dem sie auch Junkmann begegnet und beruhigt feststellen kann, daß er *der alte reine Charakter geblieben* ist, reist die Droste allein weiter nach Meersburg, voller Unruhe, denn: *Ich fühlte mich sehr krank, glaubte nicht an Besserung und wollte bei den Meinigen sterben.* Auf der langen Fahrt an den Bodensee per Eisenbahn und Schiff kümmern sich alle rührend um sie, was Annette dankbar vermerkt. Ihre Tante Pauline von Droste-Hülshoff, bei der Annette während ihres Aufenthalts in Bonn lebt, hat gut vorgesorgt: *Sie hatte alles getan, mir die Reise zu erleichtern, mir alle Karten für Dampfboote und Eisenbahnen, sogar für die Omnibus bis Freiburg verschafft (diese*

Anstalten stehn miteinander in Berechnung) und zugleich ein Empfehlungsschreiben vom Direktor der kölnischen Dampfschiffahrt, was an sämtliche Wagen- und Schiffkondukteure gerichtet, ihnen jede Rücksicht für mich auf die Seele band. So bin ich übergekommen fast so bequem wie in meinem Bette (d.h. bis Freiburg). Die Herrn Kondukteure führten mich immer gleich in den Pavillon, nahmen andern Kanapees ihre Kissen, um es mir bequem zu machen, versorgten mein Gepäck, banden mich den Markörs so eng aufs Gewissen, daß fast jede Viertelstunde einer kam nachzusehn, ob ich etwas bedürfe, und wenn wir angekommen waren, ließen sie mein Gepäck gleich auf das morgige Dampfboot bringen und führten mich selbst an den Omnibus. Auf der Eisenbahn ging es ebenso. Ich bekam beide Male einen Waggon für mich allein, und fast bei jeder Station erschien ein Gesicht am Wagenschlage, um zu fragen, ob ich etwas bedürfte. Und doch hat alles meine Reise nur unbedeutend verteuert. Die Kondukteure nahmen nichts, und meine männlichen Wartfrauen waren am Rheine mit einem Gulden, weiterhin schon mit 30 Kreuzern, überglücklich. Sie sehen, lieb Lies, ich bin wie in einem verschlossenen Kästchen gereist und habe (außer meinen lieben Wartfrauen) kein fremdes Gesicht gesehn, nicht mal in den Gasthöfen, wo ich mir gleich ein eignes Zimmer geben ließ, wenn ich auch nur eine halbe Stunde blieb. So fühlte ich mich in Freiburg so wenig erschöpft, daß statt (wie früher beschlossen) Extrapost zu nehmen, ich mich dem Eilwagen anzuvertrauen beschloß, obwohl er abends abging. Meine Empfehlungen waren zu Ende, aber mein Glück verließ mich auch hier nicht; ich hatte bis Mitternacht einen Beiwagen ganz für mich allein, dann mußte ich freilich in den allgemeinen Rumpelkasten voll schnarchender Männer und Frauensleute, die brummend und ächzend zusammenrückten, als ich mich einschob. Dann ging das Schnarchen wieder an, ich allein war wach bei dieser scheußlichen Bergfahrt und merkte allein, wie den Pferden die Knie oft fast einbrachen und der Wagen wirklich schon anfing rückwärts zu rollen; mein Visavis stieß mich unaufhörlich mit den Knien, und die Köpfe meiner Nachbarn baumelten an mir herum. Doch gottlob nicht lange! Es war noch stockfinster, als wir mit der Post nach Konstanz zusammentrafen, und siehe da! meine ganze Bagage kugelte und kletterte zum Wagen hinaus, und ich war wieder frei! frei! und machte mir ein schönes Lager aus Kissen und Mantel, auf dem ich es sehr leidlich aushalten konnte, bis nach Stockach, wo ich um zehn ankam, gleich Extrapost nahm, und in Meersburg die Meinigen noch bei Tische traf. Schwester, Schwager und Mutter erschrecken zutiefst über Annettes Aussehen, zwei Ärzte werden sofort hinzugezogen. Sie muß sehr viele Medikamente einnehmen und Behandlungen über sich ergehen lassen - unnötige Belastung der geschwächten Nerven, denn deren Überreizung wird damit auf die Spitze getrieben. Annette beschreibt sich als *zuletzt so nervenschwach, daß mir jedes Wort klang wie eine Posaune und zuweilen im Stockfinstern mir das Zimmer für einige Sekunden erleuchtet schien wie vom grellsten Sonnenschein und ich die kleinsten Gegenstände genau unterscheiden konnte.*

Als sie dann auch keine Nahrung mehr aufnehmen kann, ständig an Fieber und Beklemmungen leidet, entschließen sich die Ärzte, die Behandlung mit Medikamenten abzubrechen, da ihr organisch offenbar nichts fehle, ihre Nerven dagegen *in einem Zustande der Überreizung* seien, wie er dem ›Brunnenarzt‹ *noch nie vorgekommen* ist. Größtmögliche *geistige und körperliche Ruhe* und ausgedehnter Schlaf werden verordnet, das Denken soll Annette am besten ganz unterlassen, es aber zumindest auf Angenehmes beschränken. Die Familie gibt sich alle Mühe, ihr die Tage behaglich und ruhig zu gestalten, Annettes Nerven kommen jedoch so schnell nicht zur Ruhe: *...meine Phantasie arbeitet nur zu sehr, und*

Wohn- und
Sterbezimmer der
Dichterin

ich muß aus allen Kräften dagegen ankämpfen. Jede etwas unebene Stelle an der Wand, ja jede Falte im Kissen, bildet sich mir gleich zu, mitunter recht schönen, Gruppen aus, und jedes zufällig gesprochene etwas ungewöhnliche Wort steht gleich als Titel eines Romans oder einer Novelle vor mir, mit allen Hauptmomenten der Begebenheit.

Die Droste fürchtet sich vor dem Herannahen des Frühjahrs, weil ihr ihre Wetterfühligkeit besonders in dieser Jahreszeit sehr zu schaffen macht. Fünf Monate schreibt sie keinen Brief, erst am 20. Juli 1847 findet sich wieder ein recht ausführlicher Bericht über ihr Befinden an die Freundin Elise. Das Leiden hat nachgelassen, ihre Körperschwäche aber zugenommen, sie kann kaum noch laufen, Schreiben und Lesen bringt sie *nach wenigen Zeilen einer Ohnmacht nahe.* Den Beteuerungen der Ärzte, sie könne, wenn sie über einige Jahre ein zurückgezogenes, untätiges Leben führe, ein gesundes Alter erleben, schenkt sie keinen Glauben und spottet über die Aussicht, als Greisin altersschwach, senil, halb blind, aber gesund zu sein. Statt dessen freundet sich Annette immer mehr mit dem Gedanken an einen frühen Tod an und genießt die ihr verbleibende Zeit dankbar und bewußt: *Ich bin jede Stunde bereit und meinem Schöpfer sehr dankbar, daß er mir durch das beständige Gefühl der Gefahr eine vollkommene Befreundung mit dem Tode, sowie, durch eben dieses Gefühl, eine doppelt innige und bewußte Freude an allen, auch den kleinsten Lebensfreuden, die mir noch zuteil werden, gegeben hat.* Einen Tag später, am 21. Juli 1847, schreibt Annette von Droste-Hülshoff ihr Testament.

Am 10. August fährt Therese von Droste-Hülshoff zurück ins Münsterland, Annette erfährt die Trennung mit großem Schmerz, da sie damit rechnen muß, ihre Mutter nicht wiederzusehen; die Familie und die Ärzte haben der Droste jedoch die Heimkehr ins ungesunde westfälische Klima strengstens untersagt.

Am 9. November 1847 schreibt Annette den ersten Brief nach Hause, in dem sie versucht, durch munteres und zuversichtliches Plaudern ihre Mutter zu beruhigen; ihre Zeilen zeigen dennoch deutlich, daß sich ihr Befinden fast gar nicht gebessert hat: *Ich muß Dir doch auch ein klein wenig schreiben, um Dir selbst zu sagen, daß ich mich fast in jeder Beziehung sehr viel besser befinde. Wenn ich ganz still sitze und mich auch sonst nicht anstrenge, könnte ich mich jetzt mitunter, ein wenig Beengung abgerechnet, für ganz gesund halten. Ich schlafe gut, esse mit Appetit, habe gar keine Schmerzen und komme mir auch, wenn ich still sitze, gar nicht kraftlos vor. Nur mit dem Gehen ist's noch nicht besser, das wird sich aber hoffentlich mit dem nächsten Frühling geben.* Auch der letzte Brief Annettes geht an die Mutter, am 27. Februar 1848 versichert sie dieser noch einmal: *...mit mir geht es auch viel besser; geht sollte ich zwar eigentlich nicht sagen, denn das Gehen ist noch immer der Stein des Anstoßes und wird es auch wohl bleiben, aber in allem übrigen kann ich Gott nicht genug danken, wenn ich an meinen Zustand im vorigen Jahre um diese Zeit denke.*

Die beginnenden Unruhen des Frühjahrs 1848, die auch einige Aufregung auf der Meersburg verursachen - Jenny und Nette packen vorsorglich die Papiere und den Schmuck weg, Laßberg muß einigen Aufständischen Waffen, die sie vom Schloßherrn fordern, verweigern - sind Gift für die schwache Konstitution Annettes. Voller Besorgnis läßt sie sich darüber unterrichten, wie weit die aus Frankreich nach Deutschland übergreifenden revolutionären Umtriebe ihre Verwandten im Münsterland betreffen, und ängstlich beobachtet sie die politischen Ereignisse in ihrer näheren Umgebung. In Meersburg finden Bürgerversammlungen statt, in Konstanz wird kurzzeitig die Republik ausgerufen, Familienmitglieder Annettes fliehen von ihren Gütern nach Münster, weil sie den Volkszorn fürchten.

Obwohl Therese von Droste-Hülshoff ihrer Tochter immer wieder schreibt, sie möge sich keine Sorgen machen, es werde alles gut gehen, werden Annettes Nerven durch Berichte über den Verlauf der Revolution stark angegriffen. Man versucht, sie möglichst zu schonen, zumal die Ärzte ein Herzleiden feststellen, das schnell zum Tod führen kann.

Nach kurzzeitiger gesundheitlicher Besserung - sie plant sogar für den Sommer einen Ausflug zum Fürstenhäuschen - stirbt Annette von Droste-Hülshoff am Mittag des 24. Mai 1848 an einem Herzschlag. Am 26. Mai wird sie auf dem Meersburger Friedhof beerdigt.

Grabstätte der Dichterin auf dem Meersburger Friedhof

Dieses Leben mag ereignislos und begrenzt erscheinen, und die Einschränkungen, denen Annette von Droste-Hülshoff durch ihr Geschlecht, ihren Stand, ihre Konfession, ihre Kränklichkeit und die Zeit, in die sie geboren wird, unterworfen ist, mag man beklagen. Sie selbst hat ihr so stilles und gleichförmiges Leben nicht nur als Einengung ihrer Möglichkeiten erfahren, der äußere feste Rahmen hat ihr auch Schutz geboten, nicht zuletzt vor der inneren Gefährdung durch die stets überreizten Nerven. Anerkennung der sie bewachenden Umgebung und pietätvolle Gefühle für die Familie, von der sie ein Teil ist, bedingen für Annette aber nicht steten Gehorsam allen Anforderungen der Außenwelt gegenüber. Durch ihr ganzes Leben, mit Ausnahme der zwei letzten kranken und müden Jahre, zieht sich ihr Kampf um Anerkennung ihrer Eigenart, ihre Auflehnung gegen Versuche, sie nach allgemein akzeptierten Normen zu bilden. In der Jugend trumpft sie noch trotzig und verbissen auf, mit zunehmendem Alter wird die gelegentliche Rebellion der Droste listiger und leiser, ist aber stets präsent. Sie hat es jedem Menschen, der ihr nahesteht, verwehrt, ihr *fremde Züge zu leihen*, und hat ihre mühsam errungene kleine Freiheit, so zu sein, wie sie es wünscht, beharrlich verteidigt und die für ein lediges, katholisches Freifräulein der ersten Hälfte des 19. Jahrhunderts sehr eng gesteckten Grenzen ein wenig erweitert. Ihr Dasein als Dichterin zwang sie dazu, und ihr Selbstwertgefühl als Künstlerin verlieh ihr dazu die Kraft.

Als Annette von Droste-Hülshoff im Mai 1848 starb, war sie keine allgemein bekannte und berühmte Dichterin; auch ihr Tod fand nur wenig Beachtung. Allein Christoph Bernhard Schlüter und Elise Rüdiger schrieben Nachrufe, die im Juni und Juli im »Sonntags-Blatt für katholische Christen« und in Cottas »Morgenblatt« erschienen.

Schon der Nekrolog der Rüdiger begann damit, die Droste-Legende zu weben. Obwohl doch Elise in den letzten zehn Lebensjahren die engste Freundin Annettes ist, neigt sie in ihrem Nachruf zur poetischen Überhöhung, vor allem des Daseins im Rüschhaus. Fast alle auch heute noch gängigen Klischees tauchen auf: durchwachte Nächte, Gedichte, die wie im Traum entstehen, tiefe mystische Naturverbundenheit, eine unverdorbene, bodenständige Sprache, Leben in der Phantasiewelt, keinerlei Leidenschaften, nur Liebe zur Familie, Begabung zur Freundschaft, gemütlicher Humor, aber alles in allem eine geheimnisumwitterte Gestalt, der sich auch die intimste Freundin mit Ehrfurcht und Scheu nähert. Die Stilisierung der Droste hat später dann noch zugenommen, so wenig man sie las, so sehr glaubte man, über sie und ihr Leben Bescheid zu wissen, Anekdoten zu kennen.

In unserem Jahrhundert trugen die zahlreichen Droste-Romane mit dazu bei, ein mystifiziertes Bild Annettes von Droste-Hülshoff einer breiteren Öffentlichkeit nahezubringen. Doch auch die literarische Würdigung der Droste erfolgte lange Jahre unter verschiedenen, sich ausschließenden oder ergänzenden Etiketten: Lyrikerin der roten Erde, katholische Schriftstellerin, Verfasserin von schaurigen und gespenstischen Gedichten, oder auch - ohne nähere Begründung - Deutschlands bedeutendste Dichterin, ganz abgesehen von den Einordnungen Annettes in die Epochen Romantik, Biedermeier oder Realismus, wofür sich jeweils gute Argumente finden lassen. Von einem größeren Publikum gelesen wurden meist nur »Die Judenbuche« und zwei bis drei Balladen, die in den Lesebüchern stehen, wie etwa »Der Knabe im Moor« und »Die Vergeltung«.

Es ist unbestreitbar, daß Annette von Droste-Hülshoff ihren katholischen Glauben ernst nahm; wie sehr und wie hart sie um ihn gekämpft hat; wie fest sie sich an ihre Religion geklammert hat, zeigt das »Geistliche Jahr«. Ihre - lange Zeit gefährdete - Gläubigkeit kann und soll nicht angezweifelt werden, es wäre aber vermessen, die Droste zur katholischen Dichterin zu stilisieren. Der Zyklus der geistlichen Lieder, den sie 1819/20 und 1839/40 schreibt, steht nicht im Zentrum ihres literarischen Schaffens, stellt künstlerisch bei weitem nicht den Höhepunkt der Dichtungen Annettes dar und reicht an den größten Teil vor allem der späteren Lyrik nicht heran.

Ebensowenig läßt sich leugnen, daß die Droste eine Neigung zum Grausigen und Schaurigen hatte. Von ihrer Begabung mit dem Zweiten Gesicht und ihrem Interesse an allem, was mit der »Vorschau« zusammenhing, haben Beneke und Schücking berichtet. Die Sagengestalten ihrer Heimat haben im Werk Annettes Eingang gefunden. Ihre bekannteste Ballade »Der Knabe im Moor« liefert dafür eines der besten und künstlerisch überzeugendsten Beispiele. Diese Ballade ist exemplarisch für den Umgang der Droste mit dem Schauerlichen und für ihr Verhältnis zur Natur. Die starke Affinität, die Annette mit dem Grauenvollen und auch Morbiden verbindet, mag sich aus ihrer ständigen Bedrohung durch Krankheiten, ihre frühe Gewöhnung an den Gedanken des Todes und durch ihre oftmals überreizten Nerven erklären. Dies alles, verbunden mit der westfälischen Vorliebe für Spukgeschichten, macht die ganz spezifische Verbundenheit der Droste mit allem Übersinnlichen und Schaurigen aus. Wenn dazu noch die kräftige, oft ungelenk und knorrig wirkende Sprache Annettes tritt, ist der Leser leicht geneigt, diese Dichterin hauptsächlich als Verfasserin von Gedichten und Epen mit grauenerregendem Inhalt zu betrachten.

Aber Annettes Lust am Schauerlichen ist kein Selbstzweck, immer ist bei ihr das Entsetzen gekoppelt mit der Erlösung des Menschen aus der Angst.

Gefahr in der Lyrik und der Prosa Annettes geht oft von der Natur aus, deren Beschreibung sich meist (Ausnahmen bilden »Das Hospiz auf dem Großen St. Bernhard« und die Lieder aus der Schweiz und vom Bodensee) an der westfälischen Heimat Annettes orientiert. Für die Droste bedeutet Natur niemals eine Stätte des romantischen Entzückens oder Anlaß zu sentimentalem Sehnen; sie ist auf dem Lande aufgewachsen, entsprechend unverzerrt ist ihr Verhältnis zu der sie umgebenden Landschaft, den Tieren und Pflanzen.

Annette hat oft geklagt über die Schwierigkeiten des Produzierens, über die vielen Unterbrechungen durch alltägliche Geschäfte und Krankheiten, auch über die mühsame Arbeit des Feilens und der Reinschrift. Sie berichtet vom Ansturm ihrer Phantasie, der sie quält und dem sie häufig nicht gewachsen ist, der sich besonders heftig immer dann einstellt, wenn sie nicht schreiben darf.

Schon sehr früh in den Briefen der Heranwachsenden an Sprickmann zeigt sich, daß Annette von Droste-Hülshoff von ihrer Begabung zumindest so weit überzeugt ist, daß sie inkompetente Kritik zurückweisen oder als unerheblich betrachten kann. Das bedeutet nicht, daß Annette ihre Werke voller Selbstbewußtsein als vollkommene ansieht. Noch am 6. Februar 1844 schreibt sie an Schücking: *Kurz, ich bin, wie Sie sehn, ganz vernünftig; ebenso zweifelhaft über den Erfolg meiner Gedichte, wie Cotta selbst es nur irgend sein kann, da sie noch lange, lange nicht das erreichen, wonach ich strebe und immer gleich gewissenhaft streben werde, solange Körper und Geist mir ihre Kräfte nicht versagen.* Annette weiß, daß sie etwas leisten kann, und sie kennt ihre Stärken; an einem Gedicht, das ihr gelungen erscheint, wird sie nie etwas ändern lassen, auch wenn der Sprachfluß dadurch gefälliger würde. Nur berühmt werden wie so viele zu ihrer Zeit, kurz bekannt und dann vergessen, das will Annette auf keinen Fall.

Tagesruhm, heute hochgelobt, morgen verachtet - darauf verzichtet die Droste, und sie weiß, daß sie solch eine Fama nicht nötig hat. Sie hat auch nie so geschrieben, um zu einer zeitweiligen Berühmtheit zu gelangen, sie fühlt sich keiner Strömung verpflichtet, folgt keiner modernen Richtung. Was die Droste über die Maxime ihres Schaffens schreibt, kann auch den vielen Versuchen, die Dichterin einer bestimmten Epoche oder einem bestimmten Stil zuzuordnen, als wertvolles Korrektiv dienen: *So steht mein Entschluß fester als je, nie auf den Effekt zu arbeiten, keiner beliebten Manier, keinem anderen Führer als der ewig wahren Natur durch die Windungen des Menschenherzens zu folgen und unsre blasierte Zeit und ihre Zustände gänzlich mit dem Rücken anzusehn. Ich mag und will jetzt nicht berühmt werden, aber nach hundert Jahren möcht ich gelesen werden, und vielleicht gelingt's mir, da es im Grunde so leicht ist wie Kolumbus' Kunststück mit dem Ei, und nur das entschlossene Opfer der Gegenwart verlangt.*

Annette von Droste-Hülshoff spricht sich für die humane Aufgabe ihrer Dichtung aus und nimmt sich zugunsten ihres Werkes zurück, von dem sie annehmen kann, daß es sie überdauern wird:

> *Meine Lieder werden leben,*
> *Wenn ich längst entschwand,*
> *Mancher wird vor ihnen beben,*
> *Der gleich mir empfand.*
> *Ob ein andrer sie gegeben,*
> *Oder meine Hand!*
> *Sieh, die Lieder durften leben,*
> *Aber ich entschwand!*

Bibliographie

Werke und Briefe

Wegen der leichteren Lesbarkeit wurden die Briefe Annettes von Droste-Hülshoff der heutigen Orthographie angepaßt.

Sämtliche Texte der Dichterin sowie Fremdzitate erscheinen in kursiver Schrift.

Eckige Klammern kennzeichnen vorgenommene Ergänzungen.

Hervorhebungen im Original wurden nicht übernommen.

Droste-Hülshoff, Annette: Historisch-kritische Ausgabe. Briefe. 1805 - 1838. Text. Bearb. von Walter Gödden. Tübingen 1987 (= Historisch-kritische Ausgabe. Bd. VIII,1)

Droste-Hülshoff, Annette: Historisch-kritische Ausgabe. Briefe. 1839 - 1842. Text. Bearb. von Walter Gödden/ Ilse-Marie Barth. Tübingen 1993 (= Historisch-kritische Ausgabe. Bd. IX,1)

Droste-Hülshoff, Annette: Historisch-kritische Ausgabe. Briefe. 1843 - 1848. Text. Bearb. v. Winfried Woesler. Tübingen 1992 (= Historisch-kritische Ausgabe. Bd. X,1)

Droste-Hülshoff, Annette: »Mein lieb lieb Lies!«. Briefe der Annette von Droste-Hülshoff an Elise Rüdiger. Hrsg. v. Ursula Naumann. Frankfurt a.M./Berlin 1992 (= Die Frau in der Literatur)

Droste-Hülshoff, Annette: Sämtliche Werke in zwei Bänden. Hrsg. v. Günther Weydt/Winfried Woesler. Darmstadt 1975 u. 1978

Quellen

Begegnung mit Annette von Droste-Hülshoff im Jahre 1820. Friedrich Benekes Reise von Wetzlar über Kassel nach Bökendorf (bei Höxter) und Minden. - In: Mindener Heimatblätter. Hrsg. v. Mindener Geschichtsverein. Beilage der Mindener Zeitung 9. Nr. 1 u. 2. 1931

Muschler, Reinhold Conrad (Hg.): Briefe von Annette von Droste-Hülshoff und Levin Schücking. Leipzig ³1928

Nettesheim, Josefine (Hg.): Schlüter und die Droste. Dokumente einer Freundschaft. Briefe von Christoph Bernhard Schlüter an und über Annette von Droste-Hülshoff. Münster 1956

Schulte Kemminghausen, Karl (Hg.): Briefwechsel zwischen Jenny von Droste-Hülshoff und Wilhelm Grimm. Münster 1929 (= Veröffentlichungen der Annette von Droste-Gesellschaft. Bd. 1)

Darstellungen

Arens, Eduard: Werner von Haxthausen und sein Verwandtenkreis als Romantiker. Aichach 1927

Bader, Karl S. (Hg.): Joseph Lassberg. Mittler und Sammler. Aufsätze zu seinem 100. Todestag. Stuttgart 1955

Berglar, Peter: Annette von Droste-Hülshoff in Selbstzeugnissen und Bilddokumenten. Reinbek 1967

Berning, Stephan: Sinnbildsprache. Zur Bildstruktur des Geistlichen Jahrs der Annette von Droste-Hülshoff. Tübingen 1875

Brandes, Anna: Adele Schopenhauer in den geistigen Beziehungen zu ihrer Zeit. Phil. Diss. Frankfurt a. M. 1930

Busse, Carl: Annette von Droste-Hülshoff. Bielefeld/Leipzig ³1923

Eber, Clara: Katharina Schücking, ein Erziehungs- und Lebensbild aus dem Anfang des 19. Jahrhunderts. Phil. Diss. Münster 1918

Folkerts, Liselotte: »...nichts Lieberes als hier - hier - nur hier...« Haus Rüschhaus. Annette von Droste-Hülshoffs Einsiedelei in Literatur und Kunst einst und jetzt. Münster 1986

Gaier, Ulrich: Annette und das Geld. Die Droste, die Schriftstellerei, das Fürstenhäuschen. Konstanz 1993

Gödden, Walter: Die andere Annette. Annette von Droste-Hülshoff als Briefschreiberin. Paderborn/München/Wien/Zürich 1991

Gödden, Walter: Annette von Droste-Hülshoff. Münster ³1991 (= Westfalen im Bild. Eine Bildmediensammlung zur westfälischen Landeskunde. Reihe: Westfälische Dichter und Literaten im 19. Jahrhundert. H. 3)

Gödden, Walter: Annette von Droste-Hülshoff. Leben und Werk. Eine Dichterchronik. Bern/Berlin/Frankfurt a. M./New York/Paris/Wien 1994 (= Arbeiten zur Editionswissenschaft. Bd. 2)

Gödden, Walter: Annette von Droste-Hülshoff auf Schloß Meersburg. Die Lebensjahre am Bodensee im Spiegel ihrer Dichtung und Briefe. Meersburg 1993

Gödden, Walter (Hg.): Dichterschwestern. Prosa zeitgenössischer Autorinnen über Annette von Droste-Hülshoff. Paderborn/München/Wien/Zürich 1993

Gössmann, Wilhelm: Annette von Droste-Hülshoff. Ich und Spiegelbild. Zum Verständnis der Dichterin und ihres Werkes. Düsseldorf ²1985

Gössmann, Wilhelm: Das Schuldproblem im Werk Annette von Droste-Hülshoffs. München 1956

Grauheer, Josepha: August von Haxthausen und seine Beziehungen zu Annette von Droste-Hülshoff. Altena 1933

Häntzschel, Günter: Tradition und Originalität. Allegorische Darstellung im Werk Annette von Droste-Hülshoffs. Stuttgart 1969

Heselhaus, Clemens: Annette von Droste-Hülshoff. Werk und Leben. Düsseldorf 1971

Houben, H. H.: Die Rheingräfin. Das Leben der Kölnerin Sibylla Mertens-Schaaffhausen. Essen 1935

Huber, Robert Josef: Annette von Droste-Hülshoff als Briefschreiberin. Phil. Diss. Innsbruck 1952 (Masch.)

Keppler, Uta: Die Droste. Das Leben der Dichterin Annette von Droste-Hülshoff. Frankfurt a. M./Berlin 1987

Kortländer, Bernd: Annette von Droste-Hülshoff und die deutsche Literatur. Kenntnis, Beurteilung, Beeinflussung. Münster 1979

Kreiten, Wilhelm: Anna Elisabeth Freiin von Droste-Hülshoff. Ein Charakterbild als Einleitung in ihre Werke. Paderborn ²1900

Krewerth, Rainer A. (Hg.): Annette von Droste-Hülshoff. 1797 - 1848. Wie sie lebte. Wie sie war. Was sie schrieb. Münster ²1993

Lavater-Sloman, Mary: Einsamkeit. Das Leben der Annette von Droste-Hülshoff. Zürich 1964

Mare, Margaret: Annette von Droste-Hülshoff. London (1965)

Nettesheim, Josefine: Christoph Bernhard Schlüter. Eine Gestalt des deutschen Biedermeier. Berlin 1960

Nettesheim, Josefine: Die geistige Welt der Dichterin Annette Droste zu Hülshoff. Münster 1967

Nettesheim, Josefine: Wilhelm Junkmann und Annette von Droste-Hülshoff. Münster 1964 (= Schriften der Droste-Gesellschaft. Bd. 17)

Niethammer, Ortrun/Claudia Belemann (Hg.): Ein Gitter aus Musik und Sprache. Feministische Analysen zu Annette von Droste-Hülshoff. Paderborn/München/Wien/Zürich 1992

Ramsay, Tamara: Annette von Droste-Hülshoff. Stuttgart 1938

Raub, Anneliese (Hg.): Annette von Droste-Hülshoff und ihr Kreis. Aus den Beständen der Universitätsbibliothek Münster. Mit einer Einführung von Wolfhard Raub. Münster 1991

Rölleke, Heinz: Annette von Droste-Hülshoff. Die Judenbuche. Bad Homburg v. d. H. 1970

Rüdiger, Elise von: Annette von Droste-Hülshoff. - In: Morgenblatt. Nr. 164 - 166. 10. - 12. Juli 1848

Salmen, Monika: Annette von Droste-Hülshoff und die moderne Frauenliteratur. Bensberg 1987 (= Bensberger Manuskripte. H. 34)

Scheiwiller, Otmar: Annette von Droste-Hülshoff in der Schweiz. Einsiedeln/Waldshut/Köln/Straßburg o. J.

Schier, Manfred: Levin Schücking. Münster 1988 (= Westfalen im Bild. Eine Bildmediensammlung zur westfälischen Landeskunde. Reihe: Westfälische Dichter und Literaten im 19. Jahrhundert. H. 5)

Schneider, Ronald: Annette von Droste-Hülshoff. Stuttgart 1977

Schücking, Levin: Annette von Droste. Ein Lebensbild. Hannover 1862

Schücking, Levin: Lebenserinnerungen. 2 Bde. Breslau 1886

Schulte Kemminghausen, Karl: Annette von Droste-Hülshoff. Leben in Bildern. München/Berlin 1954

Schulte Kemminghausen, Karl: Heinrich Straube. Ein Freund der Droste. Münster 1958 (= Schriften der Droste-Gesellschaft. Bd. 11)

Sichelschmidt, Gustav: Allein mit meinem Zauberwort. Annette von Droste-Hülshoff. Eine Biographie. Düsseldorf 1990

Terhechte, Margret: Konstitution und Krankheitsschicksal in ihrer Bedeutung für Leben und Werk der Annette von Droste-Hülshoff. Med. Diss. Düsseldorf 1952 (Masch.)

Velthaus, Wilhelm Heinz: Luise von Bornstedt. Ein Frauenbild aus dem Kreise Annettes von Droste-Hülshoff. Bückeburg o. J. (= Phil. Diss. Münster 1917)

Wallenhorst, Josef: Die Augenbeschwerden der Annette von Droste-Hülshoff und ihre Auswirkungen auf Psyche und Schaffen der Dichterin. Med. Diss. Münster 1950 (Masch.)

Weydt, Günther: Naturschilderung bei Annette von Droste-Hülshoff und Adalbert Stifter. Beiträge zum ›Biedermeierstil‹ in der Literatur des 19. Jahrhunderts. Berlin 1930 (Nachdruck 1967)

Wilfert, Marga: Die Mutter der Droste. Phil. Diss. Münster 1942 (Masch.)

Woesler, Winfried (Hg.): Droste-Jahrbuch. Bd. 2. 1988 - 1990. Paderborn 1990

Wormstall, Joseph: Annette von Droste-Hülshoff im Kreise ihrer Verwandten und Freunde. Münster 1897

Bildnachweis

Landesdenkmalamt Westfalen
Seiten 10, 12, 16, 19, 28, 30, 36, 37, 40, 57, 62, 73, 81, 82, 91, 97, 107, 121, 126, 129, 149, 176, 189, 200, 224, 230

Archiv Burg Meersburg
Seiten 4, 58, 133, 150, 167, 171, 179, 205, 220, 248,
Seite 172 (freigegeben durch Reg. Präsidium Tübingen)

Julia Naeßl-Doms
Seiten 87, 213, 251

Heidi Schulte
Seite 65